自己実現に誘う
教育と相談

信じて 引き出して 生かす

井上信子・著

本書に寄せて

　井上信子さんは天性の資質として「共ぶれ」の人です。正確には，「共ぶれをわが身に感知する」資質です。思うに，共ぶれは命あるものどうしの「あいだ」には必ず生じます。「あいだ」に生じるものは「考え・記述」が不可能なれど，それだけが「真なるもの」です。感知は「霊的領域」にまで至ります。「あとがき」をお読みください。感知を助けるのはイメージです。幼児のいのちの育ちに絵本が果たす役割はそれです。もがいている子ども・援助しようと寄り添う教師・指導する井上さん・助言するボク，それぞれの「あいだ」に生じている「真なるもの」が読者のあなたに感知されるには，「論や考察」を後回しにして，現場にいるかのようなイメージが生じる部分だけを，絵本のように，まず読まれることをお勧めします。感知の機能をリフレッシュします。「考え・記述」の作業は「真なるものの影」を残すのです。その功罪を連想してください。

2018年8月

神田橋 條治

ま え が き
—— 「ピン・ペ・オビ」（「山のてっぺん」を見る）

「若いの，走っているときは，山のてっぺんを見ることだ」

そう言ってテワ族の，あるとても賢い長老は，部族の世界の西端にある聖なる山，ツィコモを指さして言った。後日，長老はこう説明を加えた。「人生でぶつかる壁がどんなものであろうと，山のてっぺんを見ろ，という言葉をいつも思い出すんだ。そうすれば，おまえは偉大なものに心を向けていることができる。このことを覚えていれば，どんな問題にぶつかっても，それがどんなに乗り越えがたく見えるときでも，おまえをくじけさせることはできないだろう。どんなものでも，あの山のてっぺんよりは低い。そんなものが，おまえを悩ませることはできないからな。わしがおまえに残しておきたいと思う，ひとつの考えだ。いつかわしらがまた出会うことになるとしたら，それはあの山のてっぺんでだろう」

そのつぎの月，彼は静かに，眠るがごとくに亡くなった。87回の夏を見ながら。

アルフォンソ・オーティズ（テワ族）1973

（中沢他訳，1998）

一陣の風が吹き，わたくしは長老の前に立ち，問われた。「『山のてっぺん』を見定めているか？」「内なる『光』の示唆を観じきれません」「『障害と見えるもの』に煩わされているのか？」「『あの山のてっぺんよりは低い』と教えられ，なくなりました」。そして最後に留めを刺された。「山のてっぺんで会おう。また出会うことに『なるとしたらな』」，と。

わたくしは，長老の叡智に触れて，ひとりの心理学者を連想した。それは，

米国の心理学者マズロー，A．H．である。彼が，心理学史にて「第三勢力」の草分け的存在として注目されたのは1960年代である。その学説は，人間を変わりうる存在と信じ，全体的かつ力動的な視点からその可能性を開発・探求することで「真の人間」（健康性）[註1]をつかみ取ろうと試みた点に大きな特徴がある[註2]。

その「人間性心理学」の基盤となるのがマズローの提唱した動機づけ理論，「欲求段階説」である（Goble, 1970）。彼は人間の本性を肯定的に照らす概念として「自己実現（self-actualization）」欲求を見出し，5段階の階層として理論化した。自己実現者とは，自己の「資質や才能を最大限に発揮している人々」（Maslow, 1970）であり，真善美，意味，完全，正義，秩序など，高度な徳を自らにおいて実現しようとする方向に向かっている人々を言う。

だが，一方で彼の提唱する自己実現理論ならびに「自己実現者」像について，調査対象の偏りと経験的妥当性の欠如，また，彼の生物観，西洋的人間観などの強い影響ゆえの普遍性の是非については，当時から少なからず疑問視されていた（松井，2001；三島，2009）。

それには大きく2つの理由がある。マズローが「自己実現者」の調査に着手する際，適切な条件を満たす者を極少数しか発見できず，将来的にさらなる訂正と効能の発現を期待するとの補足を添えて，調査対象を個人的な知り合いや友人，そしてリンカーンやトマス・ジェファーソン，アインシュタインなどの歴史上の偉人を9名含めた調査対象者23名で研究を完遂せざるをえなかったこと（Maslow, 1970）。加えてこれらの歴史上の「自己実現者」にも，一点の曇りもない輝かしい人物という理想像を大きく裏切るようなエピソードをもつ者が存在し，「これらの人々とて，罪悪感，不安，悲しみ，自己を責めること，内的闘争，葛藤などを避けて通ることができない」「完全な人間などというのは存在しない！」（Maslow, 1970）と認めざるをえなかったことである。

だがこの彼の視点，すなわち「自己実現者」と目する対象に必ずしも無条件に礼讃を与えず，矛盾をはらみながらも一個の人間として存在すると認めるそこにこそ，「自己実現」がとても常人には成し得ぬ絵空事である，との先入観

をきっぱりと否定し，人間の可能性に対する無限の信頼と，人間を全体的，力動的にとらえようとした彼の人間観を窺い知ることができる。

　現代においても，あまりにも偉人の名がその輝かしい功績と結びついて先行することで，人々は自己実現的人間がまるで「非現実的理想の非現実的投影物」(Maslow, 1970) であるかのようにとらえ，現実の生活から著しく離れたイメージを描きがちである。しかし「自己実現とは文字どおり自己を実現すること」であり，人間は「ただ一人ずつしかいない」(Maslow, 1970) のである。テワ族の若者も，長老も，読者であるあなたも，そしてこのわたくしも，唯一無二の存在であり，ゆえに，他の誰かではなく「我，自身でありたい」すなわち，「この自己を最大限に実現したい」と思うのである。

　そこで筆者は，上記のマズローの意に賛同し，「常人に成し得る自己実現」から研究を始めることで「自己実現の心理学」を足元から堅実に発展させたいと考えた。本書はその端緒であり，その構成は以下である。

　第1章から第5章までは，幼稚園児とその母親から小学生・中学生・高校生・大学生における自己実現の様相を，発達段階に即しつつ，主として教師とカウンセラーのかかわりを視野に入れて報告した。

　第2章「小学生」では，小学校教諭およびカウンセラーが相談担当したケースを，筆者がスーパーヴィジョン (SV) し，さらにそれを筆者の臨床の師である神田橋條治先生（精神科医：鹿児島市伊敷病院）[註3] に SV していただいた。神田橋先生は，相手のもつ「すべてを活かす」(神田橋, 2017a) 発想により，治療と教育を綯い交ぜにしてかかわることでクライアントを持続的な治癒に導いている。「教育のできない治療者の治療はすべて応急処置です。教育がすべてです。」(神田橋, 2017b) がその意味を端的に表している。「すべてを活かす」ために SV を SV する新たな試みをお願いした。わたくしたち教師の行う相談行為も教育と不可分であって，大きな教育活動の中で混ざり合い，子どもたちの自己実現を支援しているからである。

　第6章から第8章までは，教育と相談の基礎となる内容を掲載した。例えば脳科学から「対面して教育を受けるための姿勢はいつ，どのように確立するの

か？」（第6章），「信頼し相談したいと思う教師は，親と子で異なるのだろう
か？」（第7章），「ずっと心に残り，教え子の人生の道標となるような先生と
はどんな先生で，その出会いは何を生むのか？」（第8章）などについて明ら
かにした。

　また，Ⅰ部の各章の終わりに，教育現場でご活躍のベテランの先生方に，そ
れぞれの段階で子どもたちを自己実現に導くための，課題と対処をご執筆いた
だいた。長年のご経験から生まれたお知恵を，教育実践の共有財産として活か
していただけたら幸いである。

　さらに，筆者のもうひとりの師である梶田叡一先生^(註4)から，自己実現研
究に関する今後の方向性についてご示唆をいただいた。すべての教育関係者へ
の激励であると感ずる。筆者も心して進みたいと思う。

　なお本書における仮名のケースに関して，クライエントのプライヴァシー保
護のため本質だけを残して改変を行っている。ご了解いただければ幸いである。

2018年8月

井上 信子

註

1　WHOは1999年，スピリチュアルを健康の指標とした。

2　それまで主流であった精神病理の理解と治療を目的とする精神分析学（第一勢力）と，
　客観的・科学的な検証を重んじ人間の本性を機械的な図式で理論構成する行動主義心理学
　（第二勢力）とは一線を画すものであった（サトウ・鈴木・荒川，2012）。

3　精神科医 神田橋條治　1937年，鹿児島県加治木町（現・姶良市）に生まれる。1961年，
　九州大学医学部卒業。1971～1972年，モーズレー病院ならびにタビストックに留学。1962
　～1984年，九州大学医学部精神神経科，精神分析療法専攻。現在は伊敷病院。『精神科診
　断面接のコツ』『精神療法面接のコツ』『精神科養生のコツ』『発想の航跡』（以上，岩崎学
　術出版社），『対話精神療法の初心者への手引き』（花クリニック 神田橋研究会），など著
　書多数。

4　梶田叡一　1941年，松江市に生まれ，米子市で育つ。京都大学文学部哲学科（心理学専
　攻）卒。文学博士。第4・5期中央教育審議会副会長。大阪大学教授，京都大学教授，京

都ノートルダム女子大学長，兵庫教育大学長，環太平洋大学長，奈良学園大学長などを経て，現在，桃山学院教育大学長。『不干斎ハビアンの思想』（創元社），『人間教育のために』『〈いのち〉の教育のために』（金子書房），『和魂ルネッサンス』（ERP），『自己意識の心理学』（東京大学出版会）など著書多数。

文献

Goble, F. G. 1970 *The Third Force : The Psychology of Abraham Maslow.* Grossman Publishers Inc. （小口忠彦 監訳 1972 『マズローの心理学』産業能率短期大学出版部 p.83）

Joseph Bruchac Ed. 1995 *Native Wisdom.* HarperCollins Publishers, Inc. （中沢新一・石川雄午 訳 1998『それでもあなたの道を行け——インディアンが語るナチュラル・ウィズダム』めるくまーる pp.91-92, 要約は筆者）

神田橋條治 2017a 「すべてを活かす」『朝倉記念病院開院35周年 年報』pp.5-7

神田橋條治 2017b 私的な対話

Maslow, A. H. 1970 *Motivation and Personality, second edition.* Harper&Row, （小口忠彦 訳 1987 『人間性の心理学——モティベーションとパーソナリティ』改訂新版 産業能率大学出版部 p.xxv, pp.221-227, pp.264-267, p.270）

松井剛 2001 「マズローの欲求階層理論とマーケティング・コンセプト」『一橋論叢』126(5), pp.495-510

三島重顕 2009 「経営学におけるマズローの自己実現概念の再考(1)：マグレガー,アージリス，ハーズバーグの概念との比較」『九州国際大学経営経済論集』15巻，pp.69-93

サトウタツヤ・鈴木朋子・荒川歩 編著 2012『心理学史』学文社 pp.44-45

目　次

本書に寄せて　神田橋條治　*i*

まえがき　*ii*

Ⅰ　事例にみる自己実現への誘い
——教育相談と授業・心理臨床

第1章　幼稚園児　「自尊心泥棒」は、誰⁉……………………… 2

事例　名門幼稚園に通う女児と母親——母と子の自尊心育て

コラム　保育の場における教育相談の特徴　*21*

第2章　小学生　とりとめぬ母への恋しさ ………………… 24

スーパーヴァイザー　神田橋條治

事例Ⅰ　児童が自分で「イライラ感」に対処するために
　　　　——対話精神療法と身体技法によるアプローチ

事例Ⅱ　「うそ」と「ほんき」を巡っての7歳男児の
　　　　プレイセラピー　*54*

コラム　小学校の教育相談　*75*

第3章　中学生　「わたしの物語」を描き始める……………… *81*

いじめから「自己発見」した中学生と「絆」で支えた教師の
「手記」の分析

コラム　中学校における教育相談　*110*

vii

第4章　高校生　「人間」に生まれた！ ································ 114

「班学習」が引き出す，学びたい「もうひとりの自分」
——「俺かて，100点取りたいわあぁ！」

コラム　高校における教育相談の進め方とポイント　151
コラム　定時制高校における「夢のあとおし」　155

第5章　大学生　「わたし」を語り直す ································ 159

事例Ⅰ　「いじめられ」から勝ち取った宝物（わたし）　160
事例Ⅱ　「仮面浪人」——経験は実となり，のち花咲かす　170

コラム　ゼミ集団の相互教育力による教育と相談　185

II　教育相談と教育実践の底にあるもの

第6章　乳児・幼児・児童の「脳育て」の勘所 ……………194

第7章　相談したい先生・相談したくない先生
　　　　──児童生徒の目・保護者の目 ………………………205

第8章　忘れえぬ教師
　　　　──教育的人間関係の底にあるもの ………………………228

あとがき　244

これからの取組みに一層の期待を持って　梶田叡一　250

I 事例にみる
自己実現への誘い

──教育相談と授業・心理臨床

第1章　幼稚園児
──「自尊心泥棒」は、誰!?

事例　名門幼稚園に通う女児と母親──母と子の自尊心育て

> 母親との二者関係や自尊心欠如の課題を抱えたまま母親になった人が，我が子を内面空虚な青少年へと拡大再生産する「世代間連鎖」について，名門幼稚園の年長女児と母親のケースを手がかりにひもといてゆく。他者評価を気に病み消極的であった女児の背景には，喪失した自己価値の代替品として我が子を熾烈な受験闘争へと追いやっている母親の存在があり，まず親世代から肯定的自己評価の再建を目指して解決の方向に導いた。そして，このような偏差値闘争・階級主義といった社会病理をはらむ文化的環境が，自己実現を阻んでいる現状について一考する。

はじめに

　青少年の相談を受けて日々実感することは，彼らには「自分は生きていていい」「自分には価値がある」という，自分を大切な意味ある存在と思う「自尊心」が欠如していることである。彼らの雰囲気はだいたいにおいて虚ろで孤独である。そして筆者はこのテーマに思いを寄せるとき，ひとりの少女を思い出す。

　少女はある時期，事情があって不良グループの生徒たちに急接近していた。しかしグループの誘いに乗らず踏みとどまって，万引き，恐喝，性的逸脱行動

などに加わることはなかった。彼女をぎりぎりのところで守ったもの，それは「そこまで自分を落とせない。お母さんが悲しむだろうな」という思いだったという。その言葉の背景には「そんなことするほど価値の低い自分じゃない」という自尊心と，「自分を大事にしてくれている親を悲しませたくない」という思いがあったという。非行グループの生徒たちも「勉強ができ，自分たちを馬鹿にしない」彼女に一目置き，強引に悪の道に引きずりこまなかったようであった。特に性の領域での傷は，女子の場合，立ち直りが難しく，こころとからだ両面の深い傷を引きずりかねない。不安定な思春期がくるまでに少女の内面に培われていた，「自分は価値あるもの」と思う自尊心が，またそれを育んでくれた親への情が，少女の人生を危ういところで救ったのであろう。しかし，一方に自分を大切にする心が壊れて，自分を貶めてしまう非行グループの生徒たちがいる。この差はどこから出てくるのだろうか。

　本書で一貫して手がかりにするマズロー理論をまず概説する。

自尊心——「自分の人生を生きる」基盤になるもの

　健康心理学者マズローは，人間の成長の可能性について多大の関心をもち，彼が「人類の最善の代表」と判断した歴史上の人物，例えばリンカーン，アインシュタイン，ゲーテ，フーバーや，同様の実存する人物たちに対し，精密な調査を行った。その結果，マズローは，人間はすべて自己実現しようとする生来の欲求をもっている，そしてこの可能性が実現するか否かは自己実現を促すか妨げるかする個人や社会の力による，との結論に達した（Maslow, 1970, 小口訳　1987）。自己実現とは「才能，能力，可能性の使用と開発」であり，また自己実現している人々は「自分の資質を十分に発揮し，なしうる最大限のことをしている」（Goble, 1970, 小口監訳　1972）のである。

　そしてマズロー（Maslow, 1970, 小口訳　1987）の考えを整理して，シュルツ，D.（Schultz, 1977, 上田監訳　1982）は，自己実現者の人格的特徴として 15 の項目（表1-1）を挙げている。（以下，筆者要約。また（　）内の数字

表1-1　自己実現者の人格的特徴

(Schultz, 1977, 上田監訳　1982)

1. 現実についての有効な認知
2. 自然, 他者, 自分自身についての全般的な受容
3. 自発性, 純真と自然性
4. 自己の外にある問題に対する熱中
5. プライバシーや独立に対する欲求
6. 自律的機能
7. 不断の斬新な鑑賞眼
8. 神秘的経験あるいは「至高」体験
9. 社会的関心
10. 対人関係
11. 民主的な性格構造
12. 手段と目的との区別, 善悪の識別
13. 敵意のないユーモアの感覚
14. 創造性
15. 文化受容に対する抵抗

は表1-1 の番号に対応している。)

　自己実現者は, 自分を取り巻く周囲の人々や状況を, こうあって欲しいとかこうあるべきだというように見るのではなく, 客観的に正しく判断し, かつ不正をただちに見破る特徴がある (1)。

　ここで, 人が一度限りの人生を独自に生きるために, 筆者が特に重要と考えるのは, 自己実現者は自分自身の判断や認識を信頼しており, 判断根拠が自己自身にあるということである。そのため他者に振り回されることが少なく, 自分らしい生き方をつかみ取ることができる。さらに彼らは自分自身に寛大で気楽に生きており, この自分自身に対する姿勢と同じ姿勢で他のあらゆる存在 (他者, 自然など) とかかわることができる (2)。

　そして, 自己表現が率直で見せかけの言動をすることがなく (3), 使命感を

もって仕事に熱中し（4），他人にしがみついたり，支配したり，依存したりせず，プライバシーを守り，孤独への強い欲求をもっている（5）。つまり，彼らの人格は自給自足的なので，自分を満たすために他者や現実をさして必要とせず，独立を求める能力が高い（6）。

また，繰り返される日常のごくささやかな出来事に対しても，新鮮な感動や畏怖，驚きを感じとることができる（7）。さらに自己実現する人々は，神秘的な宗教的体験のような恍惚感，無情の喜び，崇高な超越を頻繁に経験する傾向がある。だが，それらの高揚が起こるのは仕事，芸術，娯楽などの領域に限らず，例えば，日没，四季の花々の変化を見ても起こり，自己に不可能なことは何もないという強固な力がみなぎるのである。しかし，このことはいわば天才や聖人にのみ起こるのではなく，教育者，社長，政治家などにも起こるのである（8）。独立，孤独を好む彼らだが（5，6），同時に彼らは人類全体に対して共感と愛情を抱き，役立ちたいと願っている。他方，偽善者，不誠実，尊大な人間などに対しては容赦しない態度で臨む（9）。

しかし，自己実現者の愛する者への愛は非利己的で，相手の成長への配慮は自己へのそれと同程度になされ，愛を受けることと与えることが同程度の重要性をもっている。また，愛する者との対等で実りある関係を発展させる条件として筆者が重要だと考えるのは，彼らが愛される経験に充分に満ちているため，愛してくれる相手を失うことに怯えたり，嫉妬したりする必要がなく，またしばらくの間愛されなくてもやっていけるということである（10）。かつ，自己実現者は社会階層，学歴，政治思想，職業，人種の違いをまったく問題にしない。その差異に彼らは滅多に気づいていないので，例えば教育程度の低い人との関係において彼らは優越感を抱かない。彼らは何かを学びうる人々から話を聞き，教わる心構えができており，それを楽しむことができるのである（11）。

また彼らは手段と目的とを区別して，自分の都合で倫理や道徳を歪曲させたり混乱させることなく，これらの基準を堅持する（12）。そして思わず微笑むようなユーモアを言うけれど，それは教訓を含んだ哲学的，啓蒙的なものである（13）。子どものもつ素朴なイマジネーションや創意，満ち溢れた好奇心に

たとえられる創造性をもち（14），ささいなことなら社会の慣習に従うが，自己の重大問題に関して自律的に生きることに社会的圧力がかかるようなことがあれば，毅然とその社会規範に挑戦するのである（15）。

以上が自己実現者の人格的特徴である。

では，一体，この自己実現を達成するには何が必要なのだろうか。図1-1 は，マズローの理論（Maslow, 1970, 小口訳　1987）をゴーブル，F. G.（Goble, 1970, 小口監訳　1972）が整理して図示した人間の「欲求5段階説」である。これによれば，人間の欲求は段階的に充足を達成していくもので，自己実現欲求とはその最高位に位置するものである。したがって，それを達成するために

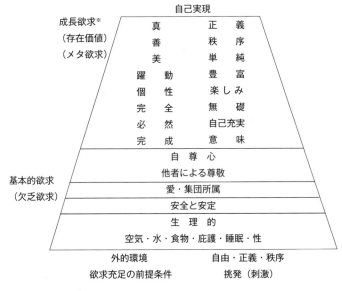

図 1-1　マズローの欲求の階層（Goble, 1970, 小口監訳　1972）

はより低い段階の4つの欠乏欲求，すなわち，①生理的欲求（生存に不可欠な最も強力な欲求），②安全と安定への欲求（恐れや不安からの自由，保護，秩序の欲求），③愛・集団所属への欲求（特定の集団に根を下ろし，愛情を受け，愛情を与える欲求），④他者による尊敬，自尊心への欲求（前者が根本となる。つまり他者が自分をよいと見ていると信じない限り，自分で自分を善きものととらえることは困難である）。これらの欲求がすべて満たされていなければならない。

　欲求が段階的に進むということは，すでに満たされた欲求はもはや欲求として意識されなくなるために，その時点で人々の欲求がひとつ上の欲求へと駆り立てられるという意味である。したがって，人は内面的な自己尊重，つまり自尊心以下のすべての欠乏欲求が満たされて初めて，人としての最高目標である「自己実現」に向けた成長欲求を満たそうと駆り立てられるのである。ここでいう欠乏欲求とは，その不満足が病気の原因になる欲求のことを指している。

　マズロー（Maslow, 1968，上田訳　1998）は神経症を欠乏欲求の満足が欠けている「欠乏の病」とみなした。したがって治療の根本は欠けているものを与えるか，クライアント（来談者）が自分でそれを満たせるようにするかのいずれかであると考えた。他方，成長欲求とは欠乏欲求がすべて十分に満足されたうえで自己実現（自己の能力，資質，力量の最大限の発揮，使命の達成，自己の本性の理解と受容，人格内の一致，統合）の傾向に絶え間なく向かう欲求を指す。だが「成長過程というものは，常に進んで機会をとらえ，あやまちを犯し，習慣を破ることを要求する……成長は，繰り返し選ばれなければならず，恐れは繰り返し克服されなければならない。」そして現実に自己実現している人はわずか1％以下である（Goble, 1970，小口監訳　1972）。しかし，マズローは人間の成長を信じて疑わない。そして「幼児期の最初の2年間は極度に重要であり」，そこで十分に愛し，愛された人間は「未来の脅威に力強さと安定感を保持」する人間に成長するとしている（Maslow, 1970，小口訳　1987；Goble, 1970，小口監訳　1972）。

　諸外国に比較すれば治安がまだ良好な現代日本社会では，生理，安全の欠乏

欲求の不満足は少ないと思われる。しかし，青少年たちの多くに自己尊重の感覚が欠如し，彼らはまるで人生のどこかで知らぬ間に自尊心泥棒に見舞われたかのようである。

そこで，あるケースから具体的な自尊心剥奪の要因に関して，マズローの理論を理解の道具にして考えてみよう。

事例検討

本事例は子育て支援として筆者が若干のアドバイスをさせていただいたものである。

1. 概要

Aちゃんは名門幼稚園の年長児である。微熱と腹痛が頻繁だが，医学的な問題は見受けられなかった。教諭によれば性格特徴として，大人の指示に的確に素早く反応することや，幼稚園で友達に意地悪をしてしまいひとりぼっちになりがちであるなどが挙げられる。また新しいこと完璧にできそうにないことには手を出さず，大人の評価をひどく気にしていた。さらに表情と体つきが硬い印象であった。父親は裕福な家庭に育ち有名大学の大学院を修了し，母親はサラリーマン家庭で育ち大学を卒業している。両親とも教育熱心で，Aちゃんは2歳から受験塾に通い3歳で受験したが，このときは不合格であった。

母親の話を聞くうちに，母親自身の不安が浮き彫りにされてきた。母親は，Aちゃんにかかりきりにならないと落ち着かず，いてもたってもいられなくなるのだった。また母親は，有名大学の院卒で地位の高い職業の夫が誇りでしかたなく「自分にはもったいない，立派な夫」と言い，娘を名門校に入れることで姑にも認められたい，名門幼稚園合格は「いい大学に合格させ，良家に嫁がせる」ための第一歩と語っていた。

名門校も偏差値も職業も，いずれも人間の外側の価値といえよう。それなのに，なぜこれほどに囚われてしまうのだろうか。人の成長はその人が生きてき

た時代背景とも密接不可分である。そこでまずはＡちゃんのご両親が育ってきた時代の社会状況を見ておこう。

2．ご両親の育ってきた時代

　ご両親が生まれたのは1960年代だった。この年代に生まれた人たちの年少期は，まさに偏差値による人間の序列化が最盛期であった。『わが世代　昭和35年生まれ』（河出書房新社，1982）という1冊の本がある。昭和35年は1960年にあたり，この時代に生まれた人たちが大学生のとき出した本で，プロローグには，自分たちの世代は「……受験のみが切実な問題だった。恋愛もスポーツも交友も，受験の妨げにならない形でしか存在しなかった。偏差値の高い人間は善で低い人間は悪。……自分より偏差値の低い大学に進んだ旧友に会ったりすると，僕は無意識のうちに心地よい優越感に浸っていた」と記されている。

　多くの受験勝利者たちはこの優越感を手放すことができない。なぜなら，人は生まれたときから与えられているものは，与えられていることすら気づかないが，手に入れるために払った犠牲が大きければ大きいほど，そのことへの執着やこだわりがはなはだしくなるからである。頑張って頑張って高い偏差値の大学にやっと入れた人たちは，多くの可能性を切り捨て，受験一本に絞らざるをえなかった人たちである。そこにたどり着くまでに失ったものが膨大であるため，受験の成功をたくさん認めてもらわなければ心のバランスがとれないのである。はなはだしい場合，誰かを足蹴にしてでも自分の優位を誇らずにはいられない。

　勝者の中でも，才能に溢れてさしたる受験の苦労もなく入った人にとっては勝者だという意識すら少なく，学歴などとりたてていうほどのことでもないのであるが，そういう人々はごく少数である。他方，偏差値競争に負けた人たちは，偏差値以外の価値基準は許されないほどの社会状況の中で能力に関して劣等感を抱き勝者から見下され続けることで，たとえそれ以前に自尊心が形成されていたとしてもそれが打ち砕かれてしまう場合もある。偏差値は，多くの勝者および敗者の，その後の人生に暗い影を落としていると考えられ，この時代

第1章　幼稚園児　　9

は特にその影響が色濃いといえよう。

3．問題の分析

　Aちゃんの母親の「自分のような者をもらってくれた」という言葉，また夫や娘の学校，職業自慢から，母親自身が自己価値観を見出せていないことがわかる。しかし，自尊欲求は欠乏欲求であるから，家族の価値を借りてでも満たさないと心の病を得る可能性があった。Aちゃん自身も絶対に失敗しないと確信がもてることしかせず，大人の評価を気にしていた。これも自尊心の低い子どもの特徴である。Aちゃんは2歳から受験塾で大人の指示に従ういい子に育てられ，できないと叱られたため，失敗することを恐れ，失敗を極力避けるために挑戦しないのであった。それは自分の価値をもうこれ以上下げないようにするためのAちゃんの工夫なのである。人は2歳頃，初めて自分が独自の存在であることに気づき，自分の意思でその独自性をいろいろ試してみたくなる。ところがAちゃんの場合，それを完全に抑えつけられ，ねじまげられて苦しいので，その苦しさを身体症状として訴えていると考えられた。以下に，詳しく検討していこう。

勉強のできる子はいい子，できない子は悪い子

　本来，家庭は子どもを無条件に守る場所であった。ところが，1960，1970年代は，多くの家庭に「勉強のできる子はいい子，できない子は悪い子」という社会の価値観が入り込み，そのためにできない子が安心できる居場所が学校にも家庭にもなかった可能性が考えられる。必死で勉強しても成果が得られなかったAちゃんの母親は，その努力さえ認められることがなかった。「そのままで価値がある」という保証，すなわち存在そのものへの尊重を周囲の大切な人たちから与えられることがなかったのである。図1-1（本書p.6）に立ち返れば，Aちゃんの母親は勉強ができないことで，「愛・集団所属」「他者による尊敬と自尊心」の欲求充足の機会を，社会と親によってかなりの部分剥奪されてきたと考えられる。

　そして，酷な言い方をすれば，家の中に居場所がなかったということは，精

神的には親から「捨てられた子」だったということである。それに加えて，偏差値による差別で周囲から低い評価を受けてきたとも推測される。一般に，親に捨てられた人の心は空虚で，「自尊心段階のはしご」に足をかけにくい。

　これらより，Ａちゃんを支配せずにいられない母親の不安の心理は，①親に捨てられた母親自身の空っぽの心を埋めるため，②受験競争で勝利することにより，他者から「価値ある子どもの母」と見られるためであり，それらはまさに偏差値競争における敗者復活闘争ゆえに生じたと考えられる。そしてＡちゃんの微熱，下痢は，母親の胸にぽっかりと空いた空虚な穴に吸い込まれ，かつ，母親自身の愛情と自尊心の欠乏を埋める道具として利用される状況からの「苦しい，助けて！」という悲鳴と考えうるのである。

偏差値闘争は階級闘争

　しかし，Ａちゃんの悲鳴は母親になかなか届かなかった。平均的サラリーマン家庭に育った母親には，大学名の他に社会的な地位や経済力に対する憧れがあり，彼女は結婚によりそれらを得たわけである。それゆえに高い学歴をつけてさらに階層を上昇させることが娘の幸福と信じ切っていた。母親の実父も娘が良家に嫁いだのが何よりの自慢で，有名大学に入ることが孫の幸せと信じて疑わなかった。親子二代にわたる上位階層への根強い上昇志向が見受けられた。

　この背景には，「経済力の高低は能力の高低による」とする考え方があり，そのために偏差値競争は畢竟，階級闘争の色あいを帯びることになる。自己実現者においては意識すらされない課題が，ここでは人生を賭けた大問題というわけである。

　そして実は，Ａちゃんの母親は，自分の育ってきた文化とは異なる娘の幼稚園の階層文化に身を置いて，不安な日々を過ごしていたのである。他の母親たちの出身大学は？夫の職業は？自分の服や持ち物が見劣りしていないか？……気になって気になってしかたなかったのである。その毎日は，他者との比較，格差づけに晒された「まなざしの地獄」だったといえよう。

　しかし，幼稚園で他者に見せるためのブランド品，他人の噂話でもちきりの園の母親集団全体も，実はＡちゃんの母親と大差ないといえるであろう。自己

の内的価値に満たされていない人々は，自己を価値づけたいという根深い欲求を満たすべく，他者からの高い評価を得るために，園の「外」では名門幼稚園というブランド，園の「内」では経済力を顕示する海外ブランド品，夫の職業，学歴……が必要となってくる。また，優越感を抱いた母親たちの排他的なグループづくりからは，劣る人たちを見下すことで自分たちの優位性を，すなわち他者比較により自己価値を確認しようとする精神作用が推測できる。しかし，この欲求レベルの場合，自己価値の決め手は外側の持ち物や借り物であるから，本当には自己の判断や自己評価に自信がもてず，他人の評価にたやすく振り回されてしまう。結局，皆が「心の空洞」を他人のゴシップで埋めあい，虚しさゆえに周囲の人の人生を巻き込み合いながら，わずかの差を見つけては自己の優位性を確認するのに必死な「烏合の衆」と化してしまうのである。母親（たち）の中に悲しいまでの社会構造，偏差値競争による犠牲者的部分を認めうるのではないであろうか。

変容過程

　生活の中で心休まることがなかったＡちゃんの母親に，筆者は，自分のための時間をもつことを勧め，「好きなこと」を聞いてみた。すると母親は，幼い頃から美術的なものに何となく惹かれていたことを思い出し，きっかけを得て紙粘土人形作りを始めることにした。その趣味サークルで包容力豊かな年配のご婦人と知り合い，その方が母親の話にあたたかく耳を傾けてくれるようになってから，本当にわずかずつ薄紙を剥ぐように母親のＡちゃんへの執着が薄らいでいった。そして，自分の意思で本当にやりたいことに時間を使うことが心地よくなり，やっと，母親は自分の人生を生き始められたようであった。

　もちろん完全に偏差値競争から解放されたわけではない。ただ偏差値の数字にがんじがらめになっていた自分を，ちょっと横から眺めることが可能になり，生きるのが少し「楽になった」ようであった。他方，Ａちゃんは新しいことに挑戦することに消極的で，子どもらしい快活さが見られなかったのだが，遊びの中で思う存分，王様のようにふるまう経験を通して少しずつエネルギーを取り戻していった。そして母親の変化に伴って，能面のようだった顔に表情の変

化が見られるようになり，かわい気が園庭の土筆のように顔を出し，いつの間にか微熱も下痢もほぼなくなっていた。だが，完全に症状が消滅したわけではなかった。しかしその後のＡちゃんは強いストレスがかかったとき，軽い下痢や1日2日の微熱で苦しさのサインを出して，また力を取り戻すようになっていった。

　以上，母親の愛や自尊心欠如が，子どもの人生を妨げて自分よりももっと自尊心が欠乏した存在へと追いやってしまう様子を見てきた。しかし，その親たち自身が実は社会構造の犠牲者であることもまた事実なのである。

　自分の親が自分にしたように，子どもを支配して自分と同じ内面空虚な青少年を拡大再生産してしまうことを世代間連鎖という。現代青少年の内面の空洞化現象はこのからくりで説明できる部分があると筆者は考えている。偏差値競争が人々の心の中に積み残してきた問題の根は深く，わたくしたちはそれらと向き合っていかなければならない。筆者が考える，自尊心形成あるいは回復のための具体策を次に示す。

自尊心を育む子育て

1．自尊心とは何か

　筆者は「人が独自の人生を，自分らしく生きる」ための中心に自尊心がある

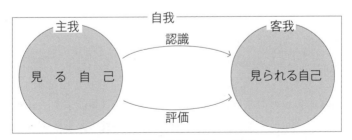

図1-2　主我と客我（井上，1999）

と考え，かつ，自尊心を「自己の内容に関する自己価値観（感情）である」と定義している。だが人は，自分を知らずして自己への意味づけはできない。そして人が自分というものを客観視できるのは，個人差があるものの，およそ児童期の後半，9，10歳以降と考えられている（加藤，1978；井上・神田橋，2001）。

この頃に，人の考えや行動を決定し，同時に苦痛な心理状態に置かれたときにさまざまな対処をして苦痛を和らげる働きをする自我（図1-2）が，「見る自己（主我）」と「見られる自己（客我）」に分離し，初めて人は自分という存在を認識し，評価するようになる。それ以前は，自分へのぼんやりとした感情状態があり，その感情は自己価値を色づける土台となるため大切である。そして自我が新たに得た，自己認識，自己評価という心の働きの結果，自覚的な「安定して高い自尊心を有する者」は「自らの自由な選択を尊び，その結果を自ら評価し責任をもつ」精神作用が可能になると考えられる。筆者は，これが自己実現への素地を備えた状態と考えている。

この世の中で，この自分だけのかけがえのない人生を創造するということは，日々，自分は何を食べ，何を着，どこに住み，誰と会い，何を学び，どの職業に就き，誰をどう愛し，子どもを産むか否か，この世で何を果たすか……そのひとつひとつを他からの強制なしに自ら選ぶことであり，その選択行為に責任をとっていくということである。そこには行為全体に対する「これでよし」という納得があり，たとえ失敗しても自分で自分を癒やし，支えていく備えがあるということである。

2．世代間連鎖，拡大再生産を越えるために

マズローは，自己実現欲求が実現するか否かは，個人を取り巻く社会や文化がそれを促すか妨げるかによると考えた（Goble, 1970, 小口監訳　1972）。そして，本章で取り上げた事例は，現代日本社会の偏差値競争や「経済力は能力の高低による」という考えが，子どもから親の無条件の愛を奪い，自尊心形成の機会を失わせていることを示唆していた。

つまり，社会的環境がわたくしたちの自己実現を阻んでいるわけである。極端な話をすれば，Aちゃんやお母さんが，もし南国の島――食物の宝庫である森や海に囲まれ，女たちは日が暮れるまで木陰でゆったりと籠を編み，その傍らで子どもたちが遊び戯れている――に生まれていたら，嫌いな勉強を無理やり続け，できなければ価値が低い存在とみなされ，人々の評価的「まなざしの地獄」に晒されて怯え，自分の子どもに果たせなかった夢を押しつけて，結局，自分と同じ道を歩ませてしまうことはなかったであろう。世代間連鎖というものは，知らぬ間に陥ってしまうやっかいなしろものであり，誰にとっても人ごとではないものなのである。また，事例の母親が叫ぶように伝えていること，それは自分が満たされないと子どもを満たしてやれない，「自分が先！」ということである。そこで親自身が欠乏状態を脱するにはどうしたらいいか。自ら自分の自尊心を育てるために以下の提案をしたい。

いいことをいっぱいする

　自尊心の低い人は他人のことがひどく気になり，それも人が幸せであったり，才能が輝いているだけで自分が傷ついてしまうことがある。そして，妬み，羨み，さらには幸せな相手を中傷してしまいがちである。つまり，ありもしない欠点や失敗をわざと言いふらして相手を貶めようとするのである。しかしそれがありもしないことだと判明して，結局その人自身が信頼を失う，その繰り返しという人を見かけることがある。

　周囲から軽蔑されることでその人の自己評価はさらに下がってしまう。もし，ありもしないことだと他人にわからなくても，自分のしていることの卑劣さを自分自身に隠すことはできない。なぜなら図1-2（p.13）に示した，自分の中の「見る自己」は，ちゃんと自分が何を考え，何を言い，何をしているか，その言動の意味を当人が知らぬ間に認識し評価しているからである。ということは，逆に，いいこと，例えば，人を褒めたり，電車の中で席を譲ったり，募金をしたり，人の幸せを祈ったり，何か人の役に立つことをそっとする……決して大袈裟なことでなく日々できる善きことを少しずつ積み重ねていくといいのではないだろうか。すると「見る自己」がそんな自分をまなざして「わたし

って，なんかちょっといい人かも」と肯定的自己評価を行う，という精神作用が起こる。その積み重ねが徐々に自尊心を高め，そんな自分をだんだん好きになっていくのである。だが，この実践の場合，「他者のために」と言いながら，結局は，自分で自分を善きものと思うきっかけづくりに他者を利用していて，動機が不純と思われるかもしれない。あなたの「見る自己」が，あなたの他者への行為をそのように断罪するかもしれない。そんな心模様になったときは，どうか自分にやさしくしてあげて欲しい。なぜなら，これまでもあなたの「見られる自己」はそうやってずっと，「見る自己」から「こんなことしてちゃダメだ」「もっと頑張れないのか」と痛めつけられてきた可能性が高いからである。そうして自分で自分の価値を引き下げてきたのではないだろうか？

　だから自分にやさしくしてあげて欲しい。そうすれば最初は「自分のため」に始めた行為でも，あなたの自尊心が育ち，高まってくれば，いつの間にか「利他」になっているものなのである。「いつの間にか」ということが大切である。つまり，自尊の欲求が満たされたとき，それはもはや欲求として意識される必要がなくなる。逆にいえば，必要があるうちは必要だということなのだが，その境目は，必ずしも意識化されることはない。だから，いつの間にか，なのである。いいことの積み重ねの結果，その日は必ず訪れる。筆者は臨床的経験から，また自分の生き方からもそう感じるのである。

　これは自覚してする自己形成の過程であり，人が人生をよりよく生きるためのプロセスである。必要があれば専門家とともに「創造的カウンセリング」という人生のひとこまを生きてみるのもいいかもしれない。そしていつの間にか「わが・まま」がそのまま「利他」になっていたなら，そのときはもうあなたが自己実現の一歩を踏みだしているときなのである。つまり自己実現者の特徴（表1-1 の9，10）に該当する人格特性を，あなたが自分のものとし始めたことを意味しているのである。

嫉妬を生かす

　だが，前項で述べたことに気づいた後も，どうしても人を妬んで意地悪くなり，悪く言ってしまうとき，次のことを思い出していただきたい。筆者は，

100メートルを9秒台で駆け抜ける短距離のオリンピック選手を見ても，嫉妬心がまったく湧かない。なぜなら，筆者は小さい頃からいつも"かけっこ"がビリで，運動神経とは無縁の生活を送ってきたからである。しかし，師に愛されて才能が花開いた若き研究者や臨床家が目の前に来たら，きっと心穏やかではないのだろうと思う。それは心のどこかで「自分だってそうなれたかもしれないのに」と思うからであると思う。つまり，「人が嫉妬を感じるのは，自分の中にも相手と同じ資質があるのに，その資質が相手にだけ花開いていて，自分は開花していないとき」（神田橋，X年）なのである。

　他方，自分の中に資質がない場合は，最初からまったく別の人生だと思うので，難なくやり過ごせるのだと思われる。だから，嫉妬を感じたときこそ，自分の中の資質に気づく絶好のチャンスに他ならない。相手を悪く言いたくなったり，引きずり下ろしたくなったら，「わたしの中にもこの人に花開いているのと同じ資質があるんだ」と察知して，それを磨く方向にエネルギーを転換すると，創造的な生き方に変わるのではないだろうか。そして，そんな自分を「見る自己」が「よくやった」と評価するとき，また自尊心を高める機会を自分でつくることになるのである。

　もうひとつ大切なことがある。それは，自分にも同じ資質があるのに相手にだけその資質が開花しているとき，冷静でいられるほど自我は強くないということである。だから，自分が嫉妬される側になったとき，もちろん中傷に賢く対処する必要があるが，最終的には「許してあげて欲しい」と思う。人はそんなに強くはない。そして自分自身が誰かを中傷してしまったときも，自分自身を許してあげて欲しい。そして，そこからまた始めて欲しい。駄目な自分をきちんと見つめて（自己客観視，自己認識して），そのまま受け入れたとき（自己受容），あなたはそれ以前より少し，強くなっているのである。そうして少しずつ，少しずつ，確かに変わっていく自分をどうか見つめていって欲しいのである。

自分が本当は何をしたいのか，どうしたいのかを問う

　何より重要なことは，自分で自分の資質を自覚し，その方向にしなやかに伸

びているかどうかである。Ａちゃんのお母さんは小さい頃から，美術的なもの
が好きだった。学校を代表して展覧会にも出品されたことがあったそうだが，
その好きなことは続けさせてもらえなかった。図画工作は中学受験の科目にな
いという理由からだった。そして，代わりに嫌いな科目をイヤというほど勉強
させられたのだという。でもそこで「イヤ！」と言えたなら，母親の苦しみは
なかったかもしれない。

　弱い立場の者が，イヤでもイヤと言えない関係は支配の関係である。しかも，
子どもは親の愛を失いたくないがために「イヤだ」という本当の気持ちを押し
殺して，懸命に親の期待に応えようとする。長い間そうしているうちに，自分
は「本当はどうしたかったのか」がわからなくなってしまう。そして当然，自
分が生きたいように生きられないので，心は空っぽである。「かけがえのない
自分」という感覚がなければ，自分で判断し，何かを求め，責任をとっていく
ことなどできない。だから流行に流され，噂話で空虚を埋め，優越欲求を満た
すことに必死になるような人ができてしまうのであろう。

　そこから脱するには「自分が本当は，本当は，何をしたいのか？」と問い，
つかんで生きることである。だが，つかんでもできない場合は，本当にやりた
いことをやる時間を１週間のうちのどこかに組み入れるのである。

　資質に恵まれていることは「好き」なことである。それをしているとき「か
らだ」が喜ぶ。からだの底からうれしさが込み上げてきて，心地よく，集中し
て実践すると肉体的には健康的な疲労が残るけれど，心のエネルギーが高まる
ように感じる。それが資質に恵まれ才能が向いていることと思われる。資質が
花開いている人は，嫉妬がなくて寛容である。なぜなら，自分が「自分らしく
生きて」充足しているので，人も「その人らしく生きて」くれることをうれし
いと感じるようになるからである。唯一無二の人生を創造する充足感は，他者
と優越を競う必要性をなくさせる。すなわち他者比較からの解放，「まなざし
の地獄」からの解放のきっかけは，資質の開花にあるといえよう。反対に，資
質に合わないことを長年続けると神経症への素地を備えることになろう（井上，
1999）。

おわりに

　青年期，子どもは親から巣立ってゆく。すなわち「親は子どもを手放すためにかわいがる」のである。しかし，親が自分で自分を満たす，つまり自足していないと子どもを手放すことができず，自分の寂しさを埋めるために子どもをいつまでも手元において，子どもに奉仕させてしまう。逆に，自足していれば，子どもが巣立っていくことのうれしさと寂しさを同時に味わいつつ，その背中を見送ることができる。そして，人生の最後まで，親が自分の資質を発揮することに喜びを感じるがゆえに，子どもにもそうであって欲しいとその独自の生き方にエールを送ることができるのである。

　わたくしたちの生命(いのち)には限りがある。親がその限りある生命とエネルギーを，計り知れないほどの愛で自分のために向けてくれたと子どもが気づくとき，「自分はそうしてもらえるほど価値のある存在なのだ」という気持ちが子どもの中に湧き上がり，子どもの心に自尊心が芽生え，そのことは生涯にわたりその子を支えるであろう。ゆえに，子どもの心に自尊心を育むうえで最も大切なことは時間を惜しまず，子どもの「相手をする」ということである。そうしてくれた親のイメージは子どもの心に残り，その大切な存在を悲しませたくないと思い，結果的に子どもは自分を大切にする行動を取ることになる。これが，本章の冒頭で示した少女が，不良グループの逸脱行動に加わらなかった理由ではないだろうか。

文献

Goble, F. G. 1970 *The Third Force : The Psychology of Abraham Maslow.* Grossman Publishers Inc.（小口忠彦 監訳 1972 『マズローの心理学』 産業能率短期大学出版部 p. 36, pp. 58-59, p.83, p. 86, p. 95, p. 97, pp. 106-107）

井上信子 1999 「対話精神療法のカウンセリング・教育相談への応用——学派を超えて有用な理論と技法」『日本女子大学人間社会学部紀要』 10号 p. 173

井上信子 著・神田橋條治 対話 2001 『対話の技——資質により添う心理援助』新曜社

pp.70-71

神田橋條治　X年　私的な対話

加藤直樹　1978　『少年期の壁をこえる――九・十歳の節目を大切に』新日本出版

河出書房新社 編　1982　『わが世代　昭和35年生まれ』河出書房新社

Maslow, A. H.　1968　*Toward a Psychology of Being*. Van Nostrand Reinhold Company Inc.
　（上田吉一 訳　1998　『完全なる人間――魂のめざすもの』第2版　誠信書房　pp. 25-33）

Maslow, A. H.　1970　*Motivation and Personality, second edition*. Harper & Row,（小口忠彦
　訳　1987　『人間性の心理学――モティベーションとパーソナリティ』改訂新版 産業能率
　大学出版部　pp. 56-90, pp. 82-83, pp. 221-272）

Schultz, D. P.　1977　*Growth Psychology : Models of the Healthy Personality*. Van Nostrand
　Reinhold Company.（上田吉一 監訳　1982　『健康な人格――人間の可能性と七つのモデ
　ル』川島書店　pp. 117-131）

謝辞

　公表のご許可をいただきましたAちゃんのお母さまに感謝し，おふたりのお幸せを心より
お祈り申し上げます。そして，この小論を捧げます。ありがとうございました。

| コラム | 保育の場における教育相談の特徴 |

大学教員・学校心理士
元幼稚園教諭　　**髙橋かほる**

　保育者としての経験（15年間）の中で，たくさんの子どもや保護者の方々と出会い，多くの相談を受けた。現在は，大学教員として「幼児理解と教育相談」等の科目を担当しながら，保育現場に出向き，先生方や保護者の方々からさまざまな相談を受けている。最近の相談の特徴をあげてみよう。

先生方からみた最近の保護者の変容

　今まで先生方からの相談の多くは，教師自身がまだ保育経験が浅く，そのうえ，人生経験も浅いために保護者の相談のニーズに応じられない若い先生方からの内容が多かったが，最近はその様相が大きく変化してきている。

　例えば，A先生の相談は次のようである。

〈A先生からの相談〉

　A先生は，16年間の保育経験のあるベテランだが，「保護者に子どもの園での様子を話しても，保護者自身の意見が強く，教師の言うことを認めない人が多く対応に苦労している。また別の保護者は極端に自信がなく自分を責めたり泣き崩れたりして対応が以前より難しい。さらに，保護者同士の関係が難しく，その関係の難しさが子どもにまで影響を及ぼす」と相談してきた。

　A先生のように保育現場の経験があるベテラン教師でさえ多様な保護者のニーズに戸惑いを感じ，その対応を相談してくることが増えている。

〈A先生の相談から考えられる４つの要因〉

　①保護者自身の問題，②子ども自身の問題，③子育てを取り巻く社会の急激な変化の問題，④教師自身の問題が，考えられる。

　以上の４項目を簡単に説明してみよう。まず①について，保護者の高学歴化により，子育てを理詰めで考え納得したがる人の増加やネット情報の日常化により情報に振り回される人の増加が目立つ。さらに，保護者自身の精神的自立が未熟なため，子育てで困ると混乱し，依存的，攻撃的になるケースも増加している。

②については，発達の問題か，育て方の問題か明確ではないが，現代は「気になる子」や「特に配慮を必要とする子」が大変増えている。この場合，保護者は子育てが難しく，子どもについて教師と共通の視点をもち十分に話し合いを行う必要があるが，同じ土俵に立つのが難しい現状がある。

③については，現代は子育て環境として深刻といえるほど多くの難しさを抱えている。例えば，近隣住民との関係性では，保育園建設反対運動が起こる社会現象さえあるほど，子どもが伸びやかに安心して元気に走り回りながら育つ環境とはいえない。

④については，教師は，職業選択時に「子どもが好きだから」という強い思いで，夢をもって幼稚園の教師になろうとする人が多いが，実際に①～③の問題に直面すると，教師自身も保護者にアドバイスどころかメンタル面で深く傷つき相談に訪れるケースが増えている。

〈A先生の相談の４つの要因への対処法〉

①の高学歴化やネット情報等による多様な情報を収集し，親自身の意見が強い場合の大切なポイントは，相手の優位性が満足できるよう，はじめは傾聴に徹するということだ。「あーなるほど」「おっしゃっていることは，～ということですね」「勉強になります」と，前向きに承認した後，目の前の子どものことを話題にするきっかけをつくることから始めたい。

②の子育てが難しい子どもの親の場合の大切なポイントは，親自身がイライラしていたり落ち込んでいたり，疲労して自信を失っている場合が多いので，小さな変化が大事ということを話し，成長している部分を具体的に伝え，ともに喜び合うことを繰り返し，親自身の安定を促すよう援助する。また，子どもへの接し方がわからず，「何度，注意しても，他の子どものようにスッとわからないのです」という悩みが頻繁に寄せられる。具体的な伝え方などを知らせ，やってみせることも大切である。

③の社会の急激な変化の中で地域などの周辺に子育ての応援団が少なく戸惑っている親の場合の大切なポイントは，協力し合える仲間はたくさんいるから大丈

夫というサポートシステムの存在を，その親子の必要性に応じて提供していくことである。親自身が遠慮したり躊躇するときには，以前から馴染みの園の先輩の親たちに何気なく声かけをお願いしたりすることも有効だ。

　また，④の教師自身がメンタル面で深く傷ついてしまう場合のポイントは，周囲が早く気づき，小さなことから相談にのることが大切である。笑顔で保育者をやっていると思ったら，ある日突然休み始め，休職や退職の事態になるケースもある。子どもは可愛いけど親から強く苦情を言われ，そのことで上司はじめ周囲からも奇異な目で見られると訴え，心身症になる人が増えている現状があり，何とか防ぎたいものである。

　複雑化する社会では，医師やカウンセラー等の専門家とともに相談の場を広げることが重要である。子どもの成長を願ってよりよい保育の質を保障していきたい。

第2章　小学生
―― とりとめぬ母への恋しさ

事例I　児童が自分で「イライラ感」に対処するために
―― 対話精神療法と身体技法によるアプローチ

　小学校2年生の担任教諭から，慢性的なイライラ感により周囲への「暴言暴力」に走る女児の相談を受けた。女児は母親と生き別れていた。筆者は，担任が女児の「愛着対象」となる関係調整，言語・運動優位の資質を伸ばす方法，学級全体で行う身体技法（体操）等のＳＶを継続的に行った。それらを担任が実施したところ，女児が体操を，瞬間的な「情動の爆発を抑制する対処法」として主体的に自分のものとし，かつ「物語を創る」ことで言語的資質が膨らみ，自己統制が可能となった。その結果，本児は，「自分と他者を尊重する」意識を得て，友達に受け入れられ，喜びに溢れた。まさに資質の開花は，幼いながら「人とともに」生きる力の萌芽であった。まもなく本児は友達関係，学業成績ともに著しく向上し，9月には学級委員に選ばれた。本事例の成長過程における，担任の実践と筆者のSVを報告し，その全体を神田橋條治がSVする。

　今，学級には定型発達児，発達障がい児，被虐待児が混在している。その中にいきなり暴言暴力を発する子どもがひとりでもいると，学級全体が慢性の緊

張と不安状態に置かれ，学業の達成が阻害される。さらに，担任は相次ぐトラブルの収拾に疲弊する。ゆえに学級経営の目的は何よりも「安心・安全なクラスづくり」となり，暴言暴力児を「落ち着かせるにはどうしたらいいか？」という方法が模索されている。だが，この問いは一時的な対症療法を生み出すに留まる。問いは「子どもが自分で自分を落ち着かせる対処行動をいかに身につけるか？」であるべきである。なぜなら，教育とは「主体的」で「自律的」な存在へと子どもを導く営みだからである。しかもそれは30人の児童をひとりで抱える担任教師が，教室で，子どもたちと「一緒に」「楽に，楽しく」できる必要がある。

　筆者は，小学校の担任教師から「暴言暴力」児の相談を受け，「対話精神療法」（神田橋，1997），「丹田呼吸法」（村木，1984）および「身体技法」（Brain Gym®（註1）：以下，ブレインジム，BG）（Dennison, 2006）により応援したところ，短期間（3カ月）に成果が得られたので事例的に報告し，教育実践の共有財産としたい。

1．事例概要

〈主訴〉

　担任（女性，30代）より，担任している児童A子（小学校2年生女児）に関する相談。（管理職によれば，本教師は授業研究に熱心で，直観力に優れている）。30人学級。A子は暴言と暴力が絶えず，友人トラブルが続き，被害児童の保護者からの訴えにも苦慮している。また授業中，立ち歩き，一斉指導がまったく通らない。「A子が暴言暴力を収めて，A子も皆も，クラス全員が安心して学べるようにしたい」。

〈家族〉

　父親，祖父，祖母，A子の4人家族。両親はA子が4歳のとき離婚。主として父方の祖母がA子を養育している。

２．臨床技法

筆者が担任教師の応援に用いた「臨床技法」は以下である。

「対処行動」の視点

精神科医神田橋條治は，対話精神療法の中で「明らかな行動の形で表れているものを対処行動とみなし」，クライアントが自覚的に使える「対処行動」を増やすことで自立の手立てを増やし（神田橋，1997），同時に「資質」を見極めて伸ばす，治療と教育が綯い交ぜの方法で個体の成長を図ることを提唱している（井上・神田橋，2004）。

「ブレインジム：BG」

米国の教育学博士ポール・デニソンは，「動きは学習の扉（Movement is the door to learning）」（Dennison, 2006, 石丸訳 2010）を掲げ，脳を活性化する26種類の体操を創出した。ブレインジム（以下，BG）と名付けられたそれは，今や世界約80カ国で成果を上げている。脳神経科学者の黒田洋一郎ら（2014）は，発達障害を「シナプス病」（脳細胞の連結等の不具合）ととらえ，その原因として環境要因（農薬，大気，化学物質,それらの複合汚染）が大きいことを示唆している。ゆえに「動き」が「脳内」のシナプスの発達や調和を促すなどのエビデンスが得られれば，BG の仮説は根源的な治療方法と認知される可能性があろう。だが，デニソン博士はあくまで「経験的に役立つ」体験重視の立場を取っている。換言すれば，BG とは「動き」によって，個人が生来の能力に気づくことで，唯一無二の「この自分」を生きるのを応援する技法なのである。

「丹田呼吸法」

背骨を伸ばして鼻の先と臍を一直線に整え，臍下（臍から指３本分下の位置）の腹筋の奥にある丹田で深く大きな呼吸をする。吐く息が重要で，吸う長さの３倍の時間をかけて吐き切る。吸ったとき丹田の部位が風船のように膨らみ，吐いたときお腹と背中がくっつくイメージである。自律神経がリラックスして落ち着き，眠りが深くなり，生命力が上がるとともに，自分で自分のからだをコントロールできる感覚が高まる呼吸法である（村木，1984）。

呼吸法とBGが溶け合うのが好ましいが，同時の実施は小学校低学年では難しいため別々に行った。BG実施のときは，息を止めず，ゆっくり呼吸するように伝えた。

3．変容過程
　以下に，担任教師との対話と記録から，A子の3カ月間の変容を記述する。「　」はA子の言葉，《　》は担任の言葉，〈　〉は担任の思い，【　】は筆者の応援内容である。

第1期　（X年4月）
　4月上旬：担任と初対面の日以来，A子はジャンケンに負けたり，思い通りにいかないと，友達をぶつ，蹴る，ののしるなどの攻撃行動を現し，担任は毎日，20回以上喧嘩の仲裁をしながら，何度も《暴力はダメだ》と厳しく叱責した。するとA子は一層イライラして「うるせー」「ウー」と反発・威嚇を繰り返した。
　中旬：A子は「友達が遊びに入れてくれない」と涙ながらに担任に訴え，担任は《なぜだと思う？一緒に遊ぶためには，どうしたらいい？》と問い返したが，A子は答えなかった。A子は遊びたくて友達の後ろからついて行くが入れてもらえず，嫌がらせの行動を繰り返し，拒否されていた。また，食べ物の好き嫌いがあり，給食は完食できず時間を守ることが難しかった。これに対しても担任は《生命を無駄にするな》と譴責し，教室に残して食べさせ，A子は震えながら食べ切っていた。この頃のA子は，授業中，教科書を読まず，ノートを取らず，上の空で，爪を噛み，立ち歩いていた。
　下旬：授業中ボーっとして，上着の袖口から自分の手を入れて脇と胸を触るのを見て担任は気になり，放課後A子と話した。すると「（家族は）喧嘩が多くて，口が悪い。お母さんはいなくなっちゃった」と言い，帰り際，ポロポロ泣き出して「イライラが止まらない」と訴えた。そのときはふたり窓際に並んで椅子に座り，机にうつぶせになってしばらく一緒に風にあたった。家庭訪問

の折，担任は，Ａ子が家で祖母に甘える穏やかな表情を見て，「Ａ子は学校では気を張っているのだ」と気がついた。さらに，Ａ子の家庭の事情を知り，わずか８歳の少女には過酷な境遇と感じて胸が苦しくなり，この日から譴責するのではなく，友達に「ごめんね」「ありがとう」を言えたら褒めるなど，小さなことも見つけて丁寧に褒めるかかわりに変えた。

〈筆者による応援〉第１回

　５月上旬【①Ａ子の暴言暴力は，母親の不在による寂しさと，恐らく家庭が穏やかでないときがあり（怒鳴られる，怒鳴りあいの目撃），さらに「手を上げられている可能性」により生じる，「イライラ」の不快感を放出するための「対処行動」と考えられる。だがその対処法はトラブルの原因となるので，他者に受け入れられる対処法として「丹田呼吸法」をクラスで実施して，成功か否かを観察する。

　②成功なら呼吸法が「対処法」として身につくように導く。先生が子どもたちの目の前で，自身のイライラや不安を収めるために，言葉で「落ち着いて」などと独りごちながら呼吸法をするのを見せることにより，子どもたちが自分の内側の状態を認識して，「自分で自分を落ち着かせる」ように促す。

　③多動や衝動性は，「手を上げられている」「愛着障害」「自閉スペクトラム状態」（藤野，2018）「AD/HD」の可能性が考えられる。愛着は「特定の養育者との情緒的結びつき（絆）のことで，『スキンシップ』と『速やかで確かな応答性』によって，生後３歳頃までにつくられ，５歳未満までに形成が妨げられると適切な人間関係をつくる能力が障害されることがある（Bowlby，1979，作田監訳　1981；杉山，2007）。Ａ子と母親との「関係の質」は不明。母親喪失は４歳であるが，祖母と愛着関係ができている様子から愛着障害はないように感じる。そして，ボウルビィは，何歳になっても「愛着対象」がひとり以上いるとき，人は最大限の能力を発揮すると言っている。経験的にもそう思う。

　④Ａ子が自分で自分のからだを触る，また爪を噛むのは「スキンシップ」の代替ゆえ，丹田呼吸法もからだに触りつつ伝え，須らく温かく母性的にかかわる。しかし，ものごとの善し悪しのケジメはつける。家庭訪問時にＡ子の悲し

みへの共感と気づきが起こり，小さなことも見つけて丁寧に褒めるかかわりに変えたことに感動した。そのかかわりは「先生はこんなに小さなことも見ていてくれるから大丈夫」という安心感を子どもの中に形成するように思う。

⑤さらに困って先生を頼ったとき，「先生ならわかってくれる」というA子の期待が的確に現実化するほど（応答性）信頼は深まり，安心と信頼を基盤にして先生は「愛着対象＝安全基地」（Bowlby，1988，二木監訳　1993）となる。そうなると子どもは自ら積極的に生き始める。

⑥子どもたちは「学びたい存在」である。まずは愛着対象となった教師に授業力があれば子どもは「学ぶ喜び」を得てぐんぐん伸びる。さらにAD/HD，自閉スペクトラム症の疑いを問わず，脳神経回路が形成され調和するならもっと伸びると推測できる。

⑦さらに「得意教科」を見つけて褒める。「得意分野」ができると自信がつく。子どもが先生を好きで，勉強ができるようになれば家族は喜び，家庭が和み，手が上がる回数が減ることも考えられる。そうすれば，子どもが「家族を変える力」を蓄える可能性がでてくるのではないか。資質を見極めて褒めて成功体験を積むことで自尊心を育てる。すなわち，資質の開花を図ることが「自己実現」の要となると思う。】

第II期（X年5月～6月）

5月上旬：担任は自宅で登校前に丹田呼吸法を実施。教室でも児童全員と一緒に週3回から毎日のペースで実施。最初の2回は，担任が児童たちのお腹に手をあてて行った。皆担任に触ってもらいたがった。

中旬：A子は1週間，時間内に給食を完食することができた。担任はA子が国語の読解力に優れていることを見つけ，「言語優位の資質」（井上・神田橋，2004）と仮説を立てて，資質を伸ばすために「物語を作ること」を勧めた。また，巧みな言語表現を努めて褒めるようにした。しかし，算数は全くできず上の空で，2科目の取り組みと達成度の差が激しかった。

6月上旬：暴言（「ふん」「バカ」），暴力（ぶつ，蹴る）がまだ残っており，

A子に腹部を蹴られた男児の保護者から担任あてに苦情の電話があった。この日，担任は，A子が家族に愛され，才能とエネルギーに溢れている存在であることをご家族にわかって欲しいという熱い思いと，家庭が落ち着いて欲しい思いが相まって，連絡帳に，家での具体的な「温かなかかわり」をお願いした。

〈筆者による応援〉第2回

6月上旬【担任から，「丹田呼吸法」を実施すると教室が静まり返り，その静けさのまま授業に入りやすい，子どもたちも好きなので続けたいという報告があった。そこで，「丹田呼吸法」は継続とし，「手を上げられている」可能性，および「AD/HD，自閉」の疑いを考慮して，BGの体操を学級全体に実施するのを提案。担任と相談して，まず片手の親指を立てて眼の前で空中に無限大（∞）を描く「レイジー・エイト」[註2]を入れた。（以下，BGの実施方法は，デニソン（Dennison, 2006, 石丸訳 2010），五十嵐・五十嵐（2017），神田（2014）を参照。なお，註2〜5に各体操の仮説を提示。）そのとき，担任が気になる児童の前に立ち，または背後から背中を包みこんで手を取り一緒に描くスキンシップ大作戦と，子どもたちが自分のしたいように体操できる環境調整を提案した。】

6月中旬：担任は，丹田呼吸法（2分），レイジー・エイト（30秒）をクラスで毎日実施した。A子は確実に笑顔が増えて朗らかな雰囲気になり，授業ではノートも取り，テストにも集中して取り組むようになったが，「ふん」「バカ」などの暴言は1学期中続いた。

下旬：A子は困ると幾度も担任に助けを求めてきたが，ある日，涙ぐんで仲間はずれを必死に訴えた。このときA子は初めて「だから，遊ぶためにはなんて言ったらいいんだよ」と聞いた。担任は直感的に〈これはいい〉と思い，A子にどうすべきか考えさせ，A子と一緒に友達のところに行って「入れて」と言った。さらに《友達の大事なものは自分も大事にする》と皆と約束させ，さらにA子は「暴力をやめる」と誓った。すると友達の心情に変化が芽生え，このときから一緒に楽しく遊べるようになった。

ある日，担任がクラスで呼吸法とBGの体操を実施しようとすると，A子

が「イライラしていたお父さんにリラックス法を教えた」と言い，その日以来，A子は自分から担任に「リラックス法したい」と言うようになった。また授業で「家族にあてた手紙」を書いたとき，A子の文章は穏やかな家族のあり様を望む言葉に溢れていた。A子は成績が急上昇し，「100点取るとお家の人が喜んで，やさしくなって，うれしい」と担任に伝えた。

第Ⅲ期（X年7月）
〈筆者による応援〉第3回
　7月上旬【左右の手足をXに交差させ行進するような動きの「クロス・クロール」(註3)と，額に両手を当てる「ポジティブ・ポイント」(註4)を追加することを提案した。】
　7月上旬：担任は，丹田呼吸法（1分），レイジー・エイト（30秒），クロス・クロール（4回），ポジティブ・ポイント（10秒）を毎日実施した。A子は，誰よりもこれらを一生懸命行い，呼吸法ではいつも担任に「お腹に手をあてて欲しい」と言い，担任はやさしく応じた。まもなく，4時間から1日中と暴言暴力のない時間が長くなり，給食も時間内に完食の日が続いた。ある日，A子は学校中，担任を探して，「蝶の蛹(さなぎ)が成虫になった」ことを知らせた。夏休み前の保護者会後，父親がA子が家で「イライラしているときに先生が教えてくれたことをしている。気持ちが落ち着くと言っている」と話してくれた。A子はイライラへの「対処行動」を獲得し，それを自ら家族に伝え，担任は家族からの信頼も得ることができていた。そしてこの頃からA子に，担任の腕に寄りかかるなどの甘えの態度が増えてきた。
　中旬：A子は，担任に宿題でわからないところを質問し，自分から「余った時間，物語を作っていいですか？」と聞いて小さな物語を連作した。それらは，死にかけていたA子が何度も救われ，助けられるうちに，美しいものを育てたくなり，うれしくなった，という内容であった。救ってくれたのは担任であり，A子を叱りもするが，何かあれば頼る愛着対象になっていることが推察された。また，友達を象徴するような動物とのふれあいも描かれていた。担任は，物語を書くたびにA子の雰囲気がふんわりしてきたと感じた。B君（被害者意識の

強い男児）が寂しそうにしているのを見て，A子はB君の肩をポンポンと叩き元気づけていた。

〈筆者による応援〉第4回

7月中旬【手足を交差させ，舌を上顎につける「フック・アップ　パート1」[註5]と，手足をほどき胸の前に両手でドームを作る「フック・アップ　パート2」[註5]を追加することを勧めた。さらにA子の自尊心を上げるために，この新しい体操をA子だけに先に伝え，皆の前に出て一人舞台で教える機会をつくることを提案した。担任は去り際に，A子が似顔絵と手紙を書いて出席簿の下に入れてくれていたと涙ながらに報告してくれた。そして「本当は辞職を相談に来た」と告白し，「けれどやってみることにします」と涙顔で決意を語ってくれた。】

7月下旬：A子はフック・アップ（パート1・2）を皆の前に出て堂々と行った。大成功だった。担任が前日に教えたとき，A子は「うるさい」と担任の説明を遮ったが，よく理解して上手に説明し，集中して見本を見せた。「次はどんな体操か？」と待ち望むような知的好奇心も見受けられ，A子は意気揚々と一人舞台を終えた。この頃，友達がA子に「おいでよ」と声をかけ，分担を決めてグループ学習もできるようになり，仲間づくりにも成功していた。担任が注意すると話をそらしたり，担任のからだに触って甘えたりするが，授業への集中は目を見張るものがあった。1学期の終業式で通信表を渡す前に，担任は「落ち着いて」と自分に言い聞かせ，丹田呼吸法をすると，大勢の児童たちが自分たちで楽しそうにクロス・クロールを始めた。主訴である「A子の暴言暴力が収まり，A子も皆も，クラス全員が安心して学べるようにしたい」が概ね達成され，担任も自分でやれそうな気がしてきた実感を得たので，いつでも応援要請していいことにして一応の終結とした。

4．担任教師の感想

1学期終了後，担任はA子に関する驚きを表し，「イライラとの付き合い方を自分で実践できていることがすごい。呼吸法とBGは素直さと自分自身の声

を聴く感性が大事。その最大の長所は資質や才能を潰さないこと。でも個人だけでなく，学級全体として地下のマグマが動きだしていると感じた」。自分自身については「非常にストレスフルな4カ月だったが体調は整っていた。疲れが溜まらなかった。仕事においては，『的がずれない』がBGの効果を最も感じる内容だった」と語った。夏休み後，A子は担任の背中やお腹に顔を埋める「おんぶ，だっこ」の甘えと，「ふん」という反抗が混じる反応を見せた。だが「早く授業したい」と求め，授業中，騒ぐ友達を注意し「的を射た」発言をし，成績は驚異的に伸び，2学期には学級委員に選ばれた。この頃から，A子は家でハムスターを飼ってとてもかわいがり，ペットショップの人になりたいと言った。

　担任は「本の世界や生きとし生けるものと語りあいながら生きる，A子本来のイメージに近づいている感じがします」と語った。

考　察

　暴言暴力児が丹田呼吸法とBGを「イライラ感」を収める対処法として獲得し，担任への愛着を背景に成績も友人関係も劇的に好転した経過を報告した。

1．教師という「愛着対象」

　愛着理論はボウルビィ（Bowlby, 1979, 1988）により提唱された。それは，特定の養育者との「情緒的結びつき（絆）」を指し，誕生後3歳頃までにスキンシップと応答性により形成され，5歳未満までに形成が妨げられると対人関係能力に問題が表れる場合がある（杉山, 2007）。だがボウルビィ（Bowlby, 1988）は，「人間は，どの年齢層においても，何か困難が生じた際に援助してくれる信頼の置ける人が自らの背後にひとり以上いるとの確信があるときに，最も幸福であり，かつ能力を最大限に発揮でき，また信頼される人間は愛着対象であり，一緒にいることで相手に安心の基盤を与えること」も明らかにしている。

第2章　小学生　*33*

担任教師は家庭訪問で本例の哀しさを知り、①「ダメを言う人」から「共感する人」に変わった。そして本例の「先生ならわかってくれる」と、担任の「きっと頼ってくれる」という肯定的な予期が的確に現実化する（応答性）たびに「相互信頼」が生まれた。さらに、②小さなことも褒めた。板書が時間内にできた、忘れ物がないのはすごいなど、実は当たり前のことを褒めると、本例もクラスの他の子どもたちも先生がこんなに小さなことも見ていてくれると「安心」した。安心と信頼で情緒的絆ができ、さらに、③わかる授業をした。どんな子どもも勉強がわかるとうれしく自ら進んで学び続け、本例も急激な知的成長を見せた。「脳」は学習し成長に向かう。ゆえに、授業がわかると知的な満足感が得られてうれしく、わからない授業を聞かされ続けると不満が募る。「授業力の高い先生のクラスはいじめが"ない"か"少ない"」（東原・山本・北見、2016）。いじめは、授業がわからない「不満」と、わからない「不安」を解消する対処行動であり、かつ、「脳」を使える試行錯誤の機会となっている一面がないだろうか？　「安心安全なクラスづくり」の根幹は教師と児童生徒の「愛着関係」と「授業力」といえよう。

2．「対処法」の視点・「丹田呼吸法」と「ブレインジム（BG）」の効果

　本例は、「イライラが止まらない」と言って涙した（4月下旬）。これは「イライラを止めるにはどうしたらいいかわからない。教えて！」という叫びである。そこで、暴言暴力を「イライラ」という不快感を解消するための「対処行動」とみなし、周囲に受け入れられる対処法として、まず「丹田呼吸法」、次にBGを提示した。すると、本例はこれらを自分で「イライラ」感を収める対処法として短期間（2カ月）で獲得し、不快感は解消され、暴言暴力が激減した。さらに、人（父親）に教えるまでになった。丹田呼吸法もBGも簡単な動きで効果が期待される。だが、効果を一過性で終わらせず、資質の開花に誘うためには、文脈に沿って体操が選択されること、さらに親、教師、友達との関係の中で自己肯定感や自尊心が育まれることが重要である。対話精神療法は、資質を発掘して問題解決に資質を使いながら資質を伸ばすことで、ブレインジ

ムは，一連の動きで脳内の神経回路を調えることで，個体の成長を図り，自己治癒力を上げる。いずれも仮説であるが，いずれも効果を上げ，人々の幸せに役立っている（五十嵐・五十嵐, 2017；井上・神田橋, 2001, 2004；井上, 2014など）。

3．「言語優位」の資質を生かす

　本書で用いる「資質」の優位性の視点はすべて，他者との比較ではなく，個体の中で「言語」「運動・行動」や「感覚」のいずれが優れているかの見当をつけることで応援の的確性が増し，援助の発想が豊富に生産されることを目的としている。さらに資質が開花すると生命エネルギーが上がり，主体的，積極的な行動につながるという仮説を立てている（神田橋, 1997；井上・神田橋, 2004）。

　本例は，「行動」や「感覚」よりも「言語」が長けている傾向にある「言語優位」の資質と想定された。科目としては国語が得意で読解力に富む。そのことを担任は褒め，物語を作ることを勧めると（5月上旬），本例は次々に短編物語を書いた（7月中旬）。本例は書くことによって癒やされ，同時に資質が伸びて一層生き生きと蘇ったのである。

　さらに注目すべきことがある。本例は，友達と遊びたい思いで後ろからついて行き，入れてくれないので嫌がらせをする行動を繰り返していたが（4月初旬），2カ月後，自分を抑えつつ，言葉で解決する行動に変容した（6月下旬）。このときの担任の指導は的を射ている。本例に言葉で考えさせ，一緒について行ってかかわり方の見本を見せ，「暴言暴力をしない」というセルフコントロールを課したのである。相原（2008）によれば，子どもは「5・6歳頃より言語の内在化によって，言語を用いて思考し，行動を制御できる能力すなわち言語性作業記憶が発達する。その結果，自分自身に言語により指示できることで，セルフコントロールが可能となり自由意志が形成される」。本例は家庭の平穏化，学校での愛着対象の獲得，言語の伸び，体操などにより前頭前野での言語性動作記憶の発達が促されて，瞬間的情動が抑制され，言語的自己統制が

可能になったと考えられないであろうか？　もしそうなら，担任のかかわりは，卵殻の中の雛と母鶏が相応じて殻を破る啐啄同時であったといえよう。

　本例は「蝶の蛹が成虫になった」（7月上旬）ことを，担任を探して知らせた。それは，本例自身の成長を暗示する出来事だったのではないであろうか。

　本章では，ひとりの暴言暴力児が「イライラ感」を自分で収める新たな対処法を獲得し，担任教師を「愛着対象」として資質を開花させた経過を報告した。だが教師には異動がある。児童の別れの痛みを軽減するために，教師は徐々に具体的甘えさせから抽象的甘えさせに変える必要がある。身体接触による仕方は最も親密な仕方で担任にしかできない。それをからだに触れず雰囲気で包む仕方に，さらに言葉による仕方に変えていく。それはだんだん自分から離していくやり方であり，同時に他の教師が代われるやり方への移行である。近づけばそれだけ関係への責任が重くなることをわたくしたち教育者は心に留めておかねばならない（井上・神田橋，2004）。

〔事例Ⅰのその後〕　担任教師と「クラスの蘇り」の記録

　夏休み以降，担任教師は自立して，なんとかクラスを立て直すべく奮闘した。だが，その道は平坦ではなかった。担任は，危機を救ったのは「体操」と「資質」の視点だったと実感した。よって，それらの記録を残すことは教育実践に資すると考え，以下に担任の記録をもとにA子の変容を中心に報告する。

　X年8月下旬：〔学級委員A子〕A子は級友の信任を得て学級委員になった。しかし，自信がないのか，周りが気になり，特に運動会の練習のような大人数になると，そわそわ動く様子が見受けられた。ある日，A子は友達に「学級委員になんて口きいてるんだ！」と怒鳴った。それに対して担任は，《えらい，えらくないはない。むしろ学級委員なら，皆がやりたくないことも自分がやるくらいの気持ちでいて。1学期の学級委員を見ていて，感じなかったの？》と強く叱った。A子は，他の女児に「先生のこと殴りたい」と言った。

9月上旬：本格的に運動会の練習が始まった。

　［A子：わがままとその理由］A子は友達を注意したがり，さらに授業中，「先生，先生，聞いてる？」と話しかける，「聞いてくれない」と怒るなど，わがまま度が増し，暴言もある。担任は《○○さんの次ね》とA子を待たせながら，〈A子に理想をもち過ぎたのだろうか？〉と自問した。「先生，だっこ」の甘え継続。A子のわがままは1週間ほど続いたが，担任が〈（被害感をもちやすい）B君へのスキンシップばかりしていたからかな？〉と気づき，朝，A子の話をよく聴くと，授業中の発言も的確で意欲的になり，整列のときは誰よりも早く準備して指示を出すなど，学級委員の役割もしっかり果たした。この日，担任は〈A子はお姉さんになった〉と感じた。後日，A子の大切な家族に病が発覚したことがわかり，担任はこれもA子の不安定要因であったか？と推察した。

　［クラス全員：人の気持ちを思う］A子が他児を追いかけ，他児が壁にぶつかりそうになった。担任は全員を椅子に座らせて《追いかけられたときの気持ちを考えてごらん。そろそろ自分以外にも人がいることに気づこう。お友達にも気持ちがあることを知ろう。お友達の気持ちを感じようとしてる？》と1分間，伝えた。A子は「ほんの少しわかった」と言った。A子はB君が寂しそうにしていたとき，頭をツンツンと指でつつき，ふたりで楽しそうに笑った。

　［呼吸・体操］担任自身は家で体操を続けたが，学校では運動会の練習とその穴埋めの授業をこなすのが精いっぱいで，子どもたちは丹田呼吸法の時間しかとれなかった。

　［学級］担任は〈学級全体がよい状態とはいえないが，全員に同じ状態を求めるのではなく，頑張れるときに頑張ろうというスタンスになった〉。また子どもに対して〈言葉で十分伝わるわけではない，と判断して表情を見ながら，こちらが折れることもする〉と記録した。

　［職場］担任は〈職場でも，気持ちが平静，平安に保てるようになった〉。ただ，同僚の先生方の発言に含みがあることを知り，〈そのまま受け止めてはダメなんだな〉と気がついた。

9月中旬：［A子：素直に］担任は，運動会の練習時，A子はふわふわして，状況判断が難しく，「自分を出すこと」をとまどっているように感じた。教室で，A子は自分が書いたものをキラキラした笑顔で担任に読んで聞かせてくれた。担任は〈本当は，もっと真剣に，お話を聴かないとダメだよね。他の子たちも〉と思った。A子は「ごめんね」「ありがとう」が言えていた。特に「ごめんねー」とスキンシップ付きでする担任の方法を取り入れたと思うときがあった。

　［A子：給食］給食は完食。苦手な野菜も仕分けをして，自分から苦手なものを食べ出した。担任は，赤ちゃんが離乳食を食べるときに母親が語りかけるイメージで《おいしいね》と語りかけ，付き添った。〈それがよかったのかな？〉と思ってみたり，試行錯誤，手探りの連続であった。

　［A子：順調な日々］A子は，学級委員として先を考えて行動することが増えてきた。運動会当日，A子の祖父母が明るく応援して，後日「本当に感動しました。いい運動会でした」と心からの言葉を告げられた。

　9月下旬：［A子：脳の配線］担任は，他児から「先生，A子を注意してください。怒ってください」と言われることがなくなった。そしてA子の脳の状態に関して〈電線がぐちゃぐちゃしてショートしてしまうことが少なくなって，回路が順調に動いている，落ち着いた感じがする。〉と記録した。

　［職場］この頃，担任は〈周囲の先生からは，うるさいと指摘されてばかりだが，校長先生から言われないからまだ大丈夫かな？ロボットのような人格形成を選択しないことに原因があるのかな？とも考えるが，指導力が足りないだけ〉と自問したり考え込む日々であった。

　［A子：給食］A子は「嫌いなものもひとつは食べる」と自分で決めて，実践。ただし，時間がかかるので高学年児童に応援要請すると5分もかからず食べ終えた。担任は，助っ人を絶賛すると同時に自分の無力さを痛感した。

　［A子：勉強］A子は算数が絶好調になり，「はい！」と挙手も首から伸びているようで「先生，これ大事だからノートに書きましょう」「先生，わたし調子いいですか？」《素晴らしいと思うけど，自分ではどう？》「調子いいで

す」の会話がなされた。洋服のタグが「痛い」と言った。「先生，だっこ，お
んぶ」のおねだりもまだあり，担任の足の甲の上に乗ってペンギン歩きをする
のが大好きだった。

［体操・呼吸法］担任が，久々にクラスで体操を提案すると，女児らが盛り
上がり，一番人気はクロス・クロールだった。女児らは自然発生で「高速クロ
ス・クロール」を競い始めた。

［担任→筆者：《体操の名前がなじみにくいので名前を考えてもいいです
か？》］筆者は，「もちろん，魔法の○○など，決めたっていいんです。名前を
募集するのは？皆の体操！楽しくね」と答えた。

丹田呼吸法は「触ってください」と言う児童と，「触らないでください」と
言う児童がいたので，希望を尊重して，お願いされた児童のみスキンシップを
行った。

［A子：連作物語］この頃，A子は執筆活動に夢中になり，「本を作っていい
ですか？」と言って，再び4つの物語を連作した。主人公は5歳，8歳，10歳，
15歳と成長し，第1話では雪の日に取り残されていた主人公が友達のオオカミ
に助けられた。だが2話から立場が逆転して，主人公が襲われている蝶を助け
て一緒に遊び，倒れているイルカを介抱して一緒に遊び，拾ったひなに名前を
つけて遊び，そのひなのお母さんどりを探そうとしたら目の前にいた，のよう
に物語の内容が主人公が助けられるから助けるに変容していた。学級会はA子
が議長として立派に議事進行した。

10月上旬：「だっこ」が減り，A子は学級委員らしく振る舞い，学級会を立
派に進行させた。

［父子関係］「親子で学ぶ会」でのこと。A子は父親の見ている前で友達と喧
嘩しそうになり，父親が怒ってA子に迫っていくと，半泣きで後ずさりして，
今まで見たことがないほどの恐れの表情をした。

［体操の工夫］皆で体操の名前を決定した。体操をしてから図書室へ移動す
ると，図書の先生から「今日の2年生は落ち着いていた」と言われ，担任は体
操の効果に驚いた。翌日，女児らが率先して時間を決めて体操を始めると，ニ

第2章　小学生　39

コニコして「自分たちで体操を作りたい」と提案してきた。担任は《先生の体操をやったあとに２つ足していいよ》と応答した。

　10月下旬：［父親］子どもたち同士のもめごとがあり，A子の父親に来校をお願いし，事情を説明し，担任はA子の成長を語り《A子を信じていいのではないか》と付け加えた。父親は冷静に状況を判断し，わが子の非も認め，しかし，担任の言葉に自分がA子を怒り過ぎたことを反省した，と告げた。同席した教員たちは異口同音に「冷静な方だね」と安堵し，感心した。

　［A子とハムスター］友達と喧嘩してボロボロ泣き，家に帰るとハムスターが「大丈夫？」と語りかけてくれた。ハムスターは，A子が家を出るとき「行ってらっしゃい」，帰ると「おかえり」と語りかけてくれる。またA子は「ハムちゃん」になりきっているときがあった。

　［A子：甘え／友達>担任］A子は，どこからか来て，担任に膝枕し，膝に乗り「ちぇんちぇい」と言い，またどこかに行く，これを繰り返した。社会科見学の朝，担任がA子に《バスで先生が隣に座ってもいい？》と聞くと「お友達がいい」と答え，担任は涙がでるかと思うほどうれしかった。その日もA子はクラス全員をひっぱり学級委員としての役目を果たした。

　［自発的体操］A子が先頭を切って体操を始め，以前つけた体操の名前が「動きにあってない」などと皆で話しながら名前を変更した。担任は〈感覚がすごいな。相変わらずうるさいクラスだが集中力はついた気がする〉と思っていた。

　［A子：対人関係能力上昇］この頃，A子はある出来事で，相手に非があったが，自己を省察し，問題化を避ける工夫のしどころを見つける行動を示した。対人関係能力が飛躍的に伸びており，担任は，対人関係においても考える力がついていることを《すばらしい》と皆の前で褒めた。A子が友達を壁に追い詰めて，担任が全員に，《そろそろ自分以外にも人がいることに気づこう。お友達にも気持ちがあることを知ろう。お友達の気持ちを感じようとしてる？》と伝え，A子が「ほんの少しわかった」と言ってから２カ月が過ぎていた。

　［A子：自己制御力上昇］A子は，からかわれたり，悪口を言われて「泣き

そうなくらいつらい」と言葉で言って，涙も流した。暴力に頼らず，言葉で表出できるようになっていた。しかも，自分で泣いて，自分で泣き止んだ。成長著しかった。先生は，〈強い子だな〉と思ったが，用事をつくってふたりで別の部屋に行くと，A子は「コアラ」と言って担任の足にしがみついた。またある日は，ジャンケンで負けても喧嘩にならなかった。担任がA子と初めて会った日，A子は負けて相手を蹴って担任は叱った。担任はA子に〈おめでとう〉と思った。

　　［担任→筆者］《成績はクラスの上位で，基本100点，90点。集中力があり，5分くらいでテストを終えます。算数は取り組みにくいようです。》

　　11月上旬：［A子：育て・育つ］A子はどんぐりを鉢に埋めて，水をやり観察し，語りかけ続けて育て，「せんせ，芽が出た！」とピョンピョン跳ねて報告した。この頃A子は，捨てられた動物，片足を失った犬などの本を読むようになり，図画工作の作品に「ダメ，捨てちゃと書きたい」と言った。A子は「ごめんなさい」「ありがとう」を，時に素直に，時に一生懸命言うようになり，友達もそれをわかって認めていた。担任に抱きついてお腹に顔を埋めて「先生の服，気持ちいい」という甘えは続いていた。

　　［担任：幻想→体操］1週間ほど体操をしない日が続いた。ある日，〈幻を見ていたのか？子どもたちの仲が変容していった。うるさいけれど，個が生きようとする感じがした。それがすべて消滅している。4月と何も変わっていない〉〈否！体操のおかげで変容を感じることができた。幻ではない。体操だ‼〉と了解し，翌朝，担任は《体操するよ》と皆を呼んだ。すると，A子を先頭に，皆立ち上がり，体操のときはいつも床に寝そべっていた男児が「やる！」と手を挙げ，「いつ覚えたの？」と聞きたいほど動きが正確で，B君も動きを覚えていて自分のペースでやれた。

　　［担任：BGの体操追加］BGの，左耳を肩にぴたりとつけ左腕を伸ばして上半身で∞を描く（「レイジー・エイト」のように）「エレファント」（Dennison, 2006, 石丸訳　2010）を「ゾウさんの鼻をイメージして」と紹介し，担任も一緒に行った。〈継続は力なり。朝，1時間目が始まる前，全部で10分くらい体

操を実施〉することにした。

　11月中旬：［A子：対人関係の発展］朝，A子は担任に手作りのプレゼントをくれた。先週末，喧嘩して「さよなら」したので，担任はどのように月曜日を迎えるか心配だったが，A子に救われた。担任は〈わたしの負け〉と思った。A子は1カ月ほど前，「あいさつで　ともだちのなかを　ふかめよう」と詠んで，朝登校すると教室に直行せず，校舎の玄関にランドセルを置いて，自主的にあとから登校する級友を迎え続けていた。

　11月下旬：［体操・呼吸法］床に寝そべっていた男児らに，担任が体操の進行役をお願いしてみると喜び，以後，自分から「進行役を務めたい」と言うようになった。呼吸法で目を閉じることに抵抗のあった男児が自分なりに行っていた。皆うれしくて，楽しくて声が大きくなり，動きが大きくなって，教室が狭く感じられ，体育館で体操する日もあった。

　［給食］給食が食べられたらポイントが貯まるカードを発行。ご家庭に報告したらA子のお家から「ご褒美は家で用意したいから20ポイント貯まったら教えて欲しい」と担任の想像を超えるうれしい反応をいただいた。A子は，朝，数カ月ぶりに職員室に来て，担任の手を温めて去っていった。

　12月上旬：［教師－児童の愛着］A子は担任のモコモコの服に顔を埋め「先生はママの代わりなの？」と聞いた。担任は何も言えず，A子の肩に手をまわした。

　［A子：集団内の地位上昇］A子はテストもかなりの集中力で，理解力も安定してさらに伸びてきた。以前は頑張っても，暴言・暴力で打ち消されていたが，それがないこともあり，確実にA子の集団内の地位が上がってきていた。A子は丹田呼吸法の呼吸は誰よりも上手だった。

　［A子：担任への応援］A子は担任が苦手領域で苦心していると「先生，何やってんだよ。頑張れー」と大きな声で応援し，担任は〈支えられた〉としみじみうれしかった。A子は算数もはまるとすごいスピードで成し遂げた。

　［父子関係］だが，授業参観などで父親が登場すると，授業を聞くことはできるが，授業中ずっと鼻ほじり，指なめをしていた。

[呼吸法・体操] 呼吸法は毎日，体操は5日に分けて実施した。この頃，担任は〈全体的に積み重ねてきたものが身についてきた感じ。呼吸法と体操の効果がベースにあって，学習や規律や思いやりが育ってきている〉と感じた。地域の方に教えていただいた面白い動きを，子どもたちは「魔法の体操にいれたい！」と言い出し，担任は承諾し〈子どものからだの中に体操が入っていてすごいなと改めて思った〉。

　12月中旬：[筆者→担任：クラスの蘇りについて問う]《クラスが蘇ったかはわかりません。わたしの『よい』と思うことがすべてではないから怖さもあります。クラスの問題＝A子＝悪でした。暴力があるから，どんな状況でも『悪』になってしまう。でも，A子の暴力に隠れている『悪』がありました。（A子に喧嘩を売る。他人ばかり非難して，個の問題や成長に目を向けない。）A子の暴力が収まり，A子の学力（才能）が確固たるものになることが必要と思いました。本来，A子の学力は上位であろうと思いましたが，暴力はどうしたらいいのかわからず，井上先生に相談しました。クラスの地下マグマが動きだした（7月）後，家庭も含め，『資質の開花』を一心に求め，願い，努力した子どもたちは著しく成長しました。満ちている感じがします。A子の暴力が目立たなくなると，クラスの問題を冷静に分析する児童が現れました。善悪の判断です。A子を守る，『すごい』と讃える，一緒に笑ってくれる友達が現れました。12月に入り，学力・生活面など総合的にクラスの上位であると思います。》

　[TT事件] 算数の授業中，TT（ティーム・ティーチング）の教員が，隣の児童とくっついていたA子を厳しく叱責し，別室で勉強してくるようにと教室から連れ出し，A子が廊下に響きわたるほどの悲鳴を上げるという事態が起こった。30分後，A子は自分で教室に入れず，担任が導き入れた。A子は「算数がどこまで進んだか」気にしたので《大丈夫》となだめたが，A子は自分の大事なものを壊し，別室に行っても成果が上がらず「意味がない」と涙ながらに訴えて，床に伏せて泣き，友達も泣いた。やっと収まったが，給食の時間に突然A子は担任の手をぎゅっと握り「先生，どっか行っちゃだめ」と言った。

12月下旬：［A子：後遺症？］担任は、〈A子は，考えすぎかもしれないが，算数の時間になると変になる〉と感じた。ＴＴに連れ出された影響か，急に担任の机の下に隠れて，他児たちとかくれんぼ状態になることがあった。

　［心がひとつの学級］一方，A子は２年生代表として，２学期の「振り返り」を立派に発表した。発表までの間，A子は不安で代表交代を願い出たり，腹痛になったが，暗記して繰り返し練習し，かつ，クラス全員が発表内容を暗記して，A子が困ったら身振りで教えるように図り，友達と心をひとつにして乗り切るように環境を整えた。結果，大成功であった。遠足のとき，B君が皆について行けず，わがままを言っているのを，A子は怒らず黙っていた。しばらくしてA子は，担任のコートをつかみ「B君のために，皆でくっついて，運んであげようよ」と言った。そこには友達のことを考えられるようになったA子がいた。

　［体操の成果］体操が大好きなひとりの男児が，勉強に意欲満点になり，クリスマス会で担任に向けて心の窓が開いた。いいものをもっているのに，殻に入っていることが多かったため，担任は一方通行と思いながらも体操を続けてきた，〈その成果〉と思えた。

　Ｘ＋１年１月中旬：［A子：大人の対応］A子は「ＴＴの先生に今年もよろしくお願いしますと言ったよ」と担任に伝えた。担任は〈A子はＴＴの先生の上をいった〉と思った。A子の甘えの回数が減り，友達の世話をやさしくできるようになった。

　２月初旬：［A子：友達への労り］B君が泣いたとき，A子は，膝をついてB君の背中をさすっていた。元気がないと思うと，ぎゅっとだきしめに行き，「先生，ぎゅっとだきしめたから大丈夫」，「さすったから，大丈夫になったって」と報告に来た。

　２月中旬：［担任：分離の準備］〈別れが近づいている。A子もわかっている。何を伝えよう？〉と担任は思い悩んでいた。［筆者→担任：別れの言葉を提案］【お父さんのことを話されたらどうですか】筆者は以前，担任から父親との別れと悔いについて聞いていた。そしてある初夏の研究会後，鬱蒼とした

森の「緑のトンネル」を担任と一緒に歩きながら，【見て。この緑のトンネル全部があなたのお父さん】《えっ，父は樹木が大好きだったんです！》【お父さんが守ってくださっているなぁ】と語りあったことがあった。そのときのことをふたりで思い出して，【あのときの感じを伝えたらどうかな】と返答した。

3日後［担任→筆者：この世とあの世］A子が「先生，この世からいなくならない？」と言った，《どう理解したらいいか》と問う。【先生との別れは二度と会えない死別ほどの哀しみと感じているということ。お家の方はA子さんに，母親の不在をどう説明しているか聞けますか？】。後日，お家の方は，母親が亡くなったとは言っていないことがわかった。この頃のA子は，家で宿題も自分から進んでやり，お料理のお手伝いもよくしていた。

［体操：多動児の変容］多動の男児B君が担任に「最近，体操してないね」と言い，3学期はこの言葉がきっかけとなって体操を再開した。そのB君は2学期まで，床に寝転がり，伏せて，白目になり，まったく体操に興味がないかの様子であった。ゆえに，担任はB君の中に体操が残っていたことを発見して驚いた。3学期になってB君は，学力の向上と落ち着きが顕著に見られ，学力テストの伸びはダントツになっていた。

2月下旬：［A子：担任への思いやり］担任が落ち込んでいるとき，察したのか，A子は膝に乗って担任の顔を覗き込み，「せんせ，どうした？」と聞いた。担任は泣きそうになり，教室を離れた。

［A子：給食，担任の許可］その間，A子は自分で給食の嫌いなものと格闘し，用務員さんが「もう食べなくていいよ。やめよう」と言っても，「いや，先生は許してくれない」と言って全部食べ切った。そして，担任が戻ると，「用務員さんから『全部食べた』ことを聞いた？」と確認した。A子は，次の日も時間内に完食して，担任とハイタッチ。しかし，ものすごく震えて，怖がっていた。A子は時々，担任の手を握った。

［A子：別れへの抵抗］この頃，A子は「先生が異動するかもしれない」という噂を耳にし，「先生，どっか行っちゃだめ」と泣き出し，「ずっとここにいたい？」「5年生になるまでいて」と毎日言うようになった。家に帰っても

「泣いている」と祖母から連絡が入った。担任を叩いて「やーだ。だめ」と言うときもあった。担任が《それは校長先生が決める》と言うと，A子は友達と連れだって校長室にお願いに行った。さらに校長先生に会うたびにお願いし，校長先生が「考えておくね」と言ってくれたと，明るい面差しになって担任に報告した。

　3月中旬：［担任：別れの言葉］担任は手足をだらんとさせて膝の上にうつぶせになっているA子の背中をさすりながら自分の父親の話をした。《先生のお父さん死んじゃったって前に言ったよね》「なんで死んじゃったの？」《がん（A子の背中をさすりながら）》《悲しくて，さみしくてね。泣いてたんだよ。でもAちゃんに会って，元気になったよ》と伝えた。自然にさすっていたその部位は父親が痛がっていたところだった。A子は担任と目を合わせず，「遊んでくる」と言って，離れていった。

　3月下旬：［担任：絵本に託す思い］担任として最後の日。担任はクラスで2冊，絵本を読んだ。どちらも死んでしまう犬と飼い主の物語であった。最後に，《一緒にいられなくても，先生はずっと応援してるよ》《皆が楽しい，うれしいことは，先生も同じに感じているよ》と伝えた。だが，子どもたちは誰も何も言わなかった。

　［別れ：さまざまな出会い］離任式。担任にサプライズを用意していた児童がくずおれ，A子は来ないで，という雰囲気で「泣いてないよ。目がへん」と言い，別れ際に「先生いく学校はどこ？」と聞いた。教室から出られない男児，下校後，家で泣き伏した児童。A子だけが気丈にふるまっていた。その親たちが驚いて，学校に電話をかけた。担任は〈悲しい思いをさせてごめん。ずっと応援しているからね〉と心の底から思っていた。

　［呼吸・体操］記録の終わりに「最後の2週間は体操をよくやりました。全員が主体でした。式の前には，必ず，全員で呼吸法をしました」とあった。

　A子は4月から3年生に進級し，また，クラスの児童たちの信頼を得て学級委員を務め，立派に役割を果たしていた。

追記

1　X年11月上旬，以前の体操のとき寝そべっていた男児が体操を覚えていた。

　ロシア人心理学者マスカトーバ，S.が『トラウマからの回復』（Masgutova, 2004，五十嵐他監訳　2013）の中で「観念運動的動き」を説明している内容がわかりやすいので以下に示す。「観念運動的動き」とは心理学者レベディンスキー，V.V.とルービンスタイン，S.Y.による造語であり，「ひとつの動作を何回も見ることによって，中脳（訳注：大脳辺縁系を指す）の中心部が活性化され，それによって微細な運動計画技能を作り出す人間の能力」であり「この動作を見ることが頭の中でのリハーサルとなり，やがては実際の動作につながります。動作を真似る基本は視覚化と想像力にあって，それは子どもが歩いたり話したりするプロセスを，見て学んで実行するのと同じ順序です。時が経つにつれ，頭の中のリハーサルは現実となります」（p.39）。

2　BG「エレファント」（X年11月上旬）

　担任教師が下記の本を読み，自ら選んで実施した体操である。この体操は，「自分自身の声を聞く助け」になり，それは「良い文章を書くための重要なポイントである」（Dennison, 2006，石丸訳　2010）

3　「先生は許してくれない」（X＋1年，2月下旬）

　A子は自分で給食の嫌いなものと格闘し，用務員さんから「食べなくていい」と言われても「いや，先生は許してくれない」と言って全部食べ切った。

　担任はA子に須らく母性的にかかわっており，「許さない」という態度は見せていない。なのになぜA子はこのような発言をしたのだろうか？　12月下旬にA子は担任に「先生はママの代わりなの？」と聞いており，A子は担任の中に，実の母親の姿を見ていると思われる。つまり，「許さない」という態度は実の母親のものである可能性が高いのである。

4　担任が絵本に託した思い，それは「living with」すなわち「ともにある」「一緒に生きていく」である。

精神科医 神田橋條治による事例Ⅰに関する連想

1.「児童が『イライラ感』に自分自身で対処するために」

〈4月上旬〉

　A子が授業中に「爪を噛む」　→　学校が閉塞社会だからである。本来，外交的性向の子が外に場を求めていてもどうしようもない場合，ひるがえって内向的になる形で耐えようとするときの工夫である。

〈4月下旬〉

「お母さんはいなくなっちゃった」　→　甘え欲求が語っている語形である。

〈4月下旬〉

「うつぶせになってしばらく一緒に風にあたった」　→　これは担任の発案。「地球におんぶ」で素晴らしい。芝生や砂地に腹ばいになっている感触は，母の背中におんぶしていた時の感触を無意識界から呼び出す。

〈5月上旬〉　井上の応援　第1回

「A子の暴言暴力は『イライラ感』の対処行動と考えられた」　→　取り入れられた対処行動ほど，行動としてのまとまりがある（学習）。すでにまとまったパターンを取り入れるからである。内容より形を取り入れる，すなわち「真似」である。

「教師が丹田呼吸法をやって見せる」　→　モデル学習，つまり見様見真似である。イライラ感の対処行動をモデル学習する機会となっている。

「人は何歳になっても『愛着対象』がひとり以上いるとき，その最大限の能力を発揮することができる。」　→　スーパーヴィジョンもそうである。「抱える」スーパーヴィジョンは「抱えられる」ことによってすでに内在している「抱える能力」が引き出される。多くの学習は新学習というよりも未利用資源の開発である。

〈5月上旬〉

　丹田呼吸法を「児童全員と一緒にやり，担任が児童のお腹に手をあてて行い，みな担任に触ってもらいたがった」　→　これがいい！！　心と行動とが溶け

合うとき人と人が溶け合う。

〈6月上旬〉

「暴力（ぶつ，蹴る）」 →　相手にちゃんと届くなら運動の資質もある。届くのは対象が把握されているということで，一人で暴れるのは自閉行動である。

〈6月中旬〉

「A子は確実に笑顔が増えて朗らかな雰囲気になり，授業ではノートも取り，テストにも集中して取り組むようになった」 →　一緒（ともにある）を求めている。

〈6月中旬〉

「ある日，担任がクラスで呼吸法と BG の体操を実施しようとすると，A子が『イライラしていたお父さんにリラックス法を教えた』と言い，その日以来，A子は自分から担任に『リラックス法したい』と言うようになった。」 →　学習能力があると自閉になりにくい。いいかえると学習という「未来に開かれた自閉」に閉じこもる。救いの場である。

〈7月中旬〉

「担任は去り際に，A子が似顔絵と手紙を書いて出席簿の下に入れてくれていたと涙ながらに報告してくれた」 →　逆転移[註6,7]だけが力をもつ。担任が涙を流せたのは，フラッシュバックだから，A子と一緒の現場に同じ感情があったはずである。そのとき行動や言葉に心が伴っている（こめられている）。

〈7月下旬〉担任教師の感想

「この頃から，A子は家でハムスターを飼ってとてもかわいがり，……」 →　愛着関係における役割の逆転。スーパーヴィジョンのときと同じプロセスである。

〈考察　教師という「愛着対象」〉

「先生ならわかってくれる」 →　これは，かけがえのない特別の対象となった。

〈考察　「言語優位」の資質を生かす〉

「『資質』の優位性の視点はすべて，他者との比較ではなく，個体の中で『言

語』『運動・行動』や『感覚』のいずれが優れているかの見当をつけることで，応援の的確性が増し，援助の発想が豊富に生産されることを目的としている。」　→　関係の能力があると関係で傷つき，関係の異常行為が増え，関係能力を拡げる。

2．担任教師と「クラスの甦り」の記録について

〈9月上旬〉

「A子は友だちを注意したがり，さらに授業中，『先生，先生，聞いてる？』と話しかける，『聞いてくれない』と怒るなど，わがまま度が増し，暴言もある。」　→　関係異常の発育成長。未熟に内在化されていた「関係パターン」が発育の場を得て成長し始めた試行錯誤の学習行動である。

〈11月上旬〉

「ある日，〈幻を見ていたのか？子どもたちの仲が変容していった。うるさいけれど，個が生きようとする感じがした。それがすべて消滅している。4月と何も変わっていない〉〈体操のおかげで変容を感じることができた。幻ではない。体操だ‼〉と了解し，翌朝，担任は《体操するよ》と皆を呼んだ」　→　刻々の逆転移を内省してみると流れがつかめる。ただし，逆転移の本質は説明できない。感じるだけである。

〈12月上旬〉

「『先生はママの代わりなの？』と聞かれた。担任は何も言えずA子の肩に手をまわした」　→　これがすばらしい。治療の極点はエンカウンターであることを味わってください。

〈X＋1年，1月中旬〉

「A子は『TTの先生に今年もよろしくお願いしますと言ったよ』と担任に伝えた」　→　算数には情緒が不要。邪魔。算数が得意な子は関わり合いの行動も Idiom として学習して使う。言葉を道具として使う。だからメールでのコミュニケーションが好きである。算数は自閉社会である（自らまとまっている）。

〈3月中旬〉

　「担任はA子に自分の父親の話をした。《先生のお父さん死んじゃったって前に言ったよね》「なんで死んじゃったの？」《がん（A子の背中をさすりながら）》《悲しくて，さみしくてね。泣いてたんだよ。でもAちゃんに会って，元気になったよ》と伝えた」　→　非常にいい。ここにも「癒やし・癒される」のエンカウンターがある。

　あとから考えると，この子の一番の資質は「愛着の能力」だったということになる。前の暴力行動などのそれぞれの細かい部分をプレイバックして，そこに愛着能力の資質の（歪んだ）出現を嗅ぎ取る練習をするとよい。何らかの味があったはずである。ペットに人間と同じように関わるとコトバでない愛着感情が育つ。言語という便利な道具が介在しないからである。それが「嗅ぎ取る練習」。関係の場を嗅いだり味わったりできないと，あるいは排除すると「ワカランチン」になる。多くの素人や動物はできるのに知性のある人は鈍麻している。

　「象徴的実現」とは，成長の過程で必要であったが欠けていた体験場が遅まきながら現出した意である。それまで二人で積み上げてきた障害物除去作業の成果である。この体験場では被治療者は「求めている」意識を欠いた「没我」の状態にあり，治療者は「応えている」意識を欠いた「没我」の状態にある。「出会い」の純粋型である。このあと両者は「我にかえり」「求めていた」「応えていた」の自覚を得る。その瞬間に両者に魂の成長がもたらされる。

註

1 Brain Gym®（ブレインジム）は，米国教育キネシオロジー財団・ブレイクスルーインターナショナルの登録商標である。

2 レイジー・エイト
「視覚による注意力が上がり，読書に必要な眼球運動能力が向上する」（p.324）

3 クロス・クロール
クロス・クロールとレイジー・エイトを「ゆっくりと行えば，……視力・聴力・思考力を統合する」（p.269）

4 ポジティブ・ポイント
「心を落ち着かせ，その時起こっているストレスに気付き，解放することができる」（p.383）

5 フック・アップ　パート1・2
ポジティブ・ポイントとフック・アップはいずれも「心を落ち着かせ……」（p.383），「私たちの体の中に土台を築きあげ，頭がすっきりし，楽観的で穏やかな感じになる」（pp.420-421）
以上，2〜5は，BGの各体操の効果の「仮説」（Dennison, 2006, 石丸訳 2004）である。

6 転移とは
「現状況での僅かな雰囲気の類似に基づいて，過去に獲得された心身反応型が誘発されること。ゆえに転移は典型的なフラッシュバックであり，緊急反応として有用な場合が多い。ちなみにフラッシュバックとは，緊急事態への対処法のパターンとして付与されている『能力』である」。（神田橋，2016）

7 逆転移とは
「被治療者のすべての反応を逆転移に含めることが可能となり，治療者の治療的言動は逆転移に基づくべきである……」（神田橋，2016）

文献

相原正男　2008　「前頭前野の成長，成熟，発達——認知神経科学による知見」『神経心理学』24(1), 40-47　金剛出版

Bowlby, J.　1979　*The Making & Breaking of Affectional Bonds.* Tavistock Publications Limited.（作田勉 監訳　1981『ボウルビィ母子関係入門』星和書店　pp.147-148）

Bowlby, J.　1988　*A Secure Base : Clinical Application of Attachment Theory.* Routledge.（二木 武 監訳　1993　『母と子のアタッチメント——心の安全基地』医歯薬出版　pp.14-16, p.153, pp.157-158, p.165）

Dennison, P. E. 2006 *Brain Gym and Me: Reclaiming the Pleasure of Learning.* Edu-Kinetic, Inc.（石丸賢一 訳 2010 『ブレインジムと私——学習障害からの奇跡の回復』市民出版社，p.10, p.269, p.324, p.383, p.420-421, p.428）

藤野博 2018 「自閉スペクトラムの発達科学」日本発達心理学会 編 藤野 博・東條吉邦 責任編集『自閉スペクトラムの発達科学』（発達科学ハンドブック10）新曜社 p.2

五十嵐郁代・五十嵐義雄 2017 『心の健康を育むブレインジム——自分と出会うための身体技法』農山漁村文化協会

井上信子 著・神田橋條治 対話 2001 『対話の技——資質により添う心理援助』新曜社

井上信子 著・神田橋條治 対話 2004 『対話の世界—心理援助から「いのち」の教育へ』新曜社 pp.27-28, p.94

井上信子 編著 2014 『対話の調——ゆきめぐる「かかわり」響き』新曜社

神田誠一郎 2014 『ブレインジム——発達が気になる人の12の体操』農山漁村文化協会

神田橋條治 1988 「『転移』と『逆転移』について（1980)」『発想の航跡——神田橋條治著作集』岩崎学術出版社 pp.329-337

神田橋條治 1997 『対話精神療法の初心者への手引き』花クリニック神田橋研究会，pp.34-35

神田橋條治 2016 「転移」「逆転移」『治療のための精神分析ノート』創元社 pp.111-112

黒田洋一郎・木村—黒田純子 2014 『発達障害の原因と発症メカニズム——脳神経科学の視点から』河出書房新社

Masgutova, S. et al. 2004 *Trauma Recovery:You Are A Winner.* 1st World Publishing,（五十嵐善雄他 監訳 2013 『トラウマからの回復——ブレインジムの「動き」がもたらすリカバリー』星和書店，p.74 - p.76, p.124)

村木弘昌 1984 『丹田呼吸健康法』改訂版 創元社，pp.8-11

杉山登志郎 2007 『子ども虐待という第四の発達障害』学研プラス pp.27-28

東原信行・山本浩之・北見朱美 2016 「人格の完成」に関するインタビュー内容

謝辞

　公表のご許可をいただきましたA子さんとご家族に感謝し，皆様のお幸せを心よりお祈り申し上げ，この小論を捧げます。ありがとうございました。

事例Ⅱ 「うそ」と「ほんき」を巡っての7歳男児の
プレイセラピー

> 高野臨床心理士（Th.）のイニシャルケースである，児童養護
> 施設における7歳男児とのプレイセラピー報告を，筆者のSVと
> ともに紹介する。男児は，遊びの中で無防備が許される「見守
> り」を与えられ，箱庭の砂に埋もれて「虚実皮膜」の世界に浸る。
> 男児の退行を目の当たりにしてTh.の母性なるものが引き出され，
> 男児の心に残る幻の母親像が，実体のある母親像に「置き換え」
> られた結果，男児はトラウマを受け止め，悲しみを「真に悲しめ
> る人間」へと成長した。虚実ではない「真なるもの」を内界に蓄
> 積する土台が整ったとき，そこから男児の自己実現への第一歩が
> 始まるといえよう。本事例も，高野論文と筆者のSVの全体を神
> 田橋條治がSVする。

　本事例は，臨床心理士高野元貴による児童養護施設における7歳男児のイニ
シャルケースとなるプレイセラピー過程である。そこには，クライエントの
「うそ」と「ほんき」をセラピストがいかに受け止めるかというテーマがあっ
た。計36回のプレイセラピー過程を3期に分けて振り返ったものを紹介する。

1．事例の概要
〈クライエント〉Aくん，7歳，小学校2年生。
〈主訴〉
　怒りっぽく暴言が多い。他児に威圧的で，小さい子をいじめる。盗みも多く，
ホーム内で放尿や遺糞がみられる。
　※この施設では小グループのホーム制をとっている。

〈家族〉父，父のパートナーの女性，父方伯母，姉，兄，A。（3人は同施設）

〈生育歴・問題の経過〉

　3人きょうだいの末っ子。母はAを出産後すぐに家出。生後3カ月で乳児院入所。2歳で本施設入所。当初はとても素直だったが，3歳頃から大人の言うことを素直に聞けず，注意されると余計に事を大きくするようになる。また，他児のゲームや担当保育士のエプロンを自分の机の引出しに隠す行動も多い。暴言がひどく，他児に威圧的。セラピー開始の4カ月ほど前から，ホームのリビングでおしっこや大便をし，夜中ベッドのまわりでおしっこをする。いつもイライラしており，睡眠中も夢の中で怒っている。スキンシップを強く求め，担当保育士に自分の体をこすりつける行為も見られる。学校では，わざと汚い言葉を言い，授業中立ち歩くことがあるが，勉強はそつなくこなす。Aの母親イメージは悪く，「お母さんは，僕が小さいとき悪いやつやったから出て行った」と話している。

〈面接構造〉週に1回40分（19：10〜19：50）。Aをホームまで迎えに行き，終了後もホームまで送ることとした。

〈期間〉X年11月から翌年10月までの11カ月間。

2．面接経過

（以後，セラピストを Th. と略記。「　」はAの言葉，〈　〉は Th. の言葉，〔　〕は Th. の感じたことを示す）

第1期　#1〜#9

　#1　たくさんの玩具を見て「すげー！」と圧倒されている。「お兄ちゃん怖くない？ここ泥棒入ったことある？」「もし入って来たらどっから逃げるん？入り口あそこしかないの？」と出入り口を指差す。この日最も集中して家の玩具で遊ぶ。一度にたくさんの家具を置こうとするので苦戦する。途中，玩具のスプーンを後ろに放り投げ，「投げたらあかん？」〈うん〉「怒る？」〈怒らへん〉「ごめん」と言うが，言葉に気持ちがこもっていない。

　#2　この日のAは何かを怖がっている。Th. も何かが怖く，落ち着かない。

疲れ，時間が気になる。Aは「ここ泥棒入ったことある？」と気にし，〈Aくんがしたいこと何でもいいよ〉と言うと，「じゃぁ遊びに来んでもいいの？」とTh.が〔ドキッ〕とすることを言う。〈寂しいけど，Aくんが来たくないんやったら思うようにしたらいいよ〉と言うと，Aは「…」。玩具が落ちると「ほら落ちた。お兄ちゃんのせいやで」。動揺するTh.を見て「嘘やで，お兄ちゃんのせいちゃうで」とニヤリ。Th.は，しんどくてたまらない。

　＃3　「俺，何年やと思う？」〈う～ん，2年〉「違う。4年。嘘，5年やで。それで弟が3年やねん」〈弟は3年なんやぁ〉。魚釣りのゲームでは「俺，釣り得意やもん。今日も釣り行ったし。めっちゃ大きい魚釣れてん！こんなでっかいサメ釣れてん！」〈そんな大きいの釣れたんやぁ！〉。Aはジェスチャー付きで楽しそうに話す。

　＃5～＃7　迎えに行ったTh.を見て「泥棒かと思った」（＃5）。そして「今8歳，3年。違う，9歳や4年」（＃5）「俺，今日誕生日やねん」「俺11歳になってん」（＃6）と語る。オセロでは，Th.が優勢になると「このクソおやじ」（＃5），「キッモー，このおっさん」，「早よしろ，おっさん，ブタゴリラ」「わかった？ハイは？わかったらハイやろ？わかったん？」（＃6）。Th.は腹が立つが我慢し続ける。＃5の帰り「俺，今日誕生日やねん」〈そうなんやぁ！おめでとう！〉「だから9歳やねん。これからお誕生日会やねん」と語る。

〔Th.は心から，おめでとう！という気持ちだったし，誕生日会があるのにセラピーに来てくれたことを嬉しく思った。しかし，後で嘘だったとわかり，Th.はAに裏切られた気持ちになる〕

　＃9　「これ片付けて」と言うので，散らかった玩具をTh.が片付けていると，「早よ片付けろや！わかったん!?」。Th.は思わず〈…〉。「怒った？」〈…〉。〔あまりにも憎たらしい言い方に，この時もついAの言葉を無視してしまう。これまでは，腹が立っても気持ちを抑えてきたが，この場面を気持ちを抑えて流したくないと思い，自分の気持ちをAにぶつける〕〈お兄ちゃんせっかく片付けてんのに，そんな言い方されたら嫌やわ〉。するとAはTh.に駆け寄り，

「嘘やってお兄ちゃん，ごめんな。あっ，まだ時間あるわ。え〜と，え〜と」と焦る。帰り，「泥棒来たらどうする？」と心配する。「俺，今日誕生日やねん」と言ってホームの階段を駆け上がるが，突然こちらを振り向き「嘘。今日誕生日違うねん。俺，小2やねん。8歳やねん。バイバイ」と言って帰っていく。

第2期　#10〜#18

　#10　退室時「なぁ」と何か言いたそうな表情。「何でお兄ちゃんと会うことになったん？」「何でお兄ちゃんは俺のこと知ってんの？」。Th. はひざをつき，Aと目線を合わせるも言葉に詰まる。「お兄ちゃん，もう行こ」と部屋を出る。

　#11〜#13　「泥棒入りましたってテレビに出てた」（#11）と泥棒の話をする。オセロではズルが目立ち，〈あれ？裏返してない？〉に「してないで」と笑う（#13）。退室時，「俺5年やで！11歳やで！　兄ちゃんが中学でな，弟が赤ちゃんやねん」と語る（#13）。

　#14　キャッチボールで，Th. が加減をして投げていると「そんなんが本気か！俺の本気はこれや！」。何度も「本気で投げてや！」と言い，「こんなんが本気か！」と必死に投げてくる。Aはボールを落とすと「クソ！」とイライラし，「もう嫌や〜！嫌〜！」と床に倒れて足をバタバタと床に叩きつける。Th. はAに駆け寄り，〈大丈夫？どこも打ってない？〉。「取れへんかったらイライラする〜！」〈お兄ちゃんも一緒やで〉「え？お兄ちゃんも一緒なん？」と徐々に落ち着きを取り戻し，穏やかなキャッチボールになる。Aは箱庭を見つけ，「サラサラやのにベタベタしてる」と砂の中に手を入れる。退室時，「何で俺はお兄ちゃんと遊ぶことになったん？俺わからんねん」。Th. は，どう伝えればよいのかわからず言葉に詰まる。〈先生からな，Aくんっていう子がいますよ。Aくんはこういう子ですよっていうのを聞いて，遊んでみたいなって思ってん〉「ふ〜ん」。

〔こんな逃げ腰な答えではAに伝わらないのにと自分に苛立ちを覚える〕

第2章　小学生　57

#15　2人でパズルをしながら「俺，来うへんようになったらどうする？」「引き取りになるかもしれんねん」「引き取りになったら寂しい？もう来うへんねんで」と話す。Th. は，〈やっぱり寂しいなぁ〉と答える。

〔引き取りに関する言葉は Th. に，「本当に寂しい」「見捨てられる」かのような気持ちを起こさせた〕

#16　Aは遊びを終えると必ず箱庭の砂を触る。「ボリッ，ボリッ」と音がするので，〈ボリボリって，砂噛んでんの？〉と尋ねると，「うん。口の中に入った」と話す。オセロの途中「お尻の臭い合いっこしよっか」とお尻を突き出し，Th. の顔の前でオナラをする。〈今オナラしたやろぉ！〉と2人で笑う。そして「お兄ちゃん大人なんやから風邪ひいたときだけ休んでいいけど，そうじゃないときはちゃんと来てな」と言って帰る。

#18　入室前，「泥棒入らへん？」「泥棒入ってきたら，ドンドンって音するやんな？」。ホワイトボードに Th. の名前と時計の絵を描き，お互いに時間の問題を出し合う。Aは，Th. の名前と答えに花まるをくれる。帰り，「俺6年やねん」「1番上が中学生で，1番下が保育園やねん」と言って帰る。

第3期　#19〜#27

#19　入室後「俺，何もせえへん。お兄ちゃん勝手に遊んどいて」と自転車にまたがり箱庭へ。しばらく，砂の中に二の腕まで入れたり，砂をパラパラ落としていたが，突然，箱庭の中に体ごと入る。Aは「こんなことしたら，あかんかなぁ」という表情で Th. を見ていたように感じ，Th. はこの時直感的に〈大丈夫やで〉という雰囲気を出したいと思い，〈あんまりドンドンしたらあかんで。机壊れてケガしたらあかんし〉とだけ声をかける。Aは箱庭の中に座り，砂をお腹や足にかけ，学校に嫌いな人がいると話す。そして，アンパンマンの人形を使って人形劇をし，「続く。おもしろかったな」で締めくくり，〈うん，これからどうなるんやろな〉と答える。箱庭の砂を触って部屋を出る。

#20　野球でAは空振りばかりだが，その度に2人で「ファール！」〈ファール！〉。その後「やぁ！」と言いながらのキャッチボール。Aはがむしゃら

に投げる。それが攻撃的な印象を受け，#14でAがかんしゃくを起こしたのを思い出す。そして「お兄ちゃんも，やぁ！て言って」と言う。その後箱庭へ行き，砂の中に腕を入れたり，グッと向こう側へ押したりしている。その盛り上がったところに右の頬，左の頬，最後は顔をうずめる。Th.には，その姿が人の胸に顔を寄せているように見える。最後は箱庭の砂を触って部屋を出る。「じゃぁ，また来週も来るわ！」と帰って行く。

〔この日，Th.のほうがお兄ちゃんに遊んでもらったという感じがした〕

#21 「俺，お父さんとお母さんおんねんけどな，赤ちゃん生まれたって言ってたやろ？」「またな赤ちゃん生まれてん」と話す。ホワイトボードでは，Aが先生でTh.が生徒。「今日は間違いもあったけど花まるや！」と大きな花まるをくれる。福笑いでは，半分目を開けている様子。帰り，Aから教わった歌を一緒に歌いながら帰る。

#23 「俺，何年か知ってる？」〈う～んと，５年生？〉「違うで，６年生やで」。野球盤で，Aは投げるふりをして投げず，Th.はその度に空振りするので笑うが，Aは機嫌をとっているのがわかっていて「俺には，そんなんせんでいいねん」という表情のように感じる。そして箱庭に入って座り，手で砂をすくい，少量髪の毛にかける。最後に，箱庭の砂を触って部屋を出る。

#24 箱庭の中へ入り，砂を唇につける。福笑いでは，「上手い？」と聞かれ，出来過ぎなくらい上手だったので，〈うん！上手やわぁ〉と答えると，「俺，ほんまはちょっとだけ目開けてんねん。だから見えてんねん」「今度は，目開けんとちゃんとやるわ」とズルを告白する。そして，めちゃくちゃなできあがりを見て２人とも笑う。その後の双六では，サイコロの目が，Aは５や６ばかり出るのに，Th.は１や２しか出ない。すると「俺がやってあげる」と無理に６を出し，Th.を先にゴールさせてくれる。

#25 「３回落としたら負け」というルールでキャッチボール。Aは「俺の必殺ボール！」とボールを投げ，Th.も〈よ～し！お兄ちゃんも本気ボール！〉とボールに力を込めるしぐさをして投げる。Aは納得したような良い表情でキャッチボールをする。〔Th.は，ボールの速さではなく気持ちで本気の

ボールを投げるような思いでいた。〕3回落としたAは「やられた〜」という
表情をしながら床へ倒れこんで死んだふりをする。帰り，2人とも無言で歩く
が「俺，今日誕生日やねん」〈そうなんやぁ〉「5月12やねん」〈5月12なんや
ね〉。しばらく沈黙の後，「うん…。嘘やねん」「全部嘘やねん。この前赤ちゃ
ん生まれたって言うてたやろ？ほんまは，きょうだいも3人やねん」〈…そっ
かぁ〉。

#26　「ハンバーグ作ってあげるわ」とフライパンや鍋を忙しく動かし料理
を作る。Th. は，〈おいしい！〉と，ムシャムシャ食べる。Aは「ご飯食べた
ら学校行きなさいよ」と言う。ホワイトボードでは，改まってTh. の顔を見つ
め「お兄ちゃんの顔は，この怒ってる顔か，この笑ってる顔か，この悲しんで
る顔か」と3つの顔を描き，「もちろん，これやな」と笑っている顔にまるを
する。そして「お兄ちゃんの心は広いわ」とホワイトボードにギザギザのまる
を描き，「お兄ちゃんの心はこのくらいや。広いわ」。そして「俺の心は，この
くらいや」とTh. の半分くらいのギザギザのまるを描き，「俺の心は，お兄ち
ゃんのに比べたら小さいな」。その後「今度は，お兄ちゃんがお母さんして」
とTh. がAのリクエスト通りの料理を作る。Aは料理を前に一瞬どうやって
食べようか考えたが，決心したように「ムシャムシャ，ガガガ」と料理を食べ，
「あぁ，おいしかった！」と言う。

#27　キッチンの玩具で遊ぶ。Th. は，〈だんだんおいしそうな臭いがして
きたなぁ〉と見守る。料理ができると「ムシャムシャ」〈ムシャムシャ〉と料
理を食べ，食後は2人で洗い物をする。そして野球盤の後，再びキッチンへ。
「お兄ちゃん何作ってほしい？」とTh. のリクエストした料理を「めんどくさ
いなぁ」と作ってくれる。Th. が，食べた料理をテーブルの下に隠してお皿を
空にすると，AはTh. が隠した料理を回収する。この時Th. は，息が合ってい
ると感じる。

#28〜#30　どの遊びでも一見楽しそうだが，唐突に「もうやめよ」と言い，
開始20分ほどで「もう帰ろう」と言う（#28〜30）。理由を聞くと，「俺怖いね
ん」（#28・29）。「いつもちょっとしか遊べなくてごめん」と謝り，帰ってい

く（#28〜30）。

　#31　夏休みをはさみ，1カ月ぶりのセラピー。AはTh.を見て嬉しそう。野球盤では，Aの空振りはTh.の得点になり，AのヒットもTh.の得点になる。最後は「5対4でお兄ちゃんの勝ち！」と勝たせてくれるが，その直後に「もう帰ろっか」。

　#34　退室時，何か言いたそうな表情。「…。俺，もう遊ぶのやめにしたいねん」。急なことにTh.は驚くが，〈何で遊ぶのやめにしたいと思うの？〉と尋ねる。「だってな，帰るの遅くなるし，暗いし，遊びに来るのめんどくさいし。（担当保育士の）先生にも言ってくれる？」。

　〔Th.はAの話を1つ1つ受け止めながら聞いた。以前Aから引き取りの話があったときは気持ちが大きく揺れたが，このときはAの言葉がTh.の胸に素直に届いた〕。

　※後日，担当保育士と相談し，Aの気持ちを尊重しようと決まる。

　#35　15分の遅刻。「先生に聞いたらな，お兄ちゃんがいいって言ったら終わりにしていいって」「だってな，見たいテレビ見れへんし，ゲームもしたいし，俺だけできひんことあるねん」〈そうか。Aくんの気持ち，よくわかったよ〉。一緒にカレンダーを見ながら相談。Aの提案で，この月最後のセラピーである次回で終結することに決まる。帰り，ホームの前で立ち止まって少し考え，「次が最後やな。来週もここで待っといてな。来週最後に遊んであげるわ」と笑う。互いに姿が見えなくなるまで手を振る。

　#36　時間通りにホームから出てくる。「お兄ちゃんのところに来るの，もう今日が最後やな。寂しい？」〈うん，やっぱり寂しい〉。この日Aは時間いっぱいまで使い，野球やキャッチボールをし，箱庭の砂も触る。Th.には，Aがこれまでを振り返っているように思えた。帰り，ホームまで手をつないで帰る。「お兄ちゃん，今日で終わりやな」〈そうやな〉「手紙書くしな」〈うん〉「じゃぁ…，バイバイ」〈うん，頑張るんやで〉。

　〔Th.はなぜこのときAに〈頑張るんやで〉と言ったのかわからない。しかしこの言葉が自然に出てきた〕

※１カ月後，Ａから手紙が届く。「寂しい」「お兄ちゃんともう１回一緒に遊びたい」との内容が書かれていた。Th. からは，遊ぶのを終わりにするのはTh. の中でもよく考えて決めたことであること，自分の気持ちをちゃんと伝えてくれてうれしかったこと，これからも応援していることを手紙に書いて返した。

3. 考 察
第１期 ＃１〜＃９

筆者にとってイニシャルケースであるＡとのプレイセラピーは，押し潰されそうな不安を感じながら始まった。ケースを担当することになり，「自分は責任をもってかかわれるのか」「来てくれなくなったらどうしよう」との思いでいっぱいになる。そして「今の自分で本気で向き合おう」と覚悟を決め，ケースの始まりを迎えたが，もちろん不安が消えたわけではなかった。

＃１でＡは，玩具のスプーンを後ろに放り投げTh. の反応を見る。＃２では，玩具が落ちると「お兄ちゃんのせいやで」と言い，Th. の動揺を見て「嘘やで，お兄ちゃんのせいちゃうで」とニヤリとする。このときTh. は，Ａに「お兄ちゃんは本気になれるのか？」と試されているように感じていた。

そして，このプレイセラピーの中で表現されるテーマの１つに，Ａが頻繁に言う「泥棒」があると思われる。当初Th. は，この「泥棒」をお金や物を盗む「泥棒」としかとらえていなかった。セラピー開始時間が遅く外が暗くなってからだったし，実際に学校でも不審者への注意喚起がなされていたようである。しかしTh. には，それとは異なる恐れをＡが感じているように思えた。それは「自分の中に入ってくるの？」という，侵入者としてのTh. への恐れだったのではないだろうか。

Th. は＃１で，Ａに不安を見透かされているようでＡの視線を怖く感じていた。＃２では，Ａが何かを怖がっているように感じ，Th. も何かが怖く，落ち着かない。不安を見破られまいとするTh. と，"得体の知れない"Th. と遊ぶことになったＡ，２人の間には非常な緊張感があり，互いに居心地の悪い関係

の中でセラピーは始まっていった。

　次第にAは，Th. に憎たらしい言葉を言うようになる。＃5・6・7では
「このクソおやじ」「早よしろおっさん，ブタゴリラ」とイライラし，＃7でも
「わかった？ハイは？わかったらハイやろ？わかったん？」と言う。しかし＃
9で「早よ片付けろや！わかったん！？」と言われた Th. は「この場面を自分
の気持ちを抑えて流してしまいたくない」と思い，〈お兄ちゃん，せっかく片
付けてんのに，そんな言い方されたら嫌やわ〉と本当の気持ちをAにぶつける。
Aは「嘘やってお兄ちゃん，ごめんな。あっ，まだ時間あるわ。え～と，え～
と」と焦り，その日の帰り「嘘。今日誕生日違うねん。俺，小2やねん，8歳
やねん」と嘘を告白する。Aの言葉は Th. にしっかり届き，なぜか寂しいよう
な気持ちが伝わってきた。

　第1期は，これまで不安や腹立たしさを感じながらもAの前では笑顔を見せ，
気持ちを隠してきた Th. が，うそではなく「本当」の気持ちをAにぶつけたこ
とで，Aもまたうそではなく「本当」の自分について話してくれたのではない
だろうか。互いに怖さを感じ，試し合いながらの関係ではあったが，これから
一緒にプレイセラピーをやっていく相手として互いを確かめた導入の時期であ
ったと思われる。

第2期　＃10～＃18

　＃10 ではAから「何で俺はお兄ちゃんと会うことになったん？」「何で俺の
こと知ってんの？」と，2人の関係に対しての問いが投げかけられる。Th. は
このとき，Aが「ほんきだ」と感じ，「ほんきで答えないといけない」と思う。
しかし Th. は言葉に詰まってしまう。そして「もう行こ」と部屋を出る。＃
14 では，加減をしてキャッチボールをする Th. に「本気で投げてや！」「俺の
本気はこれや！」と必死にボールを投げてくる。Th. も「本気」でキャッチボ
ールをしなければと思うが，この時は気づかない。ほんきにならない Th. にA
は「もう嫌や～！嫌～！」と床に倒れ，かんしゃくを起こす。そして再び「何
で俺お兄ちゃんと遊ぶことになったん？俺わからんねん」と Th. の気持ちを確
かめるが，Th. は逃げ腰な答え方をしてしまう。その後のセラピーでもキャッ

チボールをするが，Ａの求めた「本気で投げて！」は，ボールの速さでも言葉でもない，気持ちのキャッチボールだったのではないだろうか。

　そして，なかなかほんきになってくれないTh.に対して，#15でＡから「来うへんようになったらどうする？」「引き取りになるかもしれんねん」「寂しい？もう来うへんねんで」と話される。担当保育士に確認すると，引き取りの予定はないとのことだったが，引き取りに関する話は，Th.の気持ちを大きく揺さぶった。Th.はＡの話を聞いて，心から「寂しい」，大げさに言えば「見捨てられる」かのような気持ちになった。Th.は「自分でよかったのか」「Ａの役に立てたのか」を自問した。そしてＡの言葉以来，Th.はＡとの別れの準備を始めていたのかもしれない。別れは，突然来るよりも心の準備があったほうが言われたときの気持ちの揺れは少なくて済むのではないかとも考えた。「Ａとのセラピーが終了するのだろうな」と別れの準備をしていたように思う。そのくらいTh.にとって衝撃的な告白であった。しかしＡの「来うへんようになったらどうする？」「寂しい？もう来うへんねんで」という言葉は，「そのくらいの覚悟でここ（プレイセラピー）へ来ているんだよ」という，Th.に対しての訴えだったのではないだろうか。

　第1期という，プレイセラピーをやっていく相手として互いを確認した導入の時期を土台として，第2期は，プレイルームに来る意味を問い，ＡがTh.にほんきになることを求めた時期であったと思われる。

第3期　#19～#27

　互いにプレイルームに来る意味を問い，ほんきというテーマが表現された第2期を通して，第3期では箱庭が使われるようになり，2人の関係も安定したものに変化していく。#19でＡは「神聖な儀式」のように砂の感触を味わい，今度は箱庭の中に体ごと入っていく。このときTh.は「どうしよう」という気持ちと同時に，Ａが箱庭へ足を踏み入れる瞬間の，まるで長い間探し続けた宝箱を開けるような何とも言えない表情を見て「大丈夫」という雰囲気を出してあげたい，見守ってあげたいという気持ちになる。Th.は，〈あんまりドンドンしたらあかんで。机壊れてケガしたらあかんし〉と声をかける。そして#20

でもAは、砂の中に両手を入れて感触を味わい、砂を向こう側へグッと押しやり、盛り上がったところに右の頬、左の頬、最後に顔をうずめる。砂の盛り上がったところを見てTh.は女性の乳房を思い浮かべ、Aが母親の胸に顔をうずめている姿を連想した。

　そして#25のキャッチボールでは、Th.は初めて「ほんきのボール」を投げることができたのではないだろうか。これまでTh.は、Aの言う「本気で投げてや！」の意味がわからなかった。またこの頃は、Th.自身が「その時その場で、自分の中から出てくる言葉や行動を大事にしたい」と感じ始めていた時期でもあった。Th.はボールに力を込めるしぐさをして〈よ〜し！お兄ちゃんも本気ボール！〉とボールを投げる。Aは納得したような良い表情でキャッチボールをし、「やられた〜」という表情で床へ倒れこむ。そして、その日（#25）の帰りに「全部、嘘やねん」と、これまでうそをついていたことを告白した。

　第2期で考察したが、Aと共にほんきに迫ることは、プレイセラピーの大きな節目となった。ここで大きなテーマの1つであるAのうそについて考えたい。Aは、プレイセラピーの中で多くの嘘をつく。#3の嘘に始まり、#25までほぼ毎回、嘘をつく。そしてTh.は、Aの嘘を一貫して受け入れ続ける。Th.が嘘を受け入れてきたのは、たとえ嘘であっても咎めるのではなく、嘘を言うAの気持ちを受け止めたいと考えたからである。しかし、#3で初めて嘘が出てきた時にTh.がAの嘘を受け入れたのは、Th.自身に「来なくなったらどうしよう」との不安があったからなのかもしれない。Aの話す内容が嘘だとわかる時でも、Th.は嘘を受け入れる以外の態度をとることで、Aがその後どうするかを恐れていたのだと思う。そしてAは嘘をつき、Th.は受け入れ続けるという関係の中でプレイセラピーは進んでいく。しかしAとTh.との関係性の変化とともに、嘘にも変化がみられるようになる。第1期でAから話された嘘は、"得体の知れない"Th.に対して、Aが本当の自分を見せまいとする嘘であったように思われる。他者から自分を守るための嘘である。しかし、第2期で2人の関係が、ほんきで向き合おうとする関係に変化する中で、Aは自らうそを

告白し，第3期では，Aの言葉は嘘の言葉ではなく，気持ちのこもった言葉として話されるようなっていく。

　クライエントのう・そ・に関して河合（1975）は「それらの話を受け入れ，尊重していると，クライエントが自分の力で正しい認識をしうるようになる」そして「カウンセラーの協調に支えられて，クライエントは，立ち上がってゆく力を養ってゆけるのである」と述べている。Aは，嘘であってもそれを受け入れられ，守られる体験をし，そして Th. の本当の気持ちに触れ，かんしゃくを起こすほどのほ・ん・きを求める時期を経て自分と向き合い，＃25で「うん…。嘘やねん」「全部嘘やねん」と，これまでの嘘をう・そ・だと告白するまでの力を得たのだと考えられる。

　最後に，Aとの関係の中で，箱庭の特に「砂」がどのように働いたのかを考えてみたい。第3期では，A自身によって箱庭が発見され（＃14），砂の感触を大事に味わうようになる時期である（＃19）。その姿は“神聖な儀式”のように感じられ，Aは砂を触ることに没頭する。そして＃20では，砂の中に腕を入れ，グッと向こう側へ押し，盛り上がったところに右の頬，左の頬，最後は顔をうずめる。河合（1969）は，「砂に触れることは，治療に必要な適度な退行を起こすのに役立つ」と述べ，岡田（1993）は，箱庭療法における砂の働きについて，①退行を促すことの役割，②大地としての役割，③感覚に働きかける役割の3点を指摘し，中でも砂による退行に関して「砂の感触のよさが，退行を促す。しかも，温かさや心地よさは母性性と関係してくると思われる」と述べている。＃20でのAの行為は，箱庭の砂によって退行が促され，砂の母親的な温もりの中に浸っていたのではないだろうか。そして，その後のプレイでも箱庭の砂に触れながら，次第にAは深いところからの表現ができるようになっていったと考えられる。

　＃26・27では，キッチンの玩具でままごとをし，そこでは互いが「ムシャムシャ」〈ムシャムシャ〉とご飯を食べ，料理を分け合い，母親と子どもにそれぞれがなり，互いに相手を満たし合う関係となっていく。そして，Aから「お兄ちゃんの顔はもちろんこれやな」と，笑っている顔にまるをつけてもら

い，「お兄ちゃんの心は広いわ」と話される。その言葉は，以前のように「気持ちのこもっていない」（＃1），「おだてるような」（＃6）言葉とは違い，A自身の気持ちのこもった言葉として Th. の胸に届いた。

　本事例では，プレイセラピー過程を3期に分けて振り返り，考察を行った。Aとのプレイセラピーは，それまで他者を攻撃したり，牽制するために使われてきた言葉が，2人がほんきで向き合おうとする中で，気持ちのこもったA自身の言葉で話されるようになる過程であったのと同時に，Th. にとっても，その時その場で内側から湧いてくる言葉や感情を大事にしたいと思うようになる過程として体験された。

文献

河合隼雄　1969　『箱庭療法入門』誠信書房
河合隼雄　1975　『カウンセリングと人間性』創元社
岡田康伸　1993　『箱庭療法の展開』誠信書房

事例IIへの井上コメント

1．はじめに

　遠い海に旅に出ました。

　筆者にはスーパーヴィジョンに関するトラウマがあります（井上・神田橋, 2001）。しかもこのケースは，高野さんが人生で初めて担当した大切なイニシャルケースです。さらに，クライエントの幼子があまりに悲しいあり様です。わたくしはコメントすることを躊躇いました。そして，気づくと論文を抱えて遠き地にいました。書かせていただくにしても，自らが海に抱かれないとこのケースは抱えられない，わたくしの無意識がそう察知したのだと思います。

　しばらく波の音に揺られながら，高野さんとAくんの面接過程を読み進んで

いると，わたくしのトラウマが溶けだしてゆきました。その不思議な感覚を味わいながら，わたくしは高野さんに臨床家の資質を感じ始めました。おそらくその資質は，Ａくんとの関係の中でも展開されているはずです。そこで「高野さんがＡくんとの関係の中で何を溶かし，何をしたのか」を記すことをもって，わたくしのコメントとさせていただこうと決めました。

2.「泥棒」について

Ａくんは初めて高野さんに会った日，「お兄ちゃん怖くない？ここ泥棒入ったことある？」「もし入ってきたらどこから逃げるん？入り口あそこしかないの？」と怖れを露にし，その後もこの問いは続き（#2，9，11，18），その間の#5では高野さんを見て「泥棒かと思った」と言っています。高野さんはこれをＡくんの中に治療者が入ってくる「侵入者」への怖れだったのではないかと考察しています。しかし，泥棒の本質は「侵入」ではなく「略奪」です。わたくしはＡくんの一連の問いは，「治療者のあなたは僕の中から何かを盗っていく，奪っていく人ですか？」という意味であると思います。

しかし，Ａくんが初めて「泥棒」と言ったとき，なぜかわたくしは「恋泥棒」を連想しました。それは，いつのまにか相手を虜にして心を奪い，あとに「永遠の時」と，生まれ変わるほどの「変容」を残していく，あの大泥棒のことです。

ですが，これほどまでにＡくんが略奪されることを怖れていたものは何なのか。まずはそこから考えていくことにしましょう。

3.「ファンタジー」について

それは「ファンタジー」ではないでしょうか。なぜならファンタジーだけがＡくんを支えていたと考えられるからです。Ａくんは「お母さんは，僕が小さいとき悪いやつやったから出て行った」（生育歴）と言っています。これは周囲から吹き込まれた母親にまつわる内容であると推測できます。というのは，生後3カ月で母と生き別れたＡくんに，母親の思い出はないと考えるのが妥当

だからです。しかし，子どもはどんな親でも痛々しいほど慕うものです。Ａくんは，「お母さんはきっとあそこにいるんだろう」とか，「お母さんは泥棒にもっていかれたんだ」と思うことで，母親との関係を愛情という関係で構築し続けるというファンタジーを作り，そうすることでやっと自分を支えていたのではないでしょうか。つまり，Ａくんの中に減っては困る，無くなっては困るものがある，それはＡくんが幼いながらに形づくった母親像だったと考えてみたらどうでしょうか。

4. 「嘘」について

　Ａくんにはもうひとつ奪われては困るものがありました。それは母親の愛のファンタジーを支える「嘘」です。「今日，誕生日やねん」(#6,9)，「俺5年」「俺6年」「11歳やで」(#6，13，18)「下が保育園」「お父さんとお母さんおんねん。赤ちゃん生まれてん」(#18，21)，すなわち，自分は大きくて力強い子という「嘘」です。Ａくんがそれらを「嘘」と意識していたことは，「嘘。今日誕生日違うねん。俺，小2やねん。……」(#9)という小さな告白から判断できます。ですが，やがてＡくんは「全部嘘やねん」(#25)と告げ，#26の面接では最初，自分が高野さんを面倒見る母親役をしますが，「お兄ちゃんの心は広いわ」「俺の心は，お兄ちゃんのに比べたら小さいな」と言い，自分が面倒を見られる赤ちゃんでお兄ちゃんは支えてくれる治療者だという自分を受け入れました。そして面接後半で「今度はお兄ちゃんがお母さんして」と役割交代しとうとうお母さんはいなくなっているという事実を受け入れたと考えられます。つまり，それまでＡくんは自分の不安が収まるように外界の認知を歪めていたけれど，そのとき，ありのままを受け入れることができたということです。それは，Ａくんが悲しみを悲しまないようにしていた努力が溶けたことを意味していると思われます。「嘘」はＡくんが自分のために作った童話だったのでしょう。

5．「箱庭」について

　高野さんはAくんのファンタジーを奪って現実を認識させ，悲しまないための防衛を溶かしたと考察してきました。しかし高野さんは知らぬまにこの変容の「元」を与えていたと考えられるのです。そう考えるヒントが箱庭にあります。

　Aくんは箱庭の砂を触り，砂を食べ，あげく砂箱にからだごと入り，砂をからだに浴びるというあまり目にしない行動をとっています。(#16, 19, 20, 21, 23)。高野さんは，直接的に〈大丈夫やで〉という雰囲気をつくり〈……ケガしたらあかんし〉ということばとともにAくんを包み (#19)，Aくんはその後も高野さんの見守りの中で無防備にこれらの行動を繰り返すことができました。Aくんのこの行動は，何を意味するのでしょうか。

　高野さんは #20 で，Aくんが砂に顔をうずめている姿を見て「人の胸に顔を寄せているように見えた」と報告しています。砂に顔をうずめること，砂を食べるということはAくんが「虚実皮膜」の世界を生きることができたということです。確かにそこに砂はあって，顔やからだをうずめ，食べているのですが，そこにAくんが投影しているものは「虚」なのです。

　しかし，「虚実皮膜」の世界はファンタジーでありながら，リアリティでもあります。これはサイコドラマの世界と言い換えることもできます。サイコドラマもリアリティなしでは成立しません。ところがAくんの母親との関係は，ファンタジーだけで根も葉もないものです。だとしたら，このサイコドラマを成立させたリアリティはどこからきたのでしょう。

　ここでわたくしは，高野さんがAくんによって自分の中にある母的なるものを引き出され，その結果，高野さんは引き出されている母的なものをAくんに同一化したという仮説を提示したいと思います。治療者の意識に近いところに，「母親－男の子（治療者自身）」関係が引き出され，そのことによってクライアントの幻の母親が，治療者の実体のある母親像との関係に「置き換え」られたという仮説です。

　そしてAくんは治療者が提示した母的なるものとの関係によってサイコドラ

マをすることができるようになったと考えます。サイコドラマの世界はＡくんにとっては初体験です。

　Ａくんにはそれまで、「ファンタジー」と「嘘」の世界しかなかったのです。そしてＡくんも、それらがすがるために作ったファンタジーや嘘の世界であることをうすうすわかり、知っていました。だから、それらを盗もうとする高野さんに「夢を、イリュージョンを壊してしまう人なのですか、あなたは」と後ずさりしながら問い続けていたのだと思うのです。

6．おわりに

　しかし「何も変わりないまま」ではありませんでした。高野さんという治療者は、トラウマさえなかったクライアントのＡくんに、自らの体験上の母子関係を置き換え、トラウマという事実を受け止め、悲しみを真に悲しめる人に育てたのです。これだけのことがイニシャルケースでできたのは、高野さんの臨床家としての資質が豊かだからでしょう。

　わたくしは懸命に自分なりの臨床を作ろうとして、数年経った頃「その過程で自分らしさとして意識化したことは、実はイニシャルケースの中にすべてあった」と気づきました（井上・神田橋、2004）。それを師である神田橋條治先生に伝えると、先生はこう答えられました。「かわいい子は旅をして、ふるさとに帰ってくる。イニシャルケースのなかにすでに現れている専門家以前のものに返る。そうすることによって、専門家としての自分と、個人として成育史を背負っている自分とが調和したものになる。そうなると、個人と専門家というものがひとつのライフストーリーになる。……」（井上・神田橋、2004）。

　コメンテーターとしてわたくしが抱えなければならなかったものの二重性（否、三重性かもしれません）に高野さんが気づく日、それはＡくんが初回面接で高野さんに投げかけた「お兄ちゃん怖くない？」という問いへの答えを見つける日かもしれません。その日、高野さんはきっと大きく飛躍されることでしょう。

　遠き地より、「素敵な恋泥棒さん」の成長を願ってやみません。

文献

井上信子 著・神田橋條治 対話　2001　『対話の技——資質により添う心理援助』新曜社
　　p.268

井上信子 著・神田橋條治 対話　2004　『対話の世界—心理援助から「いのち」の教育へ』新
　　曜社　pp.276-277

精神科医 神田橋條治による事例Ⅱと井上コメントをめぐる連想

　まず高野論文を読んで色々と連想し，ついで井上コメントを読んだら，ボク
の連想とあまりに一致していたのでびっくりして，書くことがないような気分
になりました。困ってしまって，わずかな不一致部分を取り上げて少しお話し，
次いで，[Aくんの物語]というストーリーを書き，最後に，二,三の助言を書
いていてみることにします。

1．不一致の部分
　「恋泥棒」の連想はボクには浮かびませんでした。「略奪」の連想だけでした。
おそらくボクと井上さんとで「恋」の語感が異なっていて，それは男女の差に
由来するのでしょう。

2．Aくんの物語
　「お母さんは，僕が小さいとき悪いやつやったから出て行った」は，その後
の「嘘」の巧みさから見て構文として奇妙です。「お母さんは，僕が小さいと
き出て行った。悪いやつだ」と「お母さんは，僕が小さいとき悪いやつと出て
行った」の2つの文章の重合形でしょう。前者は恨みの文章で，後者は捨てら
れた悲しみの文章で，重合することで感情が幾分か鎮まります。あるいは，2
つの文章はAくんが大人たちに聞かされたストーリーの文意なのかもしれませ
ん。いずれにしろ，言葉の資質に恵まれたAくんはストーリーを作り，それに

支えられて生きてきました。しかし，精神病の資質やファンタジー能力をもたないので，ストーリーはつかの間のものであり，常に現実に引き戻され，また新たなストーリーを作るの繰り返しで，過去にも未来にも注意を向けず，今だけを生きるという適応機能を創造しました。日々は新たな誕生日です。

　現実検討能力が失われないので，ファンタジーだけを頼りにする日々の不確かさは虚しく，拠り所が欲しくなります。しかし，「嘘」の能力が優れているので，他者の「嘘」それも無意識に発せられる「嘘」にも敏感になります。わずかな信頼感が生じると疑惑も同時に起こるので確認行動が必要になります。非言語的な態度でのコミュニケーション，それも不快なコミュニケーションだけが確かな信頼できる「ほんき」のコミュニケーションであるから，確認行動も相手に不快刺激を与えて，それへの反応態度を介してのコミュニケーションが確か感をもたらします。「語られる言葉は納得のための物語である。すなわち作り物であるから，当然嘘でもある（虚実皮膜）」との確信がある人（A君はその一人）には「こんなことしたら，あかんかなぁ」と語る言葉に伴う表情へ〈あんまりドンドンしたらあかんで。机壊れてケガしたらあかんし〉という「直接に語られている返事」に伴う表情と語のトーンが信頼できるコミュニケーションとなります。これはとても高水準のコミュニケーションスタイルです。高野さんは，にごりの少ないノンバーバルコミュニケーションの資質を備えています。これはおそらくあなたの体験した早期対象関係のにごりのなさに由来しています。

3. 二，三の助言

　多彩な症状は創造性です。資質の豊かさを示しています。優れた資質が巨大な労苦を背負わされて，まだ希望を捨て切れていないときに最も「手を焼かせる」状態になるとの知恵は子どもの治療では普遍的ですが，おとなの治療でもアイデア源になります。

　治療で生じてくる変化は一次的には，両者間の気分であり，それに対してめいめいが独自の反応をするのです。子どもと初心の治療者とは，生じている雰

囲気に素直な反応をしますし，成人の患者と理論という偏見に操られている治療者は，めいめいの偏見に基づいて反応します。子どものプレイセラピー，それもイニシャルケースに伴う清々しさの由来です。

　不幸の度合の酷いケースでは，問題の起源を母子関係に帰す考察がよく見られます。その文脈では，箱庭の砂は母親の象徴とみなされます。一度視点を変えて，母親は砂や海の象徴なのだと考えてみましょう。「母なるもの」とはその意であり，心理療法をウミガメの親子にまで敷衍して考えることができるようになり，そうした空想は日々の臨床現場での発想を広げます。

　豊かな資質を備えている高野さんにはさらなる注文をしたくなります。それは表出され記述されるコトバではなく，やりとりされるその瞬間の場の雰囲気に注意を払い，それを言語におきかえずに記憶する努力です。フォーカシングの用語で説明すると，フェルトセンスにハンドルをつけずに記憶する努力です。例えば砂に体をうずめ頬を触れるときのＡ君の内なるフィーリングを母子関係などの概念を介入させず，あなたのその場でのフィーリングとしてそのまま記憶する努力です。「コトバにすると嘘に染まる」というコトバをあなたに贈ります。Ａ君はすでにその認識をもっており切ないです。

コラム

小学校の教育相談──校長としてかかわった事例から

日本女子大学特任教授
元公立小学校校長　**野田不二夫**

事例1　低学年「父親との面談の大切さ」

　子どもの発達の相談については，母親との面談だけでは難しいことが少なくない。親が子どもの行動を見て客観的に，かつ冷静に判断することや，その話し合いを進めることは簡単なことではない。そのようなとき，私は校長として，できるだけ父親との１対１での面談を設けてきた。当然，仕事のない時間や休日での面談となる。

　進め方も，「堅い面談」という雰囲気ではなく，日常の話から入る。そして，まずお互いの身の上話から始める。こちらも，すべてさらけ出すことで，また同じ父親としての立場から話を進めることで，スムーズに話が進むことが多い。

〈発達障害のある児童と「父親」との面談〉

　発達障害のある２年生の父親との面談の事例をあげる。

　父親と母親とA男との３人家族。かかわりをもってくれる親戚はいない。

　父親曰く，「自分もまったく『A男（児童本人）』と同じだった。固まる子だった。だから気持ちがわかる。自分は社会に出てから，人間関係が築けるようになった。ただし，A男にはもっと早く人間関係を築けるようになってほしいと思っている。自分も勉強はまったくダメでわからなかった。今でもわからない。だから，子どもの勉強はみられない。子どもの勉強については，特に心配はしていない。」

　その後，母親とも何回も面談を重ねた。両保護者とも，学校やその他諸機関の支援を願い出てきた。ご両親ともに，発達障害の傾向が見られ，２年生の児童にも学習障害の様子が窺えた。当時の私は，以下のように考えた。

　父親も（母親も），面談や生育歴などから考察すると，親としての責任を果たせる能力が十分でないと私は判断した。しかし，心のやさしいあたたかい人柄であり，この良さが子どもたちにも遺伝しているのだということがよくわかる。こ

れからは，子育て支援センター・就学相談室とも連携して，父親の判断を支援すべく，すこしでもその判断に介入できるように働きかけていきたい。

父親（保護者）との連携は，児童の教育にとっては欠かすことのできない不易なことである。管理職として，本当の意味での親身になった呼びかけや相談がその道を切り開くと信じている。

特に低学年の相談で，今まで支援のなかった家庭においては，支援・相談をできるだけ早くスタートさせたいと思っている。

事例2　中学年「警察導入の必要性」

私が教員になった頃は，「保護者と学校は常に一体であり，決して喧嘩などはしてはいけない」ということが当然なことであった。いや，今でもそのことは，ほぼすべての保護者と学校との関係では当然なことであると思う。

しかし，私は「保護者と喧嘩しなくてはいけないときもある」という考えに変わった。また，「学校での，保護者との問題に警察の協力も得ることが必要だ」という考えにも変わった。数年前の小学校では考えられないことである。

〈保護者（母親）の猛烈な攻撃に対して〉

ある中学年の保護者（母親）の事例である。

児童本人も，多くの問題傾向を抱えた子であり，学校内外でのトラブルが多かった。学校では，友達に対してすぐに手が出て，注意をする教師の言動も受け入れずに暴力で反抗する児童であった。校外でも，勝手に友達の自転車を乗り回し，放置をしてもまったく平気な態度で規範意識などまったくないように思われる。

そのような児童の言動の背景には，母親の大きな影響がある。学校側の指導や，怒った他の保護者の抗議へも常に攻撃的に切り返し，非を認めず責任を相手側に転嫁する。この母親に守られて，児童は，やり放題であった。

私は校長として，何回も母親と話を進めようとしたが「くそおやじ」などと暴

言を吐き，話し合いなどにまったく応じようとはしない。私も相手からの激しい攻撃に対応すべく，記録を残すため，母親の許可をとり録音しながら母親と接することにした。決して正常な対応ではないことは十分に承知していた。このような行動に対して，当然のように母親は教育委員会や役所へも出かけ，学校や教育委員会へ攻撃的に抗議の行動をした（これ以前から，教育委員会や行政機関への報告・連絡・相談を進め，連携をしていた）。

　児童本人や母親自身の授業妨害や暴力行為が多く見られたので，地元警察へも相談を進めて対応していた。その中で学校に怒り狂った母親が来校し，教師に対する暴力行為が発生した。事前の警察との打ち合わせや指導通り110番通報をした。事件化することが目的ではなく，警告の意味で行った（事前に警察とも相談・確認済み）。警察が来校して，保護者の態度は豹変した。警察への連行・逮捕を恐れた母親は，すぐに謝罪を繰り返した。以後，このような行動をしないとの念書もとれた（これらも事前の警察との打ち合わせ通りの連携した行動であった）。

　学校教育の正常な活動を守る責任は校長にある。それを乱す一部の保護者とは喧嘩もし，警察との連携もやむをえない時代になった。ただし，事前の念入りな打ち合わせ，連絡や調整は欠かせないことである。

　中学年では，入学以来なかなか解決できない事例が引き続き課題となっていることが多い。関係諸機関との綿密な連絡を重ね，いろいろな手立てを講じていく必要があるだろう。

事例3　高学年「弁護士との相談」

　今，学校では想像を絶するような，考えられない事例が多くある。

　その1つとして給食費未納問題は広く社会を騒がせたが，その他金銭の未納に関する問題はたくさんある。教材費や修学旅行費などを立て替えている校長がいる事実を，多くの保護者・市民は知らないだろう。もちろんそれらを払うことが

できない家庭については，就学援助という制度があり，給食費や教材費そして修学旅行費等の公的援助がある。問題なのは，支払うことができる保護者が，「支払わないで済むなら，払わないでおこう」という考え方をすることである。

その他，保護者の無理難題や度を超した苦情などに疲弊する学校教職員の多さが，現場では大きな問題となっている。

以下，6年生の父親の威圧的な行為の事例である。

〈保護者（父親）の威力的な行為に対して〉

夕方，6年生女子の父親が，自分の子が「いじめ」にあっていると訴え学校に来た。学校側は担任と生活指導主任が対応し，その訴えを聞いた。校長は父親が来る前に帰宅していた。夜の9時過ぎになって，校長の自宅に生活指導主任より「SOS」の電話があった。「父親が威圧的な態度で，話にならず帰ろうとしない」というものであった。校長はすぐに学校に戻り，父親との対応を始めた。すぐに，話にはならない状況を判断して，担任，生活指導主任，その他の教員を帰宅させ，父親を校長室に招き入れ，2人で話を始めた。

単なる話し合いで来たのではないことがわかったので，そのうえでの判断・指示であった。

その後，肩で校長の身体を押しつける威圧的行為。そして，校長を脅すような威圧的な挑発行為。遅い時間になっても帰ろうとしない態度。子どものいじめなどの話には，まったくならなかった。何度もの押し問答の末，校長室から出て行ったのは深夜。長時間，校長室に軟禁されたような状態であった。

翌日，このようなことがまた起きるといけないので，教育委員会へも報告・相談し，弁護士への相談を依頼し，今回の事例についての法的な対応などについて相談・指導を受けることができた。

結果として，本事例は「威力業務妨害※」と「不退去罪※」が成立するとの判断をいただいた。今後，同じようなときには，「あなたのしていることは，威力業務妨害罪と住居不退去罪になることを通告した後に，止めないときには，法的な

措置をとることを相手に伝えること」の助言を受けた。

　高学年では，中学校への円滑な引き継ぎが必要となる。各事例についても，しっかりと記録をとり中学に引き継いでいきたい。弁護士への相談など，法的な措置も視野に入れた対応が，今後はさらに必要になるだろう。

※威力業務妨害…威力を用いて人の業務を妨害すること。この場合の「威力」とは，直接的，有形的な方法であり，具体的な暴力その他よりも軽微といえる文書・インターネットなどによる犯罪予告も含まれる。刑法第234条が禁じている。
　　出典：知恵蔵mini　朝日新聞出版　　コトバンク（2017年8月8日アクセス）
　　　　　https://kotobank.jp/
※不退去罪…人の住居などに立入った者が，居住者，建造物管理権者，その他これらの者から権限の委任を受けた看守から正当な退去要求を受けたにもかかわらず立ちのかない罪（刑法130後段）。
　　出典：ブリタニカ国際大百科事典　小項目事典
　　　　　コトバンク（2017年8月8日アクセス）https://kotobank.jp/

　事例4　教育相談の枠を越えたかかわり
　〈不登校児　A子とのふれあいを通して〉
　校長として初めて着任した学校での経験である。
　3年生に，不登校児A子がいた。今から20年以上前であり，「保健室登校」とか「校長室登校」とかの言葉ができる前のことである。新しい校長が着任したこともあり，母親と一緒にA子は校長室に来た。顔も上げずに，うつむいたままでの初対面。母親が1時間ほどしゃべってその日は帰宅した。
　なんとか登校できるようにしたいと思った私は，「明日から，校長室に遊びに来ない？」と笑顔で最後に声をかけた。その後，なんとか校長室に来られるようになり，1時間2時間と徐々に滞在時間も増えていった。主に校長室ではカードゲームをして遊んだ。スポーツ好きなこともわかったので，体育館でバスケット

ボールもして遊んだ。すべて私と2人っきりでの遊びだった。

　その後，校長室から教室へも行けるようになり，元気に登校できるようになった。

　……と書いてきたが，不登校児が校長とのふれあいの中で，心や気持ちがほぐれて登校することができた一事例，だけではなかった。

　実際には「校長が子どもに救われ助けられていた」事例でもあったのだ。

　私が校長として着任した学校は荒れていた。教職員と管理職との対立もあり，保護者や地域からも学校は信頼を失っていた。前任の校長が病気休職した結果での私の着任であった。

　四面楚歌の中で校長職がスタートとした。そこで私が考えたのは「まず，子どもを味方につける」ことであった。子どもに直接的にかかわり，子ども自身とふれあうことで経営を進める「直接的経営」を試みた。普通，校長は教職員を通して子どもの教育を推進する，いわゆる「間接的経営」である。

　子どもをまず味方に，そして保護者→地域へと味方を広げていく作戦だった。教職員は最後の牙城であった。

　その中でA子との出会いがあり，日々の校長室登校が始まった。最初は「子ども味方作戦」の一環であり，不登校解消への思いで始めた。しかし，ふれあいが進むにつれて，逆にA子に癒やされている自分に気づき始めた。担任時代にも味わっていた「子どもからの癒やし」を感じていた。大人の世界で疲れ果てた管理職が，純粋無垢な子どもの心に癒やされ救われていた。

　「教育は双方向の働きかけである」ということはよく聞くが，それがまさしく真実であることを，私は教員生活を通して数多く経験した。その中でも忘れることのできない思い出である。

＊本コラムの事例は，プライバシーに配慮し，改変したものである。

第3章　中学生
―― 「わたしの物語」を描き始める

いじめから「自己発見」した中学生と「絆」で支えた教師の「手記」の分析

　「いじめられ」によって，思春期の精神発達および自尊心形成のうえで大きな危機に瀕していた中学1年生の女生徒に対し，国語科教師が，まず，交換日記によって「絆」を結び，個別かつ継続的な愛情の交流によって「愛着対象」となった。次に，「教科指導力」と「教育相談力」を相乗的に発揮することで，被害者のみならず加害者の内面にも「倫理感情」が醸成され，生徒たちの人間的成長の契機となった。この経緯は，自己実現の（『人間の欲求5段階説』（Goble, 1970））基層たる3つの欠乏欲求（①安全と安定，②愛・集団所属，③自尊心と他者による尊敬）の充足として説明できる。そこで，両者の「手記」から分析・報告し，さらに「道徳」教科の今後の可能性について一考する。

はじめに

　新たに「道徳」が特別の教科として位置づけられ，小学校は2018年度，中学校は2019年度から全面実施される。「人格の完成及び国民の育成の基盤となるものが道徳性であり，その道徳性を育てることが学校教育における道徳教育

の使命である」（文部科学省，2015）が，その理念である。時代や社会情勢がいかなる変化を遂げようとも，人間として必要な倫理感情，すなわち信頼，共感，正直などが有する価値は普遍であり，それらを子どもたちの内に形成すべきことに異論はないと思われる。だがこうした倫理感情は，特定の他者との情緒的関係の中で湧き出てくる「情」であり，教えられて得られるものではないと思われる（Bowlby，1958，1979，1988；井上・神田橋，2004；田中，2009）。教育的意義の面で重きを置かれながらも，教育的方法において明確でない，この点に道徳教育の困難さがあるのではないだろうか。

　公教育の場で人間の高次的な徳を培わんとする指針は，遡れば『教育基本法』第一条「教育の目的」の「人格の完成」という文言に源流を見出すことができる。我が国の『教育基本法』は昭和22（1947）年に制定され，平成18（2006）年に改正された。背景に「時代の変化に合わせて見直す必要性」が一要因として挙げられていたが，改正後の第一条にも「教育の目的：教育は，人格の完成を目指し，平和で民主的な国家及び社会の形成者として必要な資質を備えた心身ともに健康な国民の育成を期して行われなければならない」とある通り，「人格の完成」という表現は変わらず踏襲されている[註1]。

　その一方で「人格の完成」の具体的に指し示す内容については諸説あり，文部科学省のHPによると，当時の文部省訓令においては「個人の価値と尊厳との認識に基き，人間の具えるあらゆる能力を，できるかぎり，しかも調和的に発展せしめること」と記述され，より細目を述べた解説として「真，善，美の価値に関係する科学的能力，道徳的能力，芸術的能力の発展完成である。したがって，人格の完成という理念のうちに科学教育，道徳教育，芸術教育などの原理が含まれているということである」とある。だが最終的には教育を担う者の意志によって決するとされ（杉原，2004），やはり統一的な解釈は見られず，今日に至るまで議論の対象となっている。つまるところ「人格の完成」という大義を負い，それに連なる道徳的な指導を求められながらも，その中身は今も昔も教育現場に課題を残したまま委ねられているのが実情で，新たな教員養成課程カリキュラムを経て教育現場に向かう将来の教師たちも例外ではない。

けれども教育基本法制定から70年，改正から10年を経て，今なお第一条に「人格の完成」が「人間の力では不可能だが，一歩ずつ目標に近づくことが人間教育ではもっとも重要な教育の基本的な目標」（務台，1966）として中核に据えられ，それがなされる場所が「公の性質を持つ客観的，独立的な社会的存在，国民的全員のためにある存在である『学校』」（内藤，1947）であるというのならば，やはり役割を担うのは人間である「教師」に他ならないであろう。

　そこで本章では，前述の「人格の完成」と近似した特徴を有する「自己実現」ならびに「自己実現者」に着目し，以下を目的とした研究を行った。倫理感情の基礎を育む「愛着関係」を追求したボウルビィ（Bowlby, 1958, 1979, 作田監訳　1981, 1988　二木監訳　1993）および歴史上の偉人に共通する人格的特徴を調査し，「自己実現」の可能性について探求したマズロー（Maslow, 1968, 上田訳　1998）の研究を参照しつつ，いじめ被害者の中学生と「絆」で支えた教師の手記を分析することで，生徒－教師の情緒的関係の中で，生徒が経験した倫理感情がいかなる道徳意識へと醸成されたか，また，その関係性を基盤として生徒がいかに人間的に成長したかを事例的に明らかにする。さらに3人の経験豊富な教師から得られた知見を加味して，現代の学校現場における生徒の健やかな「自己実現」を誘うための教育方法について検討することで，より「教育の目的」を果たすための手がかりとしたい。

マズローの「自己実現」理論と人間の「欲求5段階説」

　第1章の「欲求5段階説」（図1-1，本書p.6）をご参照いただきたい。マズロー理論を簡潔に整理して示したシュルツ（Schultz, 1977, 上田監訳 1982）によると，人間の欲求とはピラミッド型の階層構造となっており，下位に位置する4つの「欠乏欲求」と，最上位「自己実現欲求」の5段階から形成されている。

　以下は「欲求5段階説」の各段階における欲求とその具体的内容である。
①「生理的欲求」（生存に不可欠な最も強力な欲求）

②「安全と安定への欲求」（恐れや不安からの自由，保護，秩序の欲求）

③「愛・集団所属への欲求」（特定の集団に根を下ろし，愛情を受け，愛情を
　与える欲求）

④「他者による尊敬・自尊心への欲求」（前者が根本となる。他者が自分をよ
　いと見ているとの確信がない限り，人が自分自身を善きものととらえること
　は困難となる）

⑤「自己実現への欲求」（自己の能力，資質，力量の最大限の発揮，使命の達
　成，自己の本性の理解と受容，人格内の一致，統合，真・善・美）

　「自己実現」欲求に至るには下位4つの「欠乏欲求」（①「生理的」，②「安
全と安定」，③「愛・集団所属」，④「他者による尊敬・自尊心」）が段階的に
達成されなければならない。

　それまでの欲求に対する渇望がなくなったときこそ，人間は次なる欲求を求
めて意欲が駆り立てられるのである。

　また「欠乏欲求」は「基本的欲求」とも呼ばれ，欠乏が続けば病気の原因と
化してしまう。マズロー（Maslow, 1968, 上田訳　1998）は欠乏欲求が不満
足な状態にあることを「欠乏の病」とみなした。治療法には2種類あり，ひと
つは欠けているものを与える，もうひとつは本人が自分でそれを満たせるよう
にすることである。

　その点を踏まえたうえで，本章では「欠乏欲求」を満たすための重要な要素
として「他者とのかかわり」に着目しておきたい。マズローは人間が生来抱く
「自己実現」への欲求に関し，「この可能性が実現するか否かは，自己実現を促
すか妨げるかする個人や社会の力による」と第三者の存在を想定している。

　先に述べたように，「自己実現」とは「才能，能力，可能性の使用と開発」
であり，「自分の資質を十分に発揮し，なしうる最大限のことをしている」人
間こそが「自己実現者」とみなされるのだが（Goble, 1970, 小口監訳　1972），
こういった人間の良好な状態は，「愛着理論」における「愛着対象」を得られ
た人間と共通する特徴が多く見受けられる。

　精神科医であるボウルビィ（Bowlby, 1979, 作田監訳　1981）によれば，

求めたら答えてくれるという確信に満ちた情緒的絆，すなわち愛着は，乳幼児期の間に形成されるが，「人間は，どの年齢層においても，何か困難が生じた際に援助してくれる信頼のおける人が自らの背後にひとり以上いるとの確信があるときに，最も幸福であり，かつ能力を最大限に発揮できる」とされ，信頼される人間とは「愛着対象」であり，一緒にいることで相手に安心の基盤を与えることができるとしている。仮に「欲求5段階説」をこういった「愛着対象」の存在を想定して考えてみたとき，「欠乏欲求」に属する②「安全と安定」を充足させる源となり，③「愛・集団所属」ないし，④「他者による尊敬・自尊心」の段階にも影響を及ぼすと考えられる。

　以上に挙げたマズローの「自己実現」ならびに「欲求5段階説」の構造，そして「自己実現」に影響を与える他の要素に関して，次節にて，1組の生徒と教師の手記と照らし合わせながら具体的な確認・検討を進めてゆく。次に記すのは，『対話の世界』（井上，2004）の中で，いじめ問題に向き合った中学生C子と，彼女の自我を守り「自己実現」への導きとなったA先生の「手記」である。

C子（生徒）とA先生（教科担任）とのかかわり合い
——『対話の世界』より

　『対話の世界』第四章「『はてしない』物語」（井上，2004）では，豊かな感受性に満ち，自分を取り巻く世界に対してやさしいまなざしを向け，その世界の様相を卓越した言葉で表現する「C子」という少女が，心理的に守られた安心感の中でゆっくりと自己を醸成し，中学校3年間でのさまざまな出会いを通して，ついにアイデンティティをつかむまでの過程が本人の手によって綴られている。その物語の幕開けとも呼べる出来事のひとつに，A先生との交流があった。

　C子が希望を抱いて中学校に入学してから数カ月，少しずつ友人たちの目が冷たくなってゆく気配を感じながらも，過去に「何気ない言動に『嫌われてい

るのかな』とすぐに不安になっていた」経験から，「『私の心配のし過ぎ』ととらえるよう努力」して日々を過ごしていた。しかし聞こえよがしの中傷をきっかけに，交換日記や遊びの予定から外され，彼女は最終的に友人グループからも弾き出されてしまう。いじめの対象となった原因を自分自身に問い苦悩していたＣ子と，彼女をいじめていた５人の少女たちに，状況を見つめ直す手がかりを与えたのが，学年全体の国語科を受けもつＡ先生であった。

　Ａ先生はＣ子が「五人の『集団』に『生けにえ』にされている」雰囲気を察知しつつ，授業で遠藤周作の「ヴェロニカ」(1972)，また『新約聖書』(1978，ヨハネ，8：1-11) の「罪の女」の逸話を取り上げる。「ヴェロニカ」とは，磔刑に処すための十字架を自ら背負わされ，群集の罵声を浴びながらゴルゴダの丘を登るキリストに対し，彼の汗を拭うための布を渡した女性である。集団ヒステリーのような狂乱の直中にあって，唯一，人間としての哀れみを示そうとした存在がいたにもかかわらず，キリストは再び処刑場へと追い立てられてゆく。また，「罪の女」とは，律法学者と民衆が姦淫した女をキリストの前に差し出し「女を石打ちの刑にしろ」と狂気のように迫り，キリストが「汝らのうち，罪なき者が打て」と言うと，一人ひとり立ち去り，やがて誰もいなくなり，キリストが女の罪を許すという逸話である。

　「生贄の羊（スケープゴート）」とは，人々が抱える日々の不満や不安や恐怖，そういった感情をぶつける矛先を，集団内の個人に探し求めることから端を発する。ひとりが胸の内の不安を敵意として投げつければ，それに乗じて他者も続き，いつしか歯止めの利かぬ深刻な問題へとエスカレートしてゆく。そういった群集心理の性質を授業を通して伝え，後日面談の席において再度，この物語を思い起こさせることで，Ａ先生はいじめの加害者である５人の少女たち，そして同時にＣ子の内面にも人格形成のための道標を残したのだった。

　その日を境にいじめは止み，Ｃ子は色鮮やかな学校生活へと戻ることができた。最上級生になって，彼女は初めて気の合う友人と巡り会う。それは不思議なことに，中学１年生のときに自分をいじめていた少女のひとりであった。

　以上が『対話の世界』第四章に収録されているＣ子のいじめ問題にまつわる

エピソードの要約となる。

　後年の回想として，Ｃ子（生徒）とＡ先生（教師）はそれぞれの視点から以下のような手記を残している。

1．Ｃ子の手記：人間関係に苦労した中学生時代──Ａ先生のサポート

　中学1年生の時，いつも行動を共にしていた5人の友人からいじめを受けた。中高6年間で最も辛い体験である。その辛い数カ月を何とか乗り切れたのは，家族と，そしてある一人の先生の力強いサポートがあったからである。

　Ａ先生は私のクラス担任ではなかったが，同学年の他のクラスの担任と，学年全員の現国を受け持っていらした。作品の分析をするのではなく，より深く味わうヒントを下さる先生の授業が，私は大好きだった。上品で凛としたお人柄にも入学当初から憧れていた。私は教師と個人的に仲良くおしゃべりをするタイプではないので，授業の質問や用件がない限り，積極的に話しかけることはなく，それは憧れの先生に対しても同じだった。そして友人関係の悩みを自ら先生に相談することもなかったため，最初に働きかけて下さったのは先生の方だった。ひそひそと悪口を言われ始めた頃，友人1名と共に職員室に呼んで下さった。おそらく立ち入った話はせず，「学校はどうですか」といった様子をうかがうような内容だったと思うが，先生が見ていて下さると思うとうれしかった。

　先生と密にやりとりをするようになったのは，いじめがだんだんと激しくなり，見かねた母が先生に相談をしてからである。母には，クラスの担任を飛び越えてＡ先生に相談することに迷いもあったが，「担任にも得手不得手があるので気にしないように」とＡ先生がおっしゃって下さり，また，担任の先生も快くＡ先生のサポート役に徹して下さった。Ａ先生は母に対しては幾度にもわたる面談をして下さり，そして私は，Ａ先生のご提案で日記を提出することになった。先生はその日のうちにコメントをいっぱい書いて下さり，それはいつしか先生との交換日記のようになっていた。「私が5人に何か悪いことをしてしまったのでしょうか」と伺うと「あなたは悪くありません。本人の目を見

ないで悪口を言っていることがその証拠です。ただの嫉妬です」ときっぱり答えて下さり，「私は悪くない」という思いは，大きな支えとなった。学校に行くのが辛くて休んだ時も，病気ではないことを知りながら度々お電話を下さり，「何もしない一日は大切です」とおっしゃって下さった。また，授業では遠藤周作著の「ヴェロニカ」を題材に「集団は正義をふりかざしても生贄を欲しがり，群集心理に陥りやすい」と教えて下さった。恐らく私が「集団」に「生贄」にされていることを，5人に考えさせようとして下さったのだろう。

　家では家族による万全のサポート態勢が整えられていた。一方学校では守ってくれる級友もおらず，かといって教師が直接出て行っては悪化する危険性もあるため，一人で耐えなければいけない。しかし，私の気持ちを分かって下さるＡ先生が学校にいらして，授業でも廊下でもそのお姿を見られる。少し離れたところで，しかし確実に，的確に，私には見えない部分まで見ていて下さる。そして本当にどうしようもなくなった時は職員室という避難場所が確保されている……。どれだけ心強かったことだろう。

　いじめが終わるきっかけを作って下さったのも，Ａ先生だった。私の様子や私から聞いたいじめの具体的な内容を，母がレポート用紙十数枚にまとめ，先生に提出すると，想像以上にひどいいじめであったことを真剣に受け止めて下さった。数日後，母に了承を取り，私の「同席したくない」という希望も聞いた上で，5人を呼び出して下さった。具体的にどのようなお話をされたのか，私は分からないが，5人に自分たちのしていることがどのようなことなのか，気づかせようとして下さったのだろう。次の日から嫌がらせは「ぱたっ」と止んだ。

　2，3年生では私を先生のクラスに引き取って下さった。すぐには「順調」といえるような学校生活は送れず，人間関係における悩みは尽きなかったが，集団に攻撃されるようなことはなくなった。1年生の時からずっと人目を気にし，どう思われているのだろうとびくびくしながら過ごしていたが，3年生になって初めて，本当に気の合う友達ができた。それからは徐々に力を抜き，分厚く武装していた仮面を，1枚，また1枚と脱げるようになった。卒業時には，

「中学3年間を漢字1文字で表すと」という問に，「素」と答えていた。2年生以降はあえてA先生に相談することはなかったが，しっかり見守って下さっていたに違いない。

　高校生になると，だいぶ穏やかな学校生活が送れるようになった。合わない子がいてもびくびくせずに，「合わないのならしかたがない」と潔くあきらめ，距離を置くようにした。もちろん私だけでなくクラスメイトも成長し，人を攻撃する幼稚さに多くの人が気づいたのだろう。周りの人と同じでなければならないという空気も薄まり，これは生活スタイルや関心事でクラスメイトと異なる点の多かった私にとって，非常にうれしいことだった。

2．教科担任A先生の手記：未成熟な自我——居場所を求めるために

　C子は繊細なガラス細工のような少女だった。ぱっちりとした目，すっと通った鼻筋，華奢な体つき。でも本人はそんなことは微塵も意識してなくて，笑うと，裏も表もない素直な性格がはっきりとわかる。声も話し方もかわいらしかった。

　私は3回目の，中学生の担任になった。今回の学年は，表面的には平穏だが，一人一人が抱えているものが重いという印象を受けた。私は国語の教員であるので，国語のノートに何でも書いて出してもらい，ホットラインにしていた。ノートの内容はさまざまだった。詩，ファンタジー小説，日記，家庭の悩み，友人関係など。

　自我の確立は，おおむね中学2年生くらいであろうか。それまでは，親子関係，友人関係に日々大きく影響を受け，それがそのまま表情や態度に出る。だから中学1，2年生は毎日全員の表情を見ることが必要不可欠である。顔が見られなくても，とりあえずノートさえ出してもらえれば，何でも話すことができる。半分弱の生徒と私は日々ノートのやりとりをしていた。

　中学に入学して，生徒たちはバラ色の生活を送り始める。入試の勉強から解放され，ちょっと大人扱いされて自由も増える。給食ではなくお弁当を皆で食べる。クラブ活動や委員会活動に参加すれば成果が形に残るし，憧れの上級生

もできる。とくに運動部に打ち込めれば，宿題をやって寝るので精一杯，日曜日も試合でいろいろ悩む暇もないだろう。

　私立の女子校は同質な者の集まりである。みなかわいくて，箱の中に詰め込まれたふわふわのひよこたちである。誰かのくちばしが偶然1羽の頭にあたる。ちょっと傷が付くとみるみるうちに，他のひよこたちがいっせいに傷ついたひよこをつつき出す。

　仲間はずれはたいてい5月の連休明けに靴がなくなることから始まる。それから，いつも一緒にお弁当を食べていた仲間に入れてもらえなくなる。大人からみるとどうでもよいようなことなのだが，中学1年2年では，休み時間に，クラスの中の居場所を見つけることが何より重要である。中学3年以上になると，お弁当も一人で食べたり，他のクラスに行って食べたり，委員会活動をしながら食べたりするようになる。

　C子のいたクラスは，こじんまりまとまっていたが，行事の時にクラスを一つにできる程力量のあるリーダーはいなかった。その中でC子は6人グループの一員だったらしい。らしい，というのは，グループのメンバーはしょっちゅう入れ替わるので，なかなか実態がつかめないのである。C子は，誰でも友人になりたくなるようなすてきな生徒だったので，私はあまり心配はしていなかった。ただ，答案の文字が小さく堅かったのが意外だった。文字は，生徒の性格や精神状態をよく表すからである。

　中学1年2学期の文化祭が終わる頃まで，C子の生活は平穏に見えた。ところが，2学期末の頃，C子の表情が硬くなっていった。生徒の表情に心配なことがある時は，それとなく話しかけたり，何かの用事を作って教員室に呼んだりする。C子とは，教員室でちょっと話せたものの，理由がわからないまま期末試験が始まった。中学1年2学期の期末試験は，大きな山場である。1学期は仮に失敗しても挽回できるが，2学期はそうはいかない。2学期は運動会や文化祭と楽しい行事があるので，うつつを抜かしていると取り返しのつかない広い試験範囲に取り組むことになる。

　C子はまじめな努力家なので，成績も良かった。C子のグループではB子が

同じくらい成績が良く，授業中もよく手を挙げた。しかし，残りのメンバーは，成績が振るわなかった。小学校からの積み重ねができていなくて，全科目がわからなくなっているD子。優秀な名家の一員であるE子。アニメが大好きなのに，読むことを母親に禁じられているF子。能力はあるのに勉強しなくて裏表のあるG子。まだ中学1年なので，ちょっと努力すればそれなりの成績がとれるはずである。それなのに勉強に向き合えないのは，何か事情があるに違いない。それを親に話せないまま，成績不良で面談に呼ばれ，親子共々しかられるのはどれほどのストレスだろうか。学校で，学業成績が何より重大なのはいうまでもなく，生徒たちの精神状態を大きく左右する。

　年が明けて，C子はグループのメンバーから，こそこそと，時にあからさまに悪口を言われるようになった。「ぶりっこ！」「まじめすぎ！」「偽善者！」……。

　私はC子との面談でそれを知ったが，細かなやりとりについてはよくわからなかったし，C子はうまく話せる器用さを持っていなかった。そこで，私は，C子にノートを出すように言った。C子はノートを『空日記』と名付けた。ノートの中で，「なぜ，自分が仲間はずれにされ，悪口を言われるのか」とC子は聞いた。

　「あなたは悪くない。理由は嫉妬です。」と私は書いた。といってもC子は，自分がなぜ嫉妬されるのかわからなかっただろう。彼女は謙虚で，底抜けに人柄が良かった。人間に負の部分があることが信じられないのだろう。

　彼女はとくに詩が上手だった。弁護士である父親が何でもできることを書いた詩「ぱぱ」，時間に追われるせわしない日常を書いた詩，表情を変える空について書いた詩が印象に残っている。C子には，いじめとは別に彼女固有の生きにくさ，今の日常生活では自分のペースを崩されること——せかされたり早く成果を出さなければと思ったりすること——があるように感じた。

　3月半ば，学年末試験の返却も済んだ頃，私はC子の母親と面談をし，その詳細な記録から，思っていた以上のいじめ，言葉の暴力があったことを知った。私は自分が甘かったことを反省した。そして母親の，C子と同じように無防備

な人柄の良さが他の母親の嫉妬を生み，子供に影響を与えたことを感じ，やるせない気持ちになった。子供が仲良しの母親同士，一緒に昼食会などをするのは自然なことだろう。C子のグループの母親たちが昼食会をした時，C子の母親はF子の母親に普段の生活のことを根掘り葉掘り聞かれたのだそうだ。世間的には，皆同じように経済的にも家庭的にも恵まれた母親たち，しかしそこには，思いこみによる微妙な格差が生じ，それが嫉妬を呼ぶ。私自身も嫉妬には鈍感であるので，C子の母親のとまどいは良く理解できた。6人の中で，唯一裏の顔が見えないG子についても，なぜ裏表があるのかが少しわかった気がした。

　翌日，私はC子の悪口を言っていた5人の生徒を呼び出した。テーブルを囲んで座り，なぜ，5人で1人を攻撃するのか，単刀直入に，しかし穏やかに聞いた。もちろん5人とも私のかわいい生徒で，彼女たちの日常をよく知っていたから，自ら間違いに気づいてほしかった。生徒たちがC子を，自分の不安や心配や怒りのやり場にしていることに気づかない限り，表面的に謝ったところで，また新たな犠牲者が生まれてしまう。

　私は3学期に取り扱った教材の「ヴェロニカ」（遠藤周作著）を思い出させた。人々は正義を振りかざして集団で石を投げる。群集が正義を振りかざした時ほど，怖いものはない。群集心理は恐ろしい。気づかない内に，それぞれが自分の憂さ晴らしのために生け贄を求めているのだ。ましてやC子が何をしたというのか，何もしていない相手を，なぜ集団でいじめるのか，彼女の気持ちを考えたことがあるのか。

　自分も仲間はずれになるのが怖くて流されていたB子が，声もなく涙を流し始めた。派手に怒鳴ったり，ふいに優しかったりするお調子者のD子が泣き始めた。E子，F子はうなだれ，G子は大きく目を見開いて私を見つめた。私は教員という立場を忘れ，1人1人に人間として向かい合った。

　5人が同じように理解できたかどうかはわからない。しかし，C子へのいじめはその日限りで終わった。

「自己実現」に誘うかかわり合い

高校生となったＣ子が中学時代の経験を振り返って綴った「『はてしない』物語」（井上，2004），そして十数年の月日が流れた後に書かれたＣ子とＡ先生ふたりの手記，双方を照らし合わせてゆくと，生徒本人が気づかぬ間に多くの場面々々において適切なタイミングと手段を見計らい，教師が教え子を守ろうと尽力していることが窺い知れる。

以上の回想録からＣ子が「自己実現」に向かう経過を，マズローの「欲求5段階説」（図1-1，本書p.6）における欲求の階層を手がかりに考察し，Ａ先生を中心とする周囲とのかかわり合いによってＣ子の欠乏欲求が，下段から順に「安全と安定への欲求」，「愛・集団所属への欲求」，「他者による尊敬，自尊心への欲求」と充足してゆき，人としての最高目標である「自己実現」を求める基盤が形作られてゆく様を概観する。

なお，考察の際，教育現場で長年活躍されているベテラン教師3名の，インタビュー調査より得られた知見も含めて検討する。この調査は，「人格の完成」（教育基本法：「教育の目的」）に向けた教育実践（授業・教育相談・生徒指導）とはいかなるものか，をテーマに実施したものである。研究協力いただいた先生方は北見朱美先生（K），東原信行先生（T），山本浩之先生（Y）で，各先生による示唆をイニシャルとともに記載する。以下，図1-1「欲求5段階説」（本書p.6）の下位2段目の達成から検討する。

1．【第2段階】「安全と安定」（恐れや不安からの自由，保護，秩序）への欲求

Ｃ子に対するいじめが学級内での友人グループから始まり，教室での悪口が「不安」の種となった経緯にある通り，学校という環境の中で生徒の「安全と安定」の原点となるのは，時間の大部分を過ごす「教室」である。とりわけ新入生の学校生活は「クラスの中の居場所を見つけること」から出発するため，生徒たちが教室内を「安心感」が得られる場として実感することが急務であり，そこには次に示す教師の「授業力」と「生徒理解力」が密接にかかわってくる。

手記によるとＣ子にとってＡ先生は「作品の分析をするのではなく，より深く味わうヒントを下さる」大好きな授業をしてくれる現国の教師で，「上品で凛としたお人柄にも入学当初から憧れ」ており，他の生徒からも人気が高かった。反面，Ｃ子は教師と個人的な会話をもちたがる性格ではなかったため，授業以外の接点はなく，友人関係で悩んでいた時期でもそれは同様であった。けれどもＣ子が相談を思い立つよりも早く，Ａ先生は数多の教え子たちの中から彼女の変化を拾い上げ，教員室にそっと呼び寄せて短い面談の機会を設けている。

　これはＣ子がＡ先生に憧れた魅力のひとつである，優れた授業を展開する「授業力」と「生徒理解力」が成したことであり，まずこの点にＡ先生の教師としての専門性の高さの一端が見受けられる。これら２つの能力が，教室を生徒の「安全と安定への欲求」を満たす場に変える礎となるため，追って関連性について触れておきたい。

　子どもが学校に来る根本的な動機のひとつに，「勉強をわかりたい」という欲求がある（Ｔ）。その分教わる中身を消化できなければ授業時間は長く退屈なものに過ぎず，したがって教科内容をわかりやすく伝えられる先生が自然に好かれ，信頼されていく。学級という分母の大きな集団の中で必要なのは，個々の学力の上下に応じた説明をする能力であり，いわゆる「授業力」と呼ばれるものだが，その最大の根幹となるのが「語彙力」である（Ｔ／Ｙ／Ｋ）。

　学習理解度の低い児童には，教師側の説明のバリエーション（語彙）の乏しさに原因があるケースも多い。段階にそって理解できる言葉を選ぶ（Ｙ）語彙の重要性は授業時間に限ったものではなく，学級内で子どもの不公平感を生まない叱り方（Ｔ）等，効果的かつ円滑な指導を進めるうえでは必須となる能力であろう。

　そういった「語彙力」に基づく「授業力」は，「生徒理解力」の深さにも表れる。なぜなら子どもの学習理解を深めるべき授業場面は，子どもの内面を汲み，それを教材解釈・教材開発に反映させることで発展させてゆく構図だからである（Ｔ）。そもそもの児童生徒理解力が低ければ，それらの解釈も目に見

えて浅いものとなり，語彙力は教師の授業力を測るうえで重要な指標となっている（K）。

　実際にA先生は学年全体の国語科教諭であり数多くの生徒と接していたが，「C子のグループではB子が同じくらい成績が良く，授業中もよく手を挙げた。しかし，残りのメンバーは，成績が振るわなかった。小学校からの積み重ねができていなくて，全科目がわからなくなっているD子。優秀な名家の一員であるE子。アニメが大好きなのに，読むことを母親に禁じられているF子。能力はあるのに勉強しなくて裏表のあるG子」と，6人の少女について学習理解度から家庭環境，性格までを把握し，生徒理解を深めている。

　裏を返せば生徒指導が上手な人は学習指導をはじめとする授業力も正相関する傾向にあり，生徒は両面から信頼を寄せる。授業を苦手とする先生は，自分自身に対しても自信がもてないため，子どもの側も学級内での安心を抱けない（K）。教員の教科指導力は，授業を通して率直に伝わってしまうからである。まず授業場面に特化した「授業力」を向上させる，その際に個々の状態を把握する「生徒理解力」が要るのだが，そこでは「愛・集団所属への欲求」を満たす場面においても肝心な，日々の学校生活の場面から得られる断片的な情報を見逃さぬ「観察眼」も不可欠である。

　そうして知的好奇心に対して，わかりやすい授業内容を与えることで応答し，「勉強をわかりたい」という生徒の欲求を継続して満たしてゆくと，教員への信頼が得られるようになり，「この先生の学級では，安心して失敗ができる」（K）という想い，すなわち創造への第一歩である試行錯誤の基盤が醸成される。

　ここに至って教室には安心感が生まれる。教室は，教師の生徒理解により精神内界の「安全と安定」が得られ，かつ，「知的好奇心」が満たされてクラスの「安全と安定」が図られる場所へと変容し，次の「愛・集団所属への欲求」段階へと進む環境が整ったことになる。

　だが，もし仮に授業内容が理解できない不安や不満を抱えた状態で，学校生活を送らねばならぬ生徒が，同一の学級内で多数存在したとすればどうなるだ

ろう。「ヴェロニカ」に登場する群集の如く、満たされぬ胸の内をまぎらわせる対象を探し始めることになるのではないだろうか？

　仲間はずれや陰口から始まる孤立化により、Ｃ子の学校内での「安全と安定」は奪われ、「自尊心」を形成するうえで彼女は深刻な危機に瀕していた。だがそれでも帰宅すれば、我が子を励まし応援してくれる両親の存在があり、「私は幸せ」だと実感できる家庭という居場所は確保されていた。なおかつ授業教材の内容を味わい、楽しめる感受性の豊かさは成績にも反映される。その意味で「安全と安定への欲求」の不充足に苦しんでいたのは、実はＣ子をいじめていた少女たちの側も同様であったのかもしれない。

　Ｃ子と仲良しグループを形成していた少女たちは、取り立てて能力に不均衡があったわけではなく、成績の良いＢ子を除いて皆「まだ中学１年なので、ちょっと努力すればそれなりの成績がとれる」はずの生徒であった。「それなのに勉強に向き合えないのは、何か事情があるに違いない」とＡ先生は生徒の家庭背景を含めて推察し、親にも理由を話せず面談に向かわねばならない心情、成績不良を叱られるストレスについて、共感性とともに考察している。

　なぜなら学校で、「生徒たちの精神状態を大きく左右する」学業成績が振るわないことは、学校生活の大部分を占める授業を理解できた手応えがないということであり、欲求を満たすどころか、勉強がわからない不安ばかりが蓄積されてゆく苦痛に、長時間じっと耐えねばならないからである。

　前述の「授業力」と「生徒理解力」の相関の通り、わかりやすい授業を展開する能力と、個々の生徒に目を配る理解力は関係している。そして生徒の内面の不満・不充足感のうち、学習内容が理解できないという部分がいじめの温床となっているケースは多い（Ｔ）。

　そこから導かれるいじめの根源的な解決方法とは「わかる授業をする」（Ｔ）である。無論、基本的な欠乏欲求は、日々のあらゆる体験から吸収・集積されてゆくのであり、学習成果のみで充足されるものではない。しかし授業を起因とする不満・不充足感が解消されれば、学級内でのいじめを減らせる可能性が高まる重要性に変わりはない。忘れてはならないのは、加害者となった

5人の少女たちもまた欠乏欲求が備わっている人間であり，恐れや不安からの自由，保護，秩序といった「安全と安定」を同じように求めているという点である。

「勉強をわかりたい」との欲求が満たされると同時に，「勉強がわかる」ことで自己価値が上昇し，ひとつでも得意な教科を見出せることで次の意欲へとつながってゆく。「安全と安定への欲求」の充足を経て「愛・集団所属への欲求」を求める段階へと移行すれば，胸の内の不安・不満を解消する対象を探そうとの欲求が，欲求として認識されなくなるからである。

問題の生まれる予兆を見逃さず未然に防げるか，もしくは深刻化する前に食い止められるか。そして「愛・集団所属への欲求」を満たし，生徒を「自己実現」へ誘うための場所として「学校」という場を機能させられるかという点は，教師の手腕に大いにかかっているといえよう。

以上，全体の生徒にとっての「安全と安定」を満たすために必要な教師の「生徒理解力」と「授業力」について述べたが，本事例において特徴的なのは「交換日記」というかかわりが【第2段階】「安全と安定」の欲求を満たす絆として最初に結ばれ，さらにA先生への信頼が芽生えることで教師が愛着対象となり，次なる【第3段階】「愛・集団所属への欲求」においても重層的に響きあった点である。次節で詳しく見てゆく。

2.【第3段階】「愛・集団所属」（特定の集団に根を下ろし，愛情を受け，愛情を与える）への欲求

国語科教諭であったA先生は授業用ノートによる個別かつ丁寧なコミュニケーションを行い，「生徒理解」へとつなげていたが，それ以外にも思春期の生徒は「親子関係，友人関係に日々大きく影響を受け，それがそのまま表情や態度に出る」ため，答案を採点するにも生徒の性格や精神状態をよく表す文字に着目し，C子の筆跡が「小さく堅かった」ことに意外性をもって受け止め，心に留め置いている。

さらに「毎日全員の表情を見ることが必要不可欠」という意識から，2学期

第3章　中学生　97

末「C子の表情が硬くなっていった」ことに違和感を覚え，すぐに教員室に呼び，友人も同席させた気軽な会話を交えつつ最近の学校生活の推察を行っている。

そして，いじめの相談相手となって以降もC子の母親とも面談の席をたびたび設け，その人柄の良さが母親たちの嫉妬を生み，子どもたちにも影響を及ぼしていた背景を察知する。のみならず，F子の母親がC子の母親を質問攻めにした出来事を耳にし，F子の性格がつくられた要因について家庭環境からの分析を深めていった。

いずれもきっかけは筆跡や表情といった，ともすれば見落としかねない小さな兆候である。しかし日常に点在する微妙な違和感をつなぎ合わせ，「危うさ」としてとらえられるか否かで，子どもの今後が左右されるといっても過言ではない。

中井（1997）は「いじめの政治学」の中で，「いじめ」とはある一定の順序，政治的隷従化にも通ずる過程にそって進行することを明らかにした。いじめの過程には以下3つの段階が存在する。まず立ち直る機会を与えず，持続的にいじめの対象とすべく孤立状態に置く「孤立化」，次に反撃は一切無効であると観念させ，精神的に馴致させる「無力化」，そして最後にいじめを精神的・視覚的な両面から周囲の眼に映らなくさせる「透明化」である。

これらの3段階分類とふたりの手記を照らし合わせると，C子の表情が硬くなっていた時期は「孤立化」の最中あるいは「無力化」へと移り始めていた頃と考えられる。加害者がいじめの標的に選んだ対象から距離を置くことで「孤立化」は始まり，次いで被害者を「いじめられるに値する」者であると周囲に喧伝し，差別意識を煽ってさらなる孤立に追いやってゆく。そうしたPRは理不尽な事態に何とか理由を見出そうとする被害者の耳にも当然届き，自己評価を著しく下げる要因となる。

そうした「いつどこにいても孤立無援であることを実感させる」孤立化が完了すると次に待ち受けるのは「無力化」の段階だが，そこでは「大人に話すことは卑怯である」「醜いことである」という意識が，加害者の手によってあた

かも道徳教育の如く被害者に刷り込まれる。そしていじめとは大人が介入できない構造なのだという諦観に至ってしまえば、いじめが最終的な「透明化」に突き進んでゆくのを阻むものはもはや何もない。

被害者は「悟って欲しい」というサインを教師に出し続けるにもかかわらず、このサインが受け取られる確率は、「太平洋の真ん中の漂流者の信号がキャッチされる確率よりも高いとは思えない」（中井，1997）低さである。だからこそ教師には卓越した「観察眼」が求められる。学校における教師の最大の利点は学校風景を「いくらでも見るチャンスがある」（Y）ことであり、授業中など皆が笑っている場面でふとひとりが笑わなくなったような「小さな変化」（T）を糸口に予兆を拾い上げ、生徒が相談に来るよりも早く教師が近づいてゆける機会が存在するところにある（井上・湯前，2014）。

相談室に入って以降は専門家の領域だが、それほど問題が深刻化する前に「長い助走路」（Y）を与えられている教師の立場を活用することで、いじめに教師が介入できるタイミングを見逃さずに済む。そういったA先生の「観察眼」と丁寧な声がけが、「私の気持ちを分かって下さるA先生が学校にいらして、授業でも廊下でもそのお姿が見られる。少し離れたところで、しかし確実に、的確に、私には見えない部分まで見ていて下さる」というC子の信頼を強め、交換日記から育まれていた安心感とともに愛着となって結実し、彼女を「学校」という場（所属）に留める要因になったのであろう。

「愛・集団所属への欲求」は、特定の集団に根を下ろすとともに、愛情を受け、愛情を与えたい気持ちに駆られる段階である。「学校」という所属集団に踏み留まったC子にとって、「愛」への相互的な欲求を満たしてくれたものは何であったのか。ここでA先生が以前より「ホットライン」として活用していたノート交換が、愛情の通い合う「絆」として果たしていた役割を考えてみたい。

A先生の提案により、C子は『空日記』と名付けた日記に自らの内面を綴って提出し始める。日記は、A先生のたくさんのコメントを載せてすぐ手元に戻り、いつしかC子が「先生と私の交換日記」とみなす存在になってゆく。

庇護を与えてくれる他者のいない学校にて，いじめの脅威と孤独に耐えている最中，Ｃ子を学校に踏み留まらせていたのは自分を必ずＡ先生は見守ってくれているという確信であり，万が一どうしても耐え切れない瞬間がやって来たとしても「職員室という避難場所が確保されている」との心強さであった。

先に「欠乏欲求」の充足に「愛着対象」の存在が影響する可能性について述べたが，本事例ではこの時点でＣ子にとってＡ先生とは「何か困難が生じた際に援助してくれる信頼のおける人」であり「自らの背後にひとり以上いるとの確信」を伴い，「安心の基盤」として心の拠り所となっている。

交換日記とは他者との協同的，継続的な１対１の相互のやりとりによって成立する営みである。なおかつ本事例で有効であったのはその形式で，文字を介する交流という点がＣ子という少女の「資質」にうまく適っていたと推察される。ここで「資質」は問題解決に用いられているが，同時にそのことは「資質」を伸ばすことにもなっている。その足跡は『対話の世界』（井上・神田橋, 2004）の「素」に描かれている。

いじめの実態を聞き取るために面談を設けた際，Ａ先生が彼女に抱いた印象のひとつに「うまく話せる器用さを持っていなかった」ことがあり，本人の詩にも「せかされたり早く成果を出さなければと思ったりする」日常生活によって，自分自身のペースを崩されてしまうＣ子の側面が書き出されていた。それら「彼女固有の生きにくさ」が，人間関係を構築するうえでの不器用さにつながっていたとの観点で「交換日記」という媒体をとらえ直すと，Ｃ子の資質を遺憾なく発揮できる場として機能するとともに，彼女のペースで綴られた心情や疑問に対して，Ａ先生が的確な応答性の高さを伴ったコメントを返してくれることが，日々ページとして積み重なってゆくのを視認できる特長を併せもつ。他者との即時的なコミュニケーションを不得手としていたＣ子にとって，予め個別性の約束されたノート上で，「確実に，的確に」彼女の内面を汲み取りながら言葉を交わすＡ先生との交換日記は，互いの絆を実感するにあたり大きな原点となったと考えられる。

ノートを通したＡ先生の的確な応答（コメント）と安心感（見守られ続ける

確信）がＣ子の愛着形成の礎となり，それが継続的に満たされたことでＡ先生はＣ子の愛着対象となった。そして『空日記』が終わりを迎えた後も，Ｃ子は自己の資質を開花させながら，「自己実現」への思春期の登山口，すなわち「自分とは何か」を探求する「自己発見」の旅を歩み続けるのである。

　他方で，Ａ先生は５人の少女たちとも日々のノート交換による個別かつ継続的なかかわりにより愛情の下地をつくっていた。それこそが加害者の少女たちに「ヴェロニカ」という学習教材を例に挙げての内省を促し，生徒指導をやり遂げた核ではないだろうか。

　数百人単位の生徒を毎年受けもちながらも，集団内の「個」であるＣ子のサインを見逃さなかったように，Ａ先生にとって５人の少女は皆「かわいい生徒で，彼女たちの日常をよく知っていた」。不安や心配，怒りの衝動を関係のない他者に押しつける行為の間違いについて，自ら気づかぬ限り「また新たな犠牲者が生まれてしまう」という危惧の下，「教員という立場を忘れ，一人ひとりに人間として向かい合った」Ａ先生の言葉が届いたか否かは，面談の翌日からＣ子に対する嫌がらせがぴたりと止んだ結果に表れていよう。

　この相談場面は「ヴェロニカ」という全体授業で扱った学習教材の内容を，生徒指導に取り入れて効果を発揮させた点に特徴が挙げられるが，Ａ先生の「授業力」「生徒理解力」，そして一人ひとりに人間として「対峙する力」により成立しているといえよう。

　まず全体授業の定着度は「教える側と教えられる側の人間関係」（Ｋ）によって異なり，信頼関係が構築されていなければ同一の内容であろうと定着は難しい。一方で道徳の授業に限っていえば，道徳性は「日常の生活の中で子供たちに問い返していく価値観」という点では難しさもある。日々の実態を知らない人間が道徳的なことを説いてもやはり理解には届かない（Ｋ）。

　そして今回の場合，Ａ先生が普遍的な価値観に即して叱り飛ばし，表面的な謝罪を引き出すだけで終わるならば，新たな犠牲者が生まれてしまう。と同時に，５人の少女もいじめの負の連鎖から脱却することは叶わない。ゆえにＡ先生は「教員という立場を忘れ，一人ひとりに人間として」正対する必要性に駆

第３章　中学生　*101*

られたのだろう。

　教師には学校という方向性を含んだ組織に身を置く「『教師』という自分と，生身の自分」（Y）の両面が存在するが，生徒と「1対1で向き合っているときには，自分は自分でしかない」（Y）がために，教育相談で問われるのは時として「教師の人格」そのものとなる。たとえ生徒側が何らかの理由でノート交換を途絶えさせたとしても，教師の「待つという姿勢を示すこと自体が『関心を寄せている』との無言のメッセージ」（Y）となって伝わるので，相談窓口としてホットラインが存続している限り，両者の絆そのものが断裂することはない。

　A先生が以前より続けていたノートの形をとったホットライン，それが5人の少女たちの「愛情を受け，愛情を与えたい」といった「愛・集団所属への欲求」の充足感に，知らぬ間につながっていた部分があったとは考えられないだろうか。

3．【第4段階】「他者による尊敬・自尊心」（他者からの承認による自己承認，自己価値）への欲求

　「あなたは悪くありません」とは，『空日記』によってかかわり合う日々の中で，C子がふと漏らした疑念に対する，A先生のコメントである。「私」が何か悪いことを友人たちにしてしまったのだろうか，といじめの標的にされた原因を自分自身に求めるC子に対し，力強くきっぱりとしたこの返答は，その後のC子にとって「私は悪くない」という自己認識として根づき，学校生活を送るうえで「大きな心の支えになった」と手記に綴られている。

　文章上では短い会話であるが，C子の「他者による尊敬・自尊心」への欲求段階において鑑みると，これ以上なく重大な瞬間と意味とを押さえて発せられた言葉であった。

　前出のいじめ経緯の「孤立化」「無力化」「透明化」の3段階分類（中井，1997）で触れた通り，いじめ初期の「孤立化」では，理不尽な事態に突如として投げ込まれた被害者は，その理由を何とかして見出そうとする。だが標的の

些細な身体的特徴や癖などを挙げて「いじめられるに値する」者であると加害者が触れ回れば，周囲の差別意識は煽られ，被害者はさらに孤立に追いやられてゆく。

いつしか「いじめられても仕方がない」という気持ちが徐々に被害者の心にも浸透し，原因は自分自身にあるとの「思い込み」に陥る。それは普段の言葉遣いから立ち居振る舞いに至るまで苦悩の対象となり，片時も解放されぬ緊張感はついに心身を蝕むので，外見面にも影響を及ぼし一層周囲を遠ざける悪循環となる。抵抗の気力を奪う「無力化」，いじめが周囲の目に見えなくなる「透明化」の段階まで悪化した頃には，被害者が「次第に自分の誇りを自分で掘り崩してゆく」まで追い詰められている。

いじめの原因が自分自身にあるのかと疑ったＣ子へと返された「あなたは悪くありません」という言葉は，将来的な「自尊心」の瓦解を食い止めるうえで何よりも希求された返答であったのである。

中井（1997）は，いじめの対策について「まず安全の確保であり，孤立感の解消であり，二度と孤立させないという大人の責任ある保障の言葉であり，その実行である」と，PTSD研究家ハーマンの言葉を引いて結論づけている。それと同時に被害者の中の罪悪感や卑小感，道徳的劣等感を，あなたは犠牲者なのだと教え，軽くすることが最初の目標であり，とりわけ道徳的には「被害者の立場に立つ」と明言する必要性を強調している。

Ａ先生は即座にそれを断行した。母親からの「いじめられレポート」を見ていじめの程度の認識が「甘かったと反省し，決然と５人のいじめ加害者に対峙した。大人の守りが堅牢な子どもはいじめにくいのである。

Ｃ子はＡ先生に支えられ，守られ，大切にされた。「欲求５段階説」の最終目標である「自己実現」欲求の真下に位置する「他者による尊敬・自尊心への欲求」は，まず他者が自分を「善きもの」と映している確信を得ることで，自分自身を善きものととらえることが可能となり，「自尊心」形成へと移ってゆく。

その萌芽はいじめ問題を乗り越えた以降，Ｃ子の「私自身」を見つめるまな

ざしの肯定的な描写からも窺える。中学卒業時に3年間を漢字1文字で「素」と表現し，高校生活では「生活スタイルや関心事でクラスメイトと異なる点の多かった私」というありのままの自己を受容する彼女は，徐々に自己実現者の人格的特徴（Schultz, 1977, 上田監訳 1982）を帯び始めていた。「自尊心」以下4層にも重なっている「欠乏欲求」が十分に満ちて確固たる基盤を築くとき，それは人間が「自己実現」へ向かって拓いた道を登り始めるときになるといえよう。

「自己実現」に導く環境としての学校

　本章では，自尊心形成途上にある青少年にとって深刻な妨げとなる「いじめ」問題，それに立ち向かった1組の生徒と教師の「手記」を取り上げ，マズロー（Maslow, 1968, 上田訳 1998）の提唱する「自己実現」を「欲求5段階説」に基づき分析した。そこで明らかになったのは，生徒の「安心感」の基盤として，教師が「愛着対象」となり，身近に存在することで，学校を生徒が「自己実現」に備える環境として機能させていた構図であった。

　C子のいじめ問題解決の後，つまりA先生に見守られつつC子が中学を卒業し，高校に入学するまでの足取りは『対話の世界』（井上，2004）の中で追うことができる。そこではC子の「自己」についての認識の変化および人間的な成長が見受けられる箇所が複数あり，以下にいくつかのエピソードを短く紹介する。「表1-1　自己実現者の人格的特徴」（本書p.4）（Maslow, 1968, 上田訳 1998；Schultz, 1977, 上田監訳 1982）と併せて「自己実現」欲求の伸びゆく様を確認したい。

　A先生が諭しに「ヴェロニカ」を例示したことは，加害者の少女たちのみならず，C子の価値観にも成熟の兆しをもたらしている。彼女は授業で聞いた内容に思いを馳せ，「群集心理の怖さを知った」と同時に，同調の圧力に流されるまま主体性を手放す愚かさについて熟考する。そして自らの内にも「居場所作りのための悪口は言うまい」と道徳的な戒めとして刻みこんだ。

C子の中学2年次の読書感想文に登場する「望みの門」は，彼女が将来を考える際に象徴として扱う『はてしない物語』（Michael, 1979, 上田・佐藤訳1982）からの比喩である。

　「人は自分の知らない自分の深いところで望みを生み出し，それに向かって進んでいく。［中略］望みをかなえるため，人はずっと変わり続ける。しかしそれは変化でも退化でもなく成長である」。そして「望みの門」を幾度もくぐり抜けた困難の先，たどり着くのは「真の意志」である。C子は「人はその真の意志を見つけるために生きている」存在であり，望みの門を目指して歩み続ける道程を「生きることそのもの」に準（なぞら）えて，「『生きる』とは自分でつくりだした物語であり，もともと書かれていた物語である」と綴った。

　中学3年生となり，「冬眠から覚めた熊のように」伸びゆく感覚の最中にいたC子は，まど・みちおの詩「くまさん」（1989）に自分を重ね合わせ，「私はやっと，自分が誰だか思い出した」と自己像の再発見を記した。

　高校進学後，C子は部活動と学業のどちらにも活発に打ち込み始める。人間関係に以前ほど苦慮しなくなった自分を「自信がついて強くなった」と実感し，さらに中学1年生のつらい経験をいま一度思い起こし「辛いことや苦しいこと」から学べるものはたくさんある，と過去の出来事の肯定的な受容を始めた。

　そして彼女は，未来に目を向けて以下のように締め括る。

　「『夜明けが来ない夜はない』そう信じて，私はこれからも走り続けてゆきたい——もともと私のために作られていた，それでいて私が切り拓いていかなければならない道の上を」。

　やがてC子は大学を卒業し，紆余曲折を経て資質が花開くが，それはまた別稿を立てることとする。

　ここまでの一連の描写から窺えるのは，他者との新たな出会いに恵まれるたび少しずつ変遷してゆくC子の「自己」へのとらえ方である。自己実現者の人格的特徴のひとつである「自然，他者，自分自身についての全般的な受容」，つまり「自己に対して気楽かつ寛大」になりつつある彼女は，さらに定義に続くごとく「自分自身の判断や認識をなによりの根拠として信じ，他者に振り回

されることなく，一度限りの人生を『自分らしい生き方』で歩んでゆく」準備
が整い始めたと思われる。

　本事例では，A先生がC子にとって「愛着対象」となり「安心感」の基盤と
して近くに存在することで，学校を生徒の「自己実現」を導く環境として機能
させていたことを確認してきた。ここでこの営みを根底で支えていたのはご両
親のC子への応答的で援助的なかかわりであることを記しておきたいと思う。
なぜなら，学校教育は家庭の養育の上に成り立つものだからである。愛着理論
は，特定の個人に対して親密な情緒的絆を結ぶ傾向を人間性の基本的な要素と
みなし，それは新生児から成人，老人に至るまで存在し続けるとした。しかし，
未熟な時期——乳幼児期，児童期，思春期——の間に，どんな愛着の型を発達
させるかは，両親（特定の養育者）による子どもの扱い方に深く影響されてい
る（Bowlby，1988，二木監訳　1993）。両親が手の届くところにいて，応答的
で援助的であり，どんなときもそうであることを確信できるC子は，安定的な
愛着の型をもち，ゆえに不安で脅かされている状況の中にあってA先生を「安
全基地」（Bowlby，1988，二木監訳　1993）として信頼し，自己の内的世界の
探索に出ることができたと考えられる。

　そしてC子の実体験が拓いた他者への信頼や共感といった倫理感情，「居場
所作りのための悪口は言うまい」という道徳観の芽生えを，冒頭で取り上げた
道徳教育にまつわる理念——「道徳教育について『自立した一人の人間として
人生を他者とともにより良く生きる人格を形成することを目指すもの』と述べ
られている。道徳教育においては，人間尊重の精神と生命に対する畏敬の念を
前提に，人が互いに尊重し協働して社会を形作っていく上で共通に求められる
ルールやマナーを学び，規範意識などを育むとともに，人としてよりよく生き
る上で大切なものとは何か，自分はどのように生きるべきかなどについて，時
には悩み，葛藤しつつ，考えを深め，自らの生き方を育んでいくことが求め
られる。」——（文部科学省，2015）に照らし合わせて考えてみたとき，生徒
が自己実現に導かれる中で，教師との1対1の情緒的関係から人間としての
「徳」を獲得していった本事例は，指導教科としての「道徳」の今後，ひいて

は「教育の目的」の本質に迫るうえで，示唆する部分を多く含んでいると考えられよう。

おわりに

　A先生からのお言葉をここに記さねばなりません。

　この事例はレア・ケースのように思われます。理由は以下です。
1．お母さまが冷静に詳細に記録を取られたこと。
　ふつうお母さまは自分の子どもがいじめられると学校に抗議し，教員は感情的になった母親をなだめることから始めねばなりません。父親も協力的でないことがほとんどです。
2．SNSの発達により展開と激しさが桁外れであること。
　4年ほど前から，いじめのテンポが速く，攻守入れ替わり，数人のグループメンバーが複雑に絡み合う様相を呈し，親もSNSの画面を保存してすぐに持参する。情報はすぐに拡散するので，集めて話す方法では手遅れになること。
3．いじめる側の生徒たちがいい子たちであったこと。
　生徒たちの家庭教育のレベルが高く，家庭の価値観が近かった。いまはいじめる側の親が「なんでいけないの？」という場合もしばしばである。
　集めて話すという方法は逆効果になることがほとんどなのである。

註
1　改正前の第一条にて「人格の完成をめざし」の直後に続いていた「真理と正義を愛し，個人の価値をたっとび，勤労と責任を重んじ，自主的精神に満ちた」という4要素は，改正後は「社会の形成者として必要な資質」という一文に収斂されている。その一方で，第三条「生涯学習の理念」，第十一条「幼児期の教育」の項には「国民一人一人が，自己の人格を磨き」「生涯にわたる人格形成を培う」と，それぞれ新たな文言で「人格」という要素が織り込まれている。

第3章　中学生　*107*

文献

Bowlby, J.　1958　The Nature of the Child's Tie to His Mother. *International Journal of Psycho-Analysis*, 39, 350-373

Bowlby, J.　1979　*The Making & Breaking of Affectional Bonds.* Tavistock Publications Limited.（作田勉 監訳　1981『ボウルビィ母子関係入門』星和書店　pp.147-148）

Bowlby, J.　1988　*A Secure Base : Clinical Application of Attachment Theory.* Routledge.（二木 武 監訳　1993　『母と子のアタッチメント──心の安全基地』医歯薬出版　pp.14-16, p.153, pp.157-158, p.165）

遠藤周作　1972　「ヴェロニカ」『聖書のなかの女性たち』講談社文庫　pp.22-28

Goble, F. G.　1970　*The Third Force : The Psychology of Abraham Maslow.* Grossman Publishers Inc.（小口忠彦 監訳　1972　『マズローの心理学』産業能率短期大学出版部 p.83）

井上信子　2004　「第四章　『はてしない』物語」井上信子 著・神田橋條治 対話『対話の世界──心理援助から「いのち」の教育へ』新曜社　pp.121-168

井上信子 著・神田橋條治 対話　2004　『対話の世界──心理援助から「いのち」の教育へ』新曜社　pp.37-62, pp.145-152

井上信子 編著　2014　『対話の調──ゆきめぐる「かかわり」の響き』新曜社　pp.viii-ix

井上信子・湯前祐希　2014　「教師による『教育相談』及び周辺領域の現状と課題──小学校・中学校・高等学校」『日本女子大学紀要人間社会学部』　第25号　pp.4-5

まど・みちお　1989　『くまさん』童話屋　pp.14-15

Maslow, A. H.　1968　*Toward a Psychology of Being.* Van Nostrand Reinhold Company Inc.（上田吉一 訳　1998　『完全なる人間──魂のめざすもの』第2版　誠信書房　pp.31-32, pp.46-47）

Maslow, A. H.　1970　*Motivation and Personality, second edition.* Harper & Row,（小口忠彦 訳　1987　『人間性の心理学──モティベーションとパーソナリティ』改訂新版 産業能率大学出版部　pp.221-272）

Michael, E.　1979　*Die unendliche Geschichte.* Donauland.（上田真而子, 佐藤真理子 訳 1982　『はてしない物語』岩波書店）

文部科学省　2015　「中学校学習指導要領解説　特別の教科　道徳編」 http://www.mext.go.jp/component/a_menu/education/detail/__icsFiles/afieldfile/2016/08/10/1375633_8.pdf（2016/12/29アクセス）

文部科学省　「教育基本法について」 http://www.mext.go.jp/b_menu/kihon/houan.htm（2016/11/20アクセス）

文部科学省　「第1条（教育の目的）」

http://www.mext.go.jp/b_menu/kihon/about/004/a004_01.htm（2016/11/20アクセス）

務台理作　1966　「教育の目的（第一条）」平原春好　編『教育基本法制コンメンタール〈12〉』日本図書センター　p.85

内藤誉三郎　1947　「学校教育法解説」平原春好　編『教育基本法制コンメンタール〈2〉』日本図書センター　p.13

中井久夫　1997　「いじめの政治学」栗原彬　編『講座 差別の社会学——共生の方へ』弘文堂　pp.231-235, p.242

日本聖書刊行会　1978　「ヨハネの福音書8章：1-11」『新改訳版　新約聖書　詩編箴言付』いのちのことば社　pp.156-157

Schultz, D. P.　1977　*Growth Psychology : Models of the Healthy Personality.* Van Nostrand Reinhold Company.（上田吉一　監訳　1982　『健康な人格——人間の可能性と七つのモデル』川島書店　p.106, p.109, p.133）

杉原誠四郎　2004　『教育基本法の成立——「人格の完成」をめぐって』新訂版　文化書房博文社　p.54

田中智志　2009　「人格——何にささえられているのか」田中智志・今井康雄　編『キーワード　現代の教育学』東京大学出版会　pp.104-105

謝辞

　貴い「手記」の公表をお許しくださり，心からの研究協力をいただきましたC子さんとA先生に厚くお礼申し上げ，この小論をおふたりに捧げます。ありがとうございました。

| コラム | 中学校における教育相談 |

川崎市立宮前平中学校校長　**山本浩之**

中学生との教育相談

　多くの中学校で，年に数回，一定の期間を設け，全員を対象にした教育相談を行っている。教育相談というものの本来的性質からすると，初めから全員を対象にすることは，矛盾を含んでいるといわざるをえない。それでも，その取り組みを続けるのは，機会均等の原則だけでない理由がある。一言でいえば，見落としを恐れるゆえである。そういう意味で，教育相談は教師のセルフチェックの機会にもなる。加えて，もし生徒に，困っていること，悩んでいることがあるなら，できるだけ早期に解決へ導きたいという純然たる思いを教師側はもっている。教育相談は，その思いを体現する場にもなり得る。しかし，思いだけではうまくいかないのがまた教育相談である。

　中学生といえば，思春期独特の感情をもった難しい年頃。集団と自己の関係に敏感で，完全に集団の中の一人として扱われるのは不満だけど自分だけ特別扱いされるのもいやという気持ちが，ほかの時期に比して強い。「聞いてほしいけど訊かれたくない」のも中学生。知ってほしいという願望はあってもストレートに相談してくる生徒は多くない。そういう点でも，全員を対象にした教育相談の機会を設けるのは間違っていないと思う。が，それでも相談といえる展開にもち込むのは決して簡単ではない。「好きなことを話してごらん」「なんでも聞くよ」などと下手に受容や傾聴の姿勢を示そうものなら，「別に……」とあっさりと返されるかもしれない。昨今の中学生は全般に穏やかであるが，まだ話が終わっていないのに「もういいですか？」と締めくくりの言葉を返された経験が私にもある。それでも初めから「カッタルイ」「ウザイ」などと言われなかったのがわずかな救いかもしれない。

　ただ，学校の教師には好条件がある。本人が語ってくれなくても，健康状態，家族構成，住宅環境……など，最低限の情報は事前に把握できる。自然な形で相手を知る機会もある。何が好きで何が苦手，ピンチのときはどういうサインを出

し，どのようなことが（よきにつけ悪しきにつけ）行動に至るスイッチになるのか……などだ。この点は，相談室におけるカウンセラーとクライエントの関係と大きく異なる。であれば，これを活用しない手はない。教師が行う中学生相手の相談の成否は，知っていることをどう活用し，話したいことにヒットさせるかがカギを握っている。大事なのは誘い水になる材料を用意しておくことなのだ。

　学級の中で起きたことをあげ，「あのとき，あなたはどう思ったの？　何か言いたそうな顔していたけど……？」といった問いかけが，相手の口を軽くさせるきっかけになることもある。集団の前では言えなかったことが言えるのも相談場面ならではのこと。集団への愚痴や他の生徒への批判的な言葉が飛び出す可能性もあるが，それも１つのプロセスである。愚痴や批判を通して自己の心の奥にあるものを語る子もいるだろうし，そこまでいかなくても，その子の満たされない思いが垣間見えてくれば，教育相談は成り立っているとみてもいい。

　思うに，教育相談で試されるのは常に教師側なのだろう。「先生は私のことをどこまで理解しているの？」「先生はどこまで本気で考えてくれるの？」という声なき声を聞きながら，外にはたっぷりの親近感を湛え，内には相当な緊張感をもって中学生の教育相談には臨まなくてはならない。

ネット社会に生きる中学生

　中学生が自ら相談に乗ってほしいと申し出る相談では，SNSのトラブルに関するものが多くなっている。いじめと呼ぶべきケースもある。

　インターネットに関連する問題は世代に関係なく起こり得るものだと思うが，中学校でのそれを特色づけるのは，SNS上のネットワークが，おおむね日常生活のネットワークと重なることである。送受信の相手も，話題になるのも，知らない誰かではなく，身近なあの子である方が圧倒的に多いのだ。だから，いじめを含むSNSがらみのトラブルには，SNSの拡散速度に応じた迅速さと子どもたちの世界に介入する慎重さをもって対応しなくてはならない。迅速な対応といえるか否かの境目は，発信者がコントロールできるうちかどうかにある。というのは，

情報発信者自身の操作によるものが，今のところ，拡散を防ぐ一番の方法になっているからだ。直接，監視も操作もできない教師は，小さな変化を見逃さないよう，情報が入りやすい空気を作り出すよう努めるしかない。また，SNS上のトラブルは，それが現実のトラブルと別物でないことを明確に意識すべきである。当然のことをわざわざここで述べるのは，学校での指導はSNS上での誹謗や中傷をなくすことに向かいがちだからだ。誹謗も中傷もなくなったが，かえって深く巧妙な現実場面でのいじめが始まってしまったなどということがないよう，慎重に経過を見ていくことが肝心である。

　学校では，警察や通信会社等による「スマホ安全教室」と銘打った啓発的な講座を開催する。そのために来校してくれる講師には頭の下がる思いだが，残念ながらそれでトラブルがなくなるというわけではない。

　要は，マナーや使い方ではなく，もう少し深いレベルでの心の問題として向き合わなくてはならないということだろう。他者への関心が高まり，交友関係が広がる中学生の時期だが，関係性は不安定なものである。不安定な関係性は不安を生む。仲間はずれにされるのが不安，一人になるのが不安……。だから常につながりを実感していたい。そこに便利なツールがあるとなれば，それに依存するのもうなずける。文面を誤解したり，「既読スルー」を自分に対する無視と受けとめたりして攻撃的になるのも，背景に見えるのは不安である。その点では，従来からあったいじめの構造と本質的には大差なく，それがツールを介することによってより加速，深刻化しやすくなっていると見るべきだろう。

　となると，ますます特効薬を見つけることは困難であるが，大事なことは，子どもたちがこの不安を自覚し，互いに補完し合う環境をつくることだと思う。ところが，これもまた容易ではない。学校が，元気，強い，明るい，積極的，活発……といった類のポジティブな形容のできる子どもたちを歓迎する場になりがちだからである。確かに，そうした子どもたちが育つのは学校にとって理想である。が，求められるイメージに子どもたちが自分の姿を重ねようとしているのであれば，意味は違ってくる。例えば，学級担任が「私のクラスには悩みを抱えた生徒

が多い」と話したら，何かしら問題のあるマイナスイメージでとらえられる可能性が高い。学級担任が生徒の悩みをよく把握している証だとはなかなか受け取ってもらえない。子どもたちにとって，どうあることがいい環境なのかという視点をもちたいものである。

　また，本来，「友達」にも，その親密度には差があるはずだ。Aさんには話すが，Bさんには話さないことがあるのは当然である。かつての交換日記や手紙のやりとりは限られた仲間の中で行われた。しかし，SNSだとその数は比較にならない。それがなければ知り合いにすらならなかった子ども同士が「友達」になり，それがなければ知らされなかったはずのことが周知される。最近の子どもたちの多くは，キャパシティを超える「友達」がいるといってもよいほどである。であれば，トラブルが起きやすくなるのは必然。子どもたちの間に，「友達」は多い方がいいという価値観があるとすれば，そこから脱却することを勧めた方がよい。

　全校生徒の一体感を生み出そうという学校行事や，多様なものの見方，考え方を育てるさまざまな教育活動は大事であるが，日常的には，小さなコミュニティ，身の丈に合った交友関係の構築を図り，見守っていくことが教育現場に求められているのだと思う。

第4章　高校生
——「人間」に生まれた！

「班学習」が引き出す，学びたい「もうひとりの自分」
——「俺かて，100点取りたいわあぁ！」

> 　三重県立商業高等学校にて長年「班学習」を中心とする指導によって，生徒の確かな簿記の専門的実力と人格形成を図り，教え子全員を簿記検定試験合格へと導いてきたベテラン教師の教育実践を，自己実現への援助という観点から考察する。人間の成長本能への「絶対的信頼」と教育熱に裏打ちされた「教え合い」という方法が，同一の授業時間内における生徒の ①効果的な学習，②対人関係の構築，③自己形成のための契機，という複合的な指導をいかに可能としているか，実際の教育計画と生徒の生の声（授業評価アンケートおよびグループ・インタビュー）に基づき詳論する。

はじめに

　三重県松阪市に教職経験50余年のベテラン高校教師がいる。名前は磯田保先生（以下敬称略）。磯田は，語るほどに善良な人柄が際立ち，知恵が光を放ち，「どの子も教育によって成長本能が引き出されて幸せになれる」という可能性を現実に変えてきた人である。

そして70代の今も，校長として職務を全うした母校，三重県立松阪商業高等学校とT短期大学から乞われて，非常勤講師として簿記を教えている。1985（昭和60）年以来，30余年「班学習」を誠実に実践することで生徒の中に確かな簿記の専門的実力を養成し，その結果，毎年，生徒全員を簿記検定試験合格に導き，同時に，教育実践全体を通して生徒の人格形成を図っている。また，磯田は「班学習」と同時に「授業評価アンケート」を始め，30余年のあいだ授業改善を重ねてきた。さらに珠算部顧問として部員を熱心に指導し，松阪商業高等学校を三重県大会で10年連続優勝に導いた。その教育への真摯さ，指導力の高さゆえに周囲から尊敬を受けてきた教師である。

筆者は磯田との対話の中で，日商簿記検定（日本商工会議所）のレベルの高さに蒙昧を開かれた。この資格は，3級で個人企業の経理事務，2級で株式会社の企業経理経営，1級で経理経営の管理部門が担当可能な専門資格である。合格率は，3級40%，2級29%，1級10%で，特に1級は税理士試験受験資格，大学推薦の条件でもあり，その内容は大学相当レベルの高度専門資格である（日商簿記検定ナビ）。そして筆者は，生徒が日常の学習成果を試し，知識技能の確実な習得を確認する簿記検定試験の合格を，並々ならぬ努力で支える商業高校教師の姿に胸を打たれた。

本章では，まずはじめに，「班学習」を中心に据えて，どの生徒にも一定水準の知識・技能の獲得と人間形成を図ることで，生徒の自己実現を支援しているベテラン教師の教育実践を，その教師人生を軸にしてつまびらかにすることを目的とし，次に，高校生たちがその実践をいかに受け取り，何を学び，いかに自己を形作ろうとしているかを具にとらえることを目的とする。

商業高校・簿記検定試験

商業高等学校とは，主に教育課程全体の約3分の1を「商業に関する科目（商業基礎，マーケティング，ビジネス経済，会計，ビジネス情報，学習のまとめとしての総合的科目など）」で占められ，幅広い分野からの知と専門的技

能の習得が望める高等学校機関を指している。三重県立松阪商業高等学校における，2017年度の卒業後の進路は，大学等進学6割，企業就職4割で，就職より進学が多くを占める状況である（『学校要覧』2017）。

簿記検定試験は2種類ある。全国商業高校協会主催（全商簿記）は，文部科学省の学習指導要領の定めた学習を範囲として実施。日本商工会議所主催（日商簿記）は，商工会議所が独自に決めた試験範囲で実施。同じ級でも日商簿記の方が扱う範囲が広く難しい。磯田は，全商簿記3級に合格した生徒に日商簿記の範囲を追加指導して日商3級を受けるよう勧めている。2級，1級も同様である。

調査概要

調査Ⅰ　磯田保インタビュー1〜3（X年3月およびX＋1年2月・3月）
調査Ⅱ　三重県立松阪商業高等学校1・2年生（X年2月）
　筆者が事前に授業観察を行い，グループ・インタビューの対象を選択して実施。後日，授業評価アンケートの回答も併せて分析した。
方法：個別インタビュー（調査Ⅰ），グループ・インタビュー（調査Ⅱ）。インタビューはすべて非構造化面接。補足資料は後日，問い合わせて収集した。

調査Ⅰ

1．結果Ⅰ　教師，磯田保の「誕生」とその「教育実践の特徴」
　磯田保インタビュー1〜3（各約2時間）。
　（以下，「　」は磯田の言葉，〈　〉は筆者の言葉。）
教師，磯田保の「誕生」
　磯田は1943（昭和18）年に三重県松阪に男兄弟の次男として生まれた。父親は同年8月に出征し，そのまま帰らぬ人となった。そのとき，兄弟は3歳と生後3カ月だった。幼子が気がかりだったのか，父親は戦地から何通もの便り

を送り，その最後の葉書に「子供の教育を頼む」とあった。母親は「養育ではなく教育を頼まれている」と言い続け，磯田が中学に入学するとき，「良いことと悪いことの判断を，自分でできる子に育てたつもりだから，お父さんとの約束を果たせたと思う」と言った。磯田はそのときの情景を鮮明に覚えていて，「（母親は）規範意識さえ植えつけておけば，まともな人間に育つと考えていたのだと思います」と述懐した。

その後，家業の大工道具店を継ぐべく三重県立松阪商業高等学校に進学。3年生の夏休み，珠算の県大会で優勝し，全国大会参加のため東京の大学に向かった。時は60年安保。学内の熱い議論を目の当たりにして，心躍り，大学進学の希望を抱くと，母親は「行きたいなら行っていいよ」と快諾してくれた。急遽，受験勉強に集中せねばならない磯田に，当時の担任は彼が授業を欠席して勉強時間を確保できるよう「特別な配慮」をしてくれた。実は，その奥にもうひとつ気遣いがあったが，それを担任は磯田に言わなかった。

翌春，磯田は明治大学に進学。ある日，教師研究部主催の「大島キャンプ」で，早朝，島の子どもたちが，昨日わからなかった算数問題を抱えて「これわかったよぉ！」と磯田めがけて飛び込んでくる姿に，子どもの成長本能を見て，「教師っていいなぁ！」と感激し，教職に就くことを決意した。大学4年次に高校の成績証明書を提出する機会があり，2通取り寄せて，開けて，見て，驚いた。高校3年の夏休み以降，受験勉強のため授業を欠席していたのに，ほとんどの科目が最高点の「5」だったのである。当時の担任が，「見込み点でつけてほしい」と，教員たちに頭を下げてくれていたのであった。磯田は，このとき，担任教師が自分にかけてくれた愛情を知った。

この愛され体験を磯田は，以前見学した「母ブルドックの嬰児舐め」に重ねた。ブルドックの嬰児は羊水に浸り羊膜に包まれたまま生まれる。母ブルドックがその袋を舐めて破り，出てきた嬰児も舐めて育てる。ところが自分が舐められた経験がない母親は，舐めることも育てることもできず，嬰児は死んでしまう，と聞いた。このとき，磯田は「原体験の支配の強さを知った」。ならば，恩師に舐めてもらった「僕の指導を受けた生徒なら，いい先生になれるはず」

第4章　高校生　*117*

と愛され体験の連鎖を確信した。大学卒業後,「教員に向いている生徒を見つけ商業科の教師に育てたい」[註1]との思いを秘めて,磯田は東京で商業高校の教師になった。専門は,簿記[註2]である。

磯田保の教育実践の特徴

第一は,成長本能への「絶対的信頼」である。「どの子もきちっとやれば伸びるというね。人間に生まれてきた以上すごい力をもっているんだっていうね。もう絶対,信じてますよ。絶対信じてますよ」。磯田の原風景は大島キャンプの子らにある。ゆえに磯田は「教育をあきらめた教師」に断固としてものを言う。「生徒の今の状態を固定的にとらえていませんか?生徒が伸びないと思うんだったら先生やめた方がいいです」「伸びるっていうのを自分の中にもって,いろいろ取り組んだら伸びた。それが教師の喜びなんでしょう」と。

磯田は自分が「本当の教師になったのは,教師になって14・5年たった頃」のある生徒との出会いだと言う。宿題を全くやってこない生徒がいた。下宿先まで教えに行き,3題の内2題を一緒に解いて「後は自分でやれ」と言って帰った。だが翌日,その生徒はやってこなかった。磯田は「できるのになぜやってこない」と言い,教室を出ようとしたそのとき,その生徒が磯田の背中に向けて「俺かて,100点取りたいわあぁ!」と叫んだ。磯田は「一瞬『嘘!』と思った。だが,その『声は真剣』だった。反応できなかった。振り向けなかった。ずっと考えた」「あの子は,あの子は勉強しないけど,する気になれないけど,本心では100点取りたいと思ってるんだ!」と。「そこからですよ。本気になったのは。本気で底辺を支えようと思ったのは。本当に教師にしてくれたのはその子だった」。その後,彼は成績がぐんぐん伸びて,日商簿記検定3級に合格した。あれからどうしているのかわからなかったが,数年前に偶然その子に会った。「彼は,『ああ,俺の先生だ!』と。でも彼は,その出来事を全く覚えていなかった。『僕,そんなこと言いましたか?』『お前のその一言で,俺は先生になれたんだ。お前は俺の先生なんだ』」と,磯田は伝えた。彼が教えてくれたのは,人間存在は高みを目指すものということだった。

「それからは何でもできた」。高校3年生で掛け算九九ができない子がいた。

を送り，その最後の葉書に「子供の教育を頼む」とあった。母親は「養育ではなく教育を頼まれている」と言い続け，磯田が中学に入学するとき，「良いことと悪いことの判断を，自分でできる子に育てたつもりだから，お父さんとの約束を果たせたと思う」と言った。磯田はそのときの情景を鮮明に覚えていて，「（母親は）規範意識さえ植えつけておけば，まともな人間に育つと考えていたのだと思います」と述懐した。

　その後，家業の大工道具店を継ぐべく三重県立松阪商業高等学校に進学。3年生の夏休み，珠算の県大会で優勝し，全国大会参加のため東京の大学に向かった。時は60年安保。学内の熱い議論を目の当たりにして，心躍り，大学進学の希望を抱くと，母親は「行きたいなら行っていいよ」と快諾してくれた。急遽，受験勉強に集中せねばならない磯田に，当時の担任は彼が授業を欠席して勉強時間を確保できるよう「特別な配慮」をしてくれた。実は，その奥にもうひとつ気遣いがあったが，それを担任は磯田に言わなかった。

　翌春，磯田は明治大学に進学。ある日，教師研究部主催の「大島キャンプ」で，早朝，島の子どもたちが，昨日わからなかった算数問題を抱えて「これわかったよぉ！」と磯田めがけて飛び込んでくる姿に，子どもの成長本能を見て，「教師っていいなぁ！」と感激し，教職に就くことを決意した。大学4年次に高校の成績証明書を提出する機会があり，2通取り寄せて，開けて，見て，驚いた。高校3年の夏休み以降，受験勉強のため授業を欠席していたのに，ほとんどの科目が最高点の「5」だったのである。当時の担任が，「見込み点でつけてほしい」と，教員たちに頭を下げてくれていたのであった。磯田は，このとき，担任教師が自分にかけてくれた愛情を知った。

　この愛され体験を磯田は，以前見学した「母ブルドックの嬰児舐め」に重ねた。ブルドックの嬰児は羊水に浸り羊膜に包まれたまま生まれる。母ブルドックがその袋を舐めて破り，出てきた嬰児も舐めて育てる。ところが自分が舐められた経験がない母親は，舐めることも育てることもできず，嬰児は死んでしまう，と聞いた。このとき，磯田は「原体験の支配の強さを知った」。ならば，恩師に舐めてもらった「僕の指導を受けた生徒なら，いい先生になれるはず」

と愛され体験の連鎖を確信した。大学卒業後,「教員に向いている生徒を見つけ商業科の教師に育てたい」[註1]との思いを秘めて,磯田は東京で商業高校の教師になった。専門は,簿記[註2]である。

磯田保の教育実践の特徴

　第一は,成長本能への「絶対的信頼」である。「どの子もきちっとやれば伸びるというね。人間に生まれてきた以上すごい力をもっているんだっていうね。もう絶対,信じてますよ。絶対信じてますよ」。磯田の原風景は大島キャンプの子らにある。ゆえに磯田は「教育をあきらめた教師」に断固としてものを言う。「生徒の今の状態を固定的にとらえていませんか?生徒が伸びないと思うんだったら先生やめた方がいいです」「伸びるっていうのを自分の中にもって,いろいろ取り組んだら伸びた。それが教師の喜びなんでしょう」と。

　磯田は自分が「本当の教師になったのは,教師になって14・5年たった頃」のある生徒との出会いだと言う。宿題を全くやってこない生徒がいた。下宿先まで教えに行き,3題の内2題を一緒に解いて「後は自分でやれ」と言って帰った。だが翌日,その生徒はやってこなかった。磯田は「できるのになぜやってこない」と言い,教室を出ようとしたそのとき,その生徒が磯田の背中に向けて「俺かて,100点取りたいわあぁ!」と叫んだ。磯田は「一瞬『嘘!』と思った。だが,その『声は真剣』だった。反応できなかった。振り向けなかった。ずっと考えた」「あの子は,あの子は勉強しないけど,する気になれないけど,本心では100点取りたいと思ってるんだ!」と。「そこからですよ。本気になったのは。本気で底辺を支えようと思ったのは。本当に教師にしてくれたのはその子だった」。その後,彼は成績がぐんぐん伸びて,日商簿記検定3級に合格した。あれからどうしているのかわからなかったが,数年前に偶然その子に会った。「彼は,『ああ,俺の先生だ!』と。でも彼は,その出来事を全く覚えていなかった。『僕,そんなこと言いましたか?』『お前のその一言で,俺は先生になれたんだ。お前は俺の先生なんだ』」と,磯田は伝えた。彼が教えてくれたのは,人間存在は高みを目指すものということだった。

　「それからは何でもできた」。高校3年生で掛け算九九ができない子がいた。

「九九ができないことでつらい思いをしたね」と言うと，その子はぽろぽろ涙をこぼした。どの子でもどこかに手を貸せば，絶対にできるようになる。「本質の部分では100点取りたいと思っている」という，「こちら側の確信もあったから，何でもできた」。「時間をかけるとか，何回も繰り返すとか，何か手段を考えればできると」。この子の場合は，100マス計算で九九を覚え，暗記が難しい段の練習に付き合い，算盤は5珠と繰り上がって10珠とを使うから，「5になる数の仲間探し，10になる数の友達探しから始めて，できるようになるとグングン成績が上がり，全商簿記検定3級も合格した」。

それまでも補習で「100点取るまではダメだ」と言っていたが，「本当の精神は入っていなかった」。すなわち，補習でかけてきた言葉は同じだが，「叫び」を聞く前は，言葉に魂が入っていなかったという意味である。

第二は，教育の目的は，「すべての生徒を自分に自信をもてる人間に育てること」である。この目的達成のための目標を，磯田は「簿記の授業内容をわかり，簿記検定に合格することで『自分もやればできる』体験をすること」と設定している。同時に，磯田本人の一生の目標は，「誠実に生きること」であり，人を裏切らない，嘘をつかない，真面目に生きることを生徒に折に触れて伝え，年に3〜4回「誠実に生きる」と板書しながら，「君らの立場で誠実に生きるとは，生徒だから，遅刻せずに学校に来る，授業をしっかり聞く，宿題をきちんとすることである」と言い，カンニングや宿題忘れが多いときに，「自分に恥じないように生きる」と伝えている。

磯田は商業についても「先義後利」の考え方で，これは簿記は商業活動の中心だが，商業活動は利益を得ることだけを追い求めずに，先にお客様のためになることをしていればおのずと利益がついてくるというものである。

第三は，成長支援の確かな「方法」をもっていることである。「授業改善のために自分の授業内容を録音し，教材の精選，板書計画の熟慮，発問の準備をして，『今日の授業は最高だった』と満足して教室を出る私の背中に，『あ〜眠たかった』の声が聞こえました。この授業方法ではダメだと思い，別の方法を模索して『班学習』にたどり着きました」。班学習のグループディスカッシ

ョンのために，班員のコミュニケーション能力を育てる必要がある。そのために磯田は，班の中で時間の経過とともに自己開示が深まるように仕向けている。趣味，きょうだい，ペット，今一番興味をもっていることを，はじめの数回の授業で各10分の時間を設けて班の中で話し合う。「だんだんと，楽しそうに人の話に聞き入り，自分の話も聞いてもらえるようになります」〈班学習には，「教える子」と「教えられる子」が固定して，いつも教えてもらうばかりの子の自尊心が下がるという課題がありますが？〉「ふたつの立場の逆転が組めない授業は本物ではない」。だから，「できない子を集めて丁寧に教える。そして，教える立場に変わるためにやるんだと伝える」。磯田は成長本能を信じているがゆえに生徒と真向勝負する。「お前たちは，今の時点で落ちこぼれてるんだよ。だが，落ちこぼれは一生じゃない。僕が，お前たち落ちこぼれてるぞって言うのは，落ちこぼれが解消できてね，教える側に回れるっていう見通しがあるから。落ちこぼれが固定的だと思ったら，怖くてそんなこと言えないよ」と明言する。〈でも，どうしてもずっと『教えられる側』の子がいますね？〉「それは，もう繰り返し繰り返し」教えて，「チャンスが巡ってきて，こう上がったりしたら，『すごいな，お前わかったな，お前今度教えられるなあ』，『はい』ってね（その生徒は）一生懸命教えてますよ」。「教える立場を一回取った子は，さらに伸びるきっかけを自分でつくるんです」。

　第四は，学習と成長を確実に「保障」することである。磯田がある学校に赴任した折「ここの生徒はいくら教えても抜けてしまう。だから子守りのつもりでつきあわないとやっていけませんよ」と複数の教師から言われた。磯田は，この教師たちとの教育論争は無駄と判断して，「簿記検定試験に合格したら『ざる』じゃないと証明できる！」と奮い立ち，翌年1月の試験に向けて4月から猛特訓を始めた。まず，「学校で習ったことを宿題の形で，自分で取り組むことをしないと定着しない」ので，「宿題を出して点検し，やってなかったら放課後に残してさせる。何時まででもつきあう」。野球部のキャプテンが居残り部員を「練習に出させて下さい」と，本人の前で磯田に頭を下げる，あるときは親が頭を下げる，「そこまで言うなら」と磯田はその生徒を解放する。

すると，「『キャプテンや親にあんなつらい思いさせてしまった』と次から絶対
宿題を忘れてこなくなる。それがその子の教育になる」。宿題による定着を5
月の連休くらいまでに習慣化し，1年間きちっと学びを積み上げて，翌年「全
員簿記試験に合格し，巻紙に全員の名前を書いて張り出して，『ざる』じゃな
いことを証明した」。最初，信じられなかった他の教師たちも，「次の年から
小テストや補習を始めた」「生徒が伸びるんだっていう実感が教師たちを変え
た」のである。「だから僕は最後のテスト，100点以外は追試なのです」「100点
取れなかったら，どこか穴があるんだと。その穴はたまたまこのテストでは一
個だけど，全般的に見たらもっと穴があるんだ。だから満点じゃなかったら
わかったことにならない」。磯田はテストを採点後，一人ひとりの答案を見て，
間違いを確認し，40人別々に類型テストを作って実施し，全員が100点になり
習得するまでさせる。骨惜しみせず，生徒の「成長したい」という本能欲求に
つきあい，「わかるまで教える」を徹底して，責任をもって専門的学力の獲得
を保障するのである。

　第五は，主導権を取るのは教師だということである。「指導の中では，主導
権は教師が取るということをはっきりさせておかないといけない」。寄り添う
のは得意だけれど，「叱れないと規範意識を育てられない」「反対意見の子にも，
気持ちはわかる。だが……」と説得できることが重要である。

　第六は，「やり抜く力」には3つの要因があるということである。（これは筆
者が直感的に聞いた内容である）。①「自分の好きなことを集中してやってい
くところからしか生まれない」，②「好奇心。新しいことに興味をもち続けら
れなかったら続かない」，③「限界，もうだめだって思うときに『もうひと踏
ん張りしてみよう』という気持ちが上達に導く。限界を超えないと，上手にも
ならないし，物事がわからない」。磯田は③を，大工道具を扱っていた父親の
修行先の師匠に刃物研ぎを教わりながら教えられた。

　以上，磯田の教育の特徴を見てきた。次に，磯田の教育実践の全体的なイメ
ージをとらえる。

2．結果II　磯田の教育実践概略

三重県立松阪商業高等学校における簿記の授業実践の概要を示す。

教育の目的

「すべての生徒を自分に自信のもてる人間に育てること」であり，実現のための目標は「わかる授業」の展開と簿記検定試験の必須合格である。

「簿記」授業の構成

①通常授業：週30時間のうち1年生2時間，2年生4時間（1時限50分）。

②長期休暇：サマー・スクール，ウィンター・スクール（8:30 - 15:30，1日6コマ連続学習による学習の定着）。

③定期試験：各学期に定期試験（当該期間における学習範囲の内容理解の確認）。

④日商簿記検定試験：毎年6月，11月と2月に実施（簿記検定とはこちらを指す）。

⑤全商簿記検定試験：毎年6月，1月に実施。

⑥補習：定期試験も100点以外は補習，再試験，それでも100点が取れないとできるまで補習。

授業の流れ

第1回：学級開きおよび授業の方針（表4-1）の提示。磯田が方針を決定し，生徒は所定の用紙に磯田が読み上げるそれを書き写して提出。表4-1 の1行目「人は人間の社会で，人に教育を受けないと，人になれない」の背景には，「狼に育てられた子」に関する磯田の独特なものの見方がある。すなわち，「人間は狼に育てられると狼になれる（生肉を食べ，洞穴で寝て，夜行性の行動をする等）」[註3] ほど，極めて学習力，適応力が高い。まして人間に育てられたら，「人間のもつ最高の能力が引き出されるはず」，という「類的に共通の能力」（渡辺，1993）への信頼である。

第2回：①磯田が班を決定，発表。②「聞き上手」を育てるために，「ライフスキルプログラム」（ライオンズクラブ国際協会）[註4] を実施。

第3 - 29回：授業→班学習→宿題→補習開始　（全体的に「復習」重視）

表4-1　授業の方針

人は人間の社会で，人に教育を受けないと，人になれない。

簿記（担当　磯田　保）

①コミュニケーション能力を身につける。そして友達をつくる。

　（・言葉によるコミュニケーション・態度や表情によるコミュニケーション）

②専門性を高める。その基礎として「簿記」を学ぶ

③簿記検定3級に合格することで，自信をつける。

授業の方針

1．授業を楽しくしよう

①楽しい授業とは，わかる授業のこと。

②1対1で授業を受けるつもりで，自分から参加してほしい。

③わからないのは先生の説明が下手だから。

④わからないことを質問しやすいように5人1組の班をつくる。

⑤説明は連続している。1時間の休みが大敵です。

2．わかるにもレベルがある

①わからないことが，わかった。

②問題が解けるくらい良くわかった。

③人に教えられるくらいわかった。（快感を味わおう）

3．みんなで進歩しよう。進歩しようとするのは人間の本能です。

①私は100点，あの子は0点。シメシメ。

②私は100点，あの子も100点。ヨカッタネ。

4．勉強は団体戦です。

5．100点以外は再試です。

6．君たちの母校は「松商」しかない。

卒業後，「松商の卒業生です」と胸を張って言えるようにしよう。

第28回：「授業評価アンケート」（表4-2）実施（当初の授業方針が守られた
か否かのチェック）。

第29回：「授業評価アンケート」（表4-2）の結果を生徒にフィードバック

第30回：定期テスト

表4-2　授業評価アンケート

簿記の授業アンケート　H○.　○

○年○組（　）席　班　名前

1. この一年間，班で学習を進めてきましたが，班学習について聞かせてください。
   ① 良かった点をあげてください。＿＿＿＿＿＿＿＿＿＿＿＿＿＿＿＿
   ＿＿＿＿＿＿＿＿＿＿＿＿＿＿＿＿＿＿＿＿＿＿＿＿＿＿＿＿＿＿＿＿
   ② 悪かった点をあげてください。＿＿＿＿＿＿＿＿＿＿＿＿＿＿＿＿
   ＿＿＿＿＿＿＿＿＿＿＿＿＿＿＿＿＿＿＿＿＿＿＿＿＿＿＿＿＿＿＿＿
   ③ 改善のための意見を書いてください。＿＿＿＿＿＿＿＿＿＿＿＿＿
   ＿＿＿＿＿＿＿＿＿＿＿＿＿＿＿＿＿＿＿＿＿＿＿＿＿＿＿＿＿＿＿＿
   ④ 班学習は，来年も続けるべきだ。（　）　どちらかに○を記入。
   　　班学習は，やめるべきだ。（　）

2. 授業の方針を，磯田先生は守れたと思うか。あなたの磯田先生に対する評価を書いてください。

   　　　　　よく守れた　　　　　　　　　守れなかった
   　　　　　　5　　　4　　　3　　　2　　　1　（○で囲む）
   〈評価の理由〉＿＿＿＿＿＿＿＿＿＿＿＿＿＿＿＿＿＿＿＿＿＿＿＿＿
   ＿＿＿＿＿＿＿＿＿＿＿＿＿＿＿＿＿＿＿＿＿＿＿＿＿＿＿＿＿＿＿＿

3. 読み返してみて授業の方針全体について，感じることを書いてください。
   ＿＿＿＿＿＿＿＿＿＿＿＿＿＿＿＿＿＿＿＿＿＿＿＿＿＿＿＿＿＿＿＿
   ＿＿＿＿＿＿＿＿＿＿＿＿＿＿＿＿＿＿＿＿＿＿＿＿＿＿＿＿＿＿＿＿

4. 磯田先生の授業について
   ① 良かった点をあげてください。＿＿＿＿＿＿＿＿＿＿＿＿＿＿＿＿
   ＿＿＿＿＿＿＿＿＿＿＿＿＿＿＿＿＿＿＿＿＿＿＿＿＿＿＿＿＿＿＿＿
   ② 悪かった点をあげてください。＿＿＿＿＿＿＿＿＿＿＿＿＿＿＿＿
   ＿＿＿＿＿＿＿＿＿＿＿＿＿＿＿＿＿＿＿＿＿＿＿＿＿＿＿＿＿＿＿＿
   ③ 改善のための意見を書いてください。＿＿＿＿＿＿＿＿＿＿＿＿＿
   ＿＿＿＿＿＿＿＿＿＿＿＿＿＿＿＿＿＿＿＿＿＿＿＿＿＿＿＿＿＿＿＿

5. あなた自身についてお聞きします。自己評価を書いてください。
   　　　　　　　よく頑張った　　　　　　　頑張らなかった
   　　簿記の授業は　　5　　　4　　　3　　　2　　　1　（○で囲む）

6. 他の授業と比べて簿記の授業でのコミュニケーション能力は向上したと思うか。
   　　（思う）　　5　　　4　　　3　　　2　　　1　（思わない）（○で囲む）

7. 1月の簿記検定2級について…○で囲んでください。
   ① 検定問題集（1回～11回）を完全にやり切りましたか。5　4　3　2　1
   ② 受験前によく勉強しましたか。5　4　3　2　1
   ③ 100点が取れなかったのはなぜか，どうすればよかったと思うか書いてください。
   ＿＿＿＿＿＿＿＿＿＿＿＿＿＿＿＿＿＿＿＿＿＿＿＿＿＿＿＿＿＿＿＿
   ＿＿＿＿＿＿＿＿＿＿＿＿＿＿＿＿＿＿＿＿＿＿＿＿＿＿＿＿＿＿＿＿
   ＿＿＿＿＿＿＿＿＿＿＿＿＿＿＿＿＿＿＿＿＿＿＿＿＿＿＿＿＿＿＿＿

教育方法 ── 班学習

(1)　「班学習」採用の理由

　一方的な授業ではテストするまで誰がわかっていて誰がわかっていないのか，つかめない。しかし，班学習で問題ができた生徒は班長に伝え，班長は全員理解したら黒板に○をつける。さらに，班学習中，教師は机間指導が十分できるので，「あの子ができてない」，「あの子は回復した」，と毎時間，生徒が見え，理解の有無と程度が手に取るようにわかる。新しい単元内容に入る前に，できていない生徒に向けて例題を作っておいて10分，15分復習すると，できるようになり，毎時間，毎時間手ごたえがある。さらに，班学習では，「教える側」が相手にわかるように教えるために，よく考えるので論理的思考力がつき，「教えられる側」は小さな先生が近くにいて安心する。また生徒同士で助け合うので「もう自分は，簿記は捨てた」という脱落者を出さないための装置になる。そして「できないときはつらい。あのときに，自分が見捨てられたら大変なことになっていたとわかると，立場が逆転して，助けてもらっていた生徒が今度は助けるようになる」，つまり「助け合える人」になる。

(2)　「班学習」の具体的手順

1)　1年生の4月から班学習を始める。

　①5人1組の班で，出身中学が同じにならないことだけを条件にし，顔も知らない生徒同士の班を磯田が組む。

　②班ごとに自己紹介し，握手をして「1年間よろしく」と言い合う。授業（1－5回目）の最初の10分間をアイスブレイクに使い，自己開示を深めることを心がける。コミュニケーションを進めるように自己開示を促進する。

　③授業の5回を使い，順番に班長を経験したうえで，「誰を班長に選べば自分の班がうまくゆくか」を考えて班長を互選する。プリントを取りに来るときも，「班長は誰かを指名して取りに来させてください」と言ってリーダー性を育てる。班長は話し合いのときには司会役を務める。

　④生徒たちにマザー・テレサのいう「愛」の対極は「無視」であると紹介し，学習に困っている班員がいたら「おせっかいをやこう」と呼びかける。

第4章　高校生　*125*

⑤班は1年間変えない。もめ事も起こるが解決策を話し合うことで結束を強める。

2) 班で話し合う機会を多くする授業を心がける。

その結果，磯田が授業を担当するクラスは，明るく，活発なクラスになる。4月のまだグループができ上がる前に，班の5人と親しくなるからと考えられる。（何も手を打たず，いじめグループのような集団ができてから，困った，と動き出す担任が多い現実がある。）

では，今まさに，磯田の授業を受けている高校生は，磯田の授業をどのようにとらえ，評価しているのだろうか。

調査II

1．結果III 「授業評価アンケート」結果

生徒による「授業評価アンケート」（表4-2）への回答をもとに結果の分析を行った。高校1・2年生とも同じ傾向であったので，ここでは2年生の資料を取り上げて，問題点を見ていく（資料4-1，4-2）。

「授業評価アンケート」結果の分析

「授業評価アンケート」の内容は，1～4までが磯田の教育実践への評価で，5～7は生徒本人の自己評価。特に7は，生徒が自らの「学び方」の評価と改善点を求められ，学びに関するメタ認知を促される。そのことを通して，生徒が自ら，学習方法の工夫や学習環境の調整をするように構成されている。

2年生の在籍数は46名で，まずは，班学習に関する評価として「継続派」42名と，「やめるべき派」2名，無回答2名であった。「継続派」の中にも「連帯責任」[註5]については批判があった。「連帯責任制度が面倒くさい」「再試は頑張ろうとしていない人のために残らないといけない」という意見である。例えば，自分が好きなことへの主体的参加に基づくクラブ活動では，演劇，吹奏楽，ダンスなどひとつの作品作りを目指して団結の求められる場面がままある。そういう場合はコンクールに向けて，できない部員のために残るのは，連

帯責任でも生徒たちは受け入れる傾向にある。だが，班学習の「教え合い」は，教師によって決められたことであり，かつ，最終的に簿記検定試験は個人の点数で合否が決まるので，団体戦（表4-1）のイメージがもちにくいのではないだろうか。

　「やめるべき派」からは（学びの）「効率が悪くなる」という意見が出ていた。それは，通常「学習」（知識・技能の習得）と隔てられている「生活指導」（ゼロからの班員相互理解，人間関係の構築，コミュニケーションスキルの向上）をひとつの授業時間内で行うために，生徒に負担が多く，「学び」だけに集中できないためではないだろうか。

　だが，青年期が人間形成にとって重要な時期である視点（Sullivan, 1953；佐藤，1999）を考慮すると，実は効率のいい方法であると考えられよう。

磯田の授業改善点（磯田インタビュー2）

　磯田は「授業評価は怖い」が，生徒の声を聞くのをやめれば，「自分が易きに流れてしまいそう」と言う。「方針を崩さないように授業をしてきたつもりでも生徒にはどう映っているのかが怖い」のである。これまでに改善してきた主な点は以下である。

　①「『授業の延長』に対する厳しい声」に対して，延長をしなくていいように，授業計画を綿密にして授業に臨むようにした。②「『授業を1対1で受けているつもりで授業に参加』の理解を求めてしつこく迫りすぎ」に対して，しつこく追及せずにさらっと流すようにした。③「わからないのは先生の説明が下手だから。僕たちは初めて習うことをわかりやすく説明して，わかってもらうことで給料をもらっている訳だから。工夫しないといけない」と自戒した。その他，「相談していたのに雑談をしていると注意された」について，よく見るようにした，である。

　次に，「班学習」に関する生徒たちの「生の声」を聞こう。

2．結果Ⅳ　高校1年生のインタビュー結果

　高校1年生のグループ・インタビュー（X年2月，約50分，班学習グループ

６名）。このグループは，まじめに楽しそうに，男女わけへだてなく混ざっての教え合いが見られた。男子３名（A，B，C），女子２名（D，E）。（「　」は生徒の言葉，〈　〉は筆者の言葉。）

◆班学習の長所と短所，教え－教えられ

女子Ｄ「はじめての班でおしゃべり楽しい。簿記は助けられて理解が深まる」

女子Ｅ「教えることで理解が深まり，テストの点が上がってきて，解くことが面白くなってきた。班にするので机の間がくっついていて教え合うのが気楽」

男子Ｃ「先生が，違う中学（の出身者）で班にすると言ったから，話す相手がいないと絶望的になった。勉強もひとり遅れると班全体が遅れる。遅れてばかりで悪いから，授業でも，日常でも尽くせることをする」

〈例えば，どんなこと？〉

男子Ｃ「落とし物を拾ってやさしく渡す」（皆）うれしそうに，笑う。

男子Ｂ「申し訳ない。劣等感しかない。置いてきぼり。教えられてばかりで，話すのも苦しい」

〈と，B君が思っているとのことですが，教えている側はどうですか？〉

女子Ｄ　驚いた様子で「なんで？」

女子Ｅ「わたし人に教えるの好き，そんなこと思ってるって知らんかった」

〈ということですが，B君どうですか？〉

男子Ｂ「驚愕しています！」

　班は簿記授業のときだけで，日常は別のグループで行動している。友情が高まって，クラスが全員仲良くなったのは，文化祭で出し物の準備をしていたとき。

女子Ｅ　「その頃，８班が一体化して，ラインで本音がぐるぐる回った」

◆１年間の班学習で得たもの

男子Ｂ「皆合格して，自分はだめと思っていたけど，『これからも皆で乗り越えていける』と思えるようになった。今まででは考えられないほど趣味について深く話し合える」（90点で簿記検定試験に合格していた）

女子Ｄ「サマースクールのとき，『３回90点取らないとだめ』と言われた。磯田先生の授業ならやるなと思った。有言実行の方だから。多くの先生は脅しでそう言う

けど本当はやらないことが多い。でも，『この先生はとことんやるな！』と思った。先生の信念についていって，自分も折れない信念を貫こうと思う。先生はずっとやる」

男子C「自分の考えとは違う。納得できなかったけど，先生のやり方が定着してきた」

男子B「やり方は気に入らない。宿題の量が多すぎる。部活や専門教科の勉強，塾，家庭の事情があって疲れる。でも得るものがある。やればできるという自信をもらえた。だから，やり方に慣れることが必要」「やる気のないものはできない。あきらめていた。でも，必死にくらいついたらやれる。体力がないからバランスをとる必要がある」

男子C「別の高校に行くはずだった。簿記以外は全部だめ。けど検定受かって『やれるかな？！』になった」

女子E「わたしは簿記の理解が早いかもしれない。国語が得意でした。簿記は文章理解だから。わからない人は文章の意味がわからないのだと思う」

◆小括

　男子Bの成長は著しい。「教えられるばかりで，話すのも苦しかった」彼が，「皆合格して，これからも皆で乗り越えていけると思えるようになった」。これは「教え合い」が「助け合い」へと展開したことを表し，まず「今まででは考えられないほど……深く話し合える」親密な人間関係を得，さらに「合格して，やればできるという自信がついた」は，教育の第一の目的が達成されたことを示していた。そして「やり方に慣れる」「体力がないからバランスをとる」は，自らの学習行動をメタ認知した結果，新たな方略を立てたこと，すなわち男子Bの主体的な学習への意志の芽生えを示唆していよう。

3．結果V　高校2年生のインタビュー結果

　高校2年生のグループ・インタビュー（X年2月，約50分，班学習グループ6名）。このグループは，班長の男子Aが常に皆に教え，特に隣の男子Bとのやりとりが容赦ない態度に見えたので気にかかった。男子2名（A，B），女

子4名（C，D，E，F），計6名の構成である。（「　」は生徒，〈　〉は筆者の言葉。）

◆班学習の長所・短所

　生徒同士の距離が近くなるので，長所：「話しやすくなる」「わからないことをすぐ聞ける」「よく知らない子と話ができる」，短所：「無駄話が多くなる」「話しすぎてしまう」「戻れない」「勝手に先に進んでる」が口々に語られた。

男子A「アクティブラーニングは，先生に質問しやすい。黒板に向かってする普通の授業だと質問しづらいし，しようと思っている間に授業が進んでいって追いつけなくなる。班で話し合うことによって，『班ではこういうところがわからないです』と（先生に）聞くことができる。先生も黒板に書くことが少ないので，手が空いて，わからない生徒に教えることができていい。ただ，班にするための机の移動と戻す移動に時間がかかり，間に合わなくて授業時間が少なくなる」

男子B「楽しくやれる。好きな人とっていう限定的なものなんやけど。仲良かったら一緒にやれたら楽しいし，そしたら話も聞きに行きやすい。よく知らない子と話ができる。他人と話すの苦手。人見知り。仲悪い人と一緒になると，班活動にも参加しづらくなるし，嫌いな人だと班活動に参加したくなくなる」

〈今，この班では仲良くやってる？〉

男子A「やりやすいです」

男子B「とくにこいつ（男子A）のおかげなんですよね」

〈A君が全体をリードしている印象ですが，違いますか？〉

女子D「教えるのも上手だし，発言力もいいし，でもおしゃべりの方も」

男子A「始終，うるさいと!?」（皆笑い）

〈日常的な仲良しグループと簿記グループの関係はどうですか？〉

女子D「違う」　女子C「簿記のときだけ」　男子A「仕事仲間みたいな感じ」

◆1年間の班活動で得たこと

男子B「人とかかわるのもおもろいなぁ」

〈今までは人とかかわるのしんどかった？〉

男子B「中学では部活仲間がいた。でも高校入って部活すぐやめて周りと接するの

が面倒くさいし，ひとりでいいやと思って，ずっとひとりでおったんですけど，この班になってこいつ（男子Ａ）とか，周りの皆としゃべっておもろいなぁと思って，それやったらグループでしゃべってもいいなあとちょっとは思った」

女子Ｄ「感動！感動！」と拍手。

〈それは普通の授業ではできないこと？〉

男子Ｂ「それはちょっと無理。グループやからできた」

男子Ａ「こいつ（男子Ｂ）と共通のゲームの趣味があって，よく一緒に遊んでる。本当に気があう。簿記の班でディスカッションして仲良くなった。大きな変化としては，今までかかわりなかったけど，一緒にご飯食べに行くくらい仲良くなった。磯田先生，授業で，よく『性善説』，人間はいい生き物だからという話をされて，生徒を一切疑わないんですよ。宿題とか課題とかすべてあなたたちに任せますって。絶対きれいごとだと思うんです。僕，人間なんて疑ってかかって当然みたいな，ちょっとひねくれているんで。でも，先生から生徒へここまで信頼してもらえるって少ないですし，テストの点数が低かったりすると補習が頻繁にある。７時とか８時まで一緒に残ってやってもらえる。ずっとつきあってもらって，２時間でも３時間でも一緒に勉強してくれる。そういう意味では，磯田先生の授業で学んだことは大きいかもしれない」

〈うん。実は，Ａ君がＢ君に教えているとき，真剣だけど，言い方が強くて気になってしまったのだけど？〉

男子Ｂ「ゲーム内でお互いに馬鹿にし合ったり，言い合いを笑いながらやってる。だから変に遠慮せずに」

男子Ａ「そうですね。よく喧嘩しますし，悪口言ったり，長所言ったり，気をつけろよとか……お前もっと話しかけにこいよ。このままじゃ，高校時代ひとりぽっちやぞ，とか言ったりするんですね……」

女子Ｃ「うれしそう，めっちゃ」

〈その友情はいつから？〉

男子Ａ・Ｂ　同時に「簿記やな！」

〈本音で話すようになったのは，いつ頃？〉

第4章　高校生　*131*

男子B「一瞬やった気がします。簿記の班決まって，話すようになって，周り含めて遊ぶようになった」

男子A「やっぱり打ち解けていくうちに，厳しい言葉も言ったりとか，（自分は）他の人からはキツイ性格と言われるけど，こいつそれにもちゃんと返してくれて。張り合いがあるというか」

男子B「こいつの性格，気持ちいいんですよ。言い合いになったりすると，本当にこいつは容赦なく言ってくるんですよ。これがくそ面白いんですよ。こんなに言ってくれるのかと思って。おもろいわと思って」

男子A「裏表ないもんな」　男子B「俺に対しては，表じゃん」

男子A「そういうところがお前ふざけんなよって，よく言うんですけど。でもホント隠し事はほとんどないです」

　秋の文化祭準備でもめて，班や仲良しグループを越えて，真剣な人間関係がクラス全体に広がった。

女子D「めっちゃケンカした」　男子A「泣いたのもいた」

男子B「俺，ぶち切れた」

〈1年間の仕事人グループで得たものは？〉

女子F「人としゃべるのが怖かったりする。1年ごとに班が変わるから。ふだん話さない子もいるから，話しかけていいかわからんかったり。でも，もうすぐ1年になるんでわからんかったところ，少しずつ聞けるようになった」

男子A「確かに4月の頃より，質問される回数が，Fさんに限らず，皆から多くなった。」

女子D「（A君に）わからんて言うたら答えてくれる」

〈なるほど，じゃあ皆さんの得意なものをA君に教える？〉

女子D「いや，基本勉強できる。要領がいい。生活が苦手。ノートもあまり取らんかったり，それ以外やったらめっちゃ完璧」

〈今2年生ですね。2年間の班学習で得たものは何ですか？〉

女子D「ふだんしゃべらない人としゃべれるようになる。班でなかったらA君とかと絶対しゃべりたくないんですよ」

女子C「キャラがすごいんですよ」　女子E「変わってる」

男子A「今なら言いたい放題ですね」（皆で大笑い）

女子D「（A君は）言っても，くじけない」「自分は基本的に人見知り。選んじゃう。
　　この人苦手やと思ったらあんまりしゃべらない。でもこの人と友達になりたいと
　　思ったらバンバンしゃべる。簿記の班は自分たちで班を決められない。この班，
　　最初は好まなかった。A君苦手やったし。だけどこの班になった以上，1年間は
　　これなんで，苦手とかじゃなくて，しゃべらなやっていけないからしゃべるよう
　　になった。だから今，A君のことは嫌じゃないし，普通のこういう方という感じ。
　　簿記でない普通の席も近い。でも普通にしゃべれるようになった」

女子C「一番大事なこと言う。はじめの方は遠慮があって，それはホントにはじめだ
　　けで，ちょっとしたらしゃべりやすい環境になっていって，わからなかったら教
　　えてくれるし，逆に教えてって言われたら，教えたり，距離が近くていいなと思
　　いました」「追試は90点がボーダーラインで，はじめは高いなあと思った。けれど，
　　実際，それでやっていったら検定でも結果が出たし，高い目標をもってやった方
　　が，いい結果がでるのかなぁと思いました」

　磯田先生の話になり，〈学年末の授業評価アンケートに，本音を書くと，真剣に正
直にかかわってくれたと喜ぶ先生だと思います〉

全員「あー」

男子A「うーん。そう思います。悪口でも多分，喜ぶと思います」

女子C「なんか，おじいちゃんって思って」

◆教える─教えられる

〈教えられるばかりだとつらくなりませんか？〉

男子B「正直言って，教えられるのって申し訳ない」

女子C　驚いた様子で「えー，そうなん？」

男子B「教えてもらえるのはうれしいけれど，それ以上に，話したら迷惑になるん
　　やないかなって，こりゃ聞けんわと思って。で，結局のところ聞けずにわからな
　　くなって。教える経験しとかんと，多分，無理。ずっと教えられとったら，相手，
　　これ迷惑や。これやめとこうと思って，結局，聞けずにわからなくなって終わっ

ちゃうな」

　チャイムが鳴り，磯田先生入室。筆者は，磯田先生に〈教えられるばかりではなくて，教えるチャンスはどのようにつくられていますか？〉と聞いた。

磯田「うん。例えば，再試のときにたくさんできなくて時間がかかっているところがありますね。そのときには，最初はテストとしてやっているのですが，あとからは『教え合い』という形で。何番かできたら，残ってもらって，何番の問題を他の子に教えてあげてとなります」

男子Ａ「教える側に回ったことある？」　男子Ｂ「簿記ない」

男子Ａ（磯田先生に向かって）「とても苦手らしいです」

磯田　「苦手なことない。やらんだけや」

女子Ｃ・Ｄ・Ｅ「言われちゃった！言われちゃった！」

磯田「おっ，女子が何か言うとるぞ」

男子Ｂ「あっ，まあまあ，正しい！」（皆笑い）

磯田「正しいやろ！」　男子Ｂ「非常に正しい！！」（皆大笑い）

男子Ａ「僕なんか，追試なくても，（補習の教室を）覗きに来ますもんね」

〈Ｂ君は，教えられることは申し訳ないと思うって教えてくれたんですよね？みなさんはそれを聞いてどう思いますか？〉

女子Ｃ「そんなん思わんでええんちゃう」

女子Ｄ「聞いてなかったよ，そんなん。教えやんもん（教えられないもの）。自分も簿記無理なんで。教えあったらわからん（教えあったらわからなくなる）」

〈いつも教えているＡ君，どうですか？〉

男子Ａ「わからんとこない？わからんとこない？って，『お前自分の終わってないやろ！』って突っ込まれるんですけど，でも，先生が復習たっぷりされる方なんで，もう俺わかっとんのにとさぼることが……」

磯田「多いですね」（皆で笑い）　**女子Ｄ「バレとる」**

男子Ａ「やってるときに聞いてきた方が，僕もやりながら教えられるんで，やっぱりあとあとに回されて，テスト前で焦って，あれがわからんって言われるよりは，『常日頃から聞けよ』って言ってます。ただ，（Ｂ君は）回数が多いので本人はち

ょっと気にしてます」

男子Ｂ「ホントに迷惑なんかなって。教えてもらったときに，わからんと人ってイ
　　ラつくじゃないですか。ね，そのイラつかれると，これはもうイヤなんやな，教
　　えんのがと思って。とにかく人には迷惑かけたくないんです」

男子Ａ「気にしいなんやな。でもあとで回されても困るんやな」

〈Ａさんにとって，教えるってどんなことですか？〉

男子Ａ「僕は結構，人に教えたりするの好きなんですよ。そういうことが好きなん
　　で助け合いとかも嫌いじゃないんですね。よく磯田先生が，蹴落とし合いじゃな
　　くて，手の差し伸べ合いだって言われるんです。人間は助け合って生きるべきだ，
　　みたいなのも嫌いじゃないんですよ。僕はちょっとひねくれてるんで信じてない
　　のも半面ですし，でも，手を差し伸べた方がいいなっていうのもわかるんですね。
　　そこをときどき，葛藤したりもしますけど，やってて気持ちがいいんですよね」

〈それを聞いてどうですか？〉と筆者がＢ君に向くと，

男子Ｂ「うん。それでもねえ。正直言うたら人が怖いんですよね」

〈誰でも？〉

男子Ｂ「誰でもです」　女子Ｃ「自分も人間やろ！！！」

磯田「何か言うたぞ」

男子Ｂ「普通にしゃべっていても，裏ではどう考えてんのやろう。本当は，何考え
　　てんのやろう。もしかしたら，何か，悪口とか考えられとんのかなって。あれな
　　んですよ。小学校でやんちゃなグループに目をつけられて，いろいろあって，そ
　　っから人怖くなって」

女子Ｃ　自分のことのように「それはいやや」

男子Ｂ「親族なら血がつながっとるから，というのんがあるんで，信じられる。他人
　　は，怖いんですよね」

女子Ｄ「ああ，そういうこと」と沈みがちにぽつりと言った。

◆小括

　勉強のできるＡ君ひとりが「教える」というパターンの学習班であったが，
個性豊かなＡ君，「人が怖い」というやさしいＢ君が，ありのままで良さを発

揮し，周りがふたりの出会いを見守り応援している様子であった。A君「今なら言いたい放題ですね」に対して，Dさん「A君はめげない」と，言いたいことを言っても関係が壊れない信頼感があった。もうひとり，「人が怖い」Fさんを，皆そっとしている雰囲気があったが，Fさんは「もうすぐ1年になるんで……少しずつ聞けるようになった」とわずかずつ安心感が増えている様子であった。大平（1995）は，旧来の「相手の気持ちを察し，共感する」やさしさから，今は「相手の気持ちに立ち入らない」やさしさへ変容したという。後者のやさしさを行動につなげるために「人の気持ちを多少傷つけても大丈夫」という他者への信頼をもてるように導くことが重要という考えもある（榎本，2017）。A君とB君，A君とDさんのかかわりが，Fさんのその日のためのモデルになっているのであろうか。誰もが，弱くなるとき（課題をもつとき）がある。班学習のグループは，「安心の拠点」になりうることが示唆された。

考察

　ひとりのベテラン教師の「班学習」を中心に据えた教育実践が，高校生にいかなる影響を与えているかを報告した。その内容を，生徒の「自己実現への援助」の視点から考察する。

1．本教師による教育実践の特徴

　本教師の教育の第一の目的は「自分に自信のもてる人間に育てる」であり，その達成の本質的手段として「類的に共通の能力と成長本能への絶対的信頼」があり，実際に生徒とかかわるときの方法論として「班学習」がある。また，「誠実に生きる」「ともに生きる」という本教師の理想から，班学習の「教え合い」を「助け合って生きる」という文脈で生徒に届けることで，生徒に「簿記の知識習得」と同時に「対人関係」の課題を課している。

　一般的に，班を基点とした「生活と学習の共同化」（照本，2015）は，「学びの深まりと同時に人間的成長を促す」と考えられ，本調査においてもそれは確

認されたが，特に本教師のかかわりの顕著な特徴として，学習と生活の両面における教師の「類的に共通の能力と成長本能への絶対的信頼」から発する「信念徹底」と，それを通して生徒の中に「覚悟」が生まれることが挙げられる。以下に，詳述する。

２．本教師の教育の「真髄」

　本教師は，大学時代の大島キャンプで出会った子どもたちの生命（いのち）の輝きに「成長本能への絶対的信頼」を引き出され，また「狼に育てられた子」の学びから，「人間は，人間に育てられたら，人間（人類）のもつ最高の能力が引き出される」という「類的に共通の能力への視点と信頼」を得て，その想いを胸に授業していた。だが，ある学業不振生徒の「俺かて，100点取りたいわぁぁ！」という不意打ちの絶叫に，本教師は反応できなかった。なぜか？それは，その叫びが，正鵠を射た訴えだったからではないか。すなわち，人間なら皆同質の能力があると言ってきたが，その声は「俺の，その能力はどこにあるんだ⁉」という反発であり，抵抗であり，「あるなら出せ！教師なら生かせ！」という訴えだったからではないか。そして，的を射た矢は，本教師に「この子も100点取りたいんだ！ならば本気で底辺を支えよう」と覚悟を決めさせた。この生徒は，その後，ぐんぐん成績が伸びて日商検定３級に合格し，本教師の「人間に共通の能力」への信頼は絶対的なものとなった。

　「類的に共通の能力と成長本能」に絶対的信頼をもった，それからの本教師は，「何でもできた」。「わかるまで，粘り強く，何時間でも教えて」，次々にそれらを「引き出し」，補習での「100点取らないと帰れないぞ」の言葉にも魂が宿った。何度やってもできなくとも「限界，もうだめだって思うときに『もうひと踏ん張りしてみよう』という気持ちが上達に導く。限界を超えないと，上手にもならないし，物事がわからない」と考え，妥協することも方針を覆すこともなかった。そして，生徒には人間共通の能力が備わっているのだから，「わからないのは先生の説明が下手だから」と授業方針（表4-1）に記し，毎年，読み上げて，授業評価アンケートを実施し，授業の工夫を重ねた。

生徒一人ひとりに内在する「類的に共通の能力と成長本能」を「信じて，引き出して，生かす」，これが，本教師の「教育の真髄」である。そこで強調されるのは「差異性」ではなく「同類性」である。「皆できて当たり前」ということなのである。

　そして本教師は「本当に教師にしてくれたのはあの子だった」と述懐した。

3．「自分に自信をもてる人間に育てる」──「もうひとりの自分」との統合

　生徒の中の「100点取りたい！」「検定に合格したい！」という「成長本能」（「もうひとりの自分」）を引き出し，生徒の中にある「類的に共通の能力」を高めるために，本教師は「わかりやすい授業」を展開し，「簿記検定合格の目標」をもたせ，さらに「班学習」を導入した。班学習は，教える側の生徒は，わかりやすく教えるために論理的思考力が鍛えられ，教えられる側の生徒は先生が何人もいることで安心感を与えた。つまり，それは，相互の「教え合い」により簿記の「知識理解と定着」を図り，「団体戦意識」をもたせることで「脱落者」を出さないための優れた工夫でもあった。さらに本教師が，学力が低い生徒，やる気がない生徒等に何時間でも粘り強く指導して，確実に，検定合格という成功体験に導き，「自分に自信のもてる人間に育てる」という教育の目的を毎年，達成してきたのである。

　例を挙げれば，「申し訳ない。劣等感しかない。置いてきぼり。教えられるばかりで話すのも苦し」かった生徒（1年男子B）は，検定合格後「やればできるという自信をもらえた。やり方に慣れることが必要」に変わった。また，学校選びに後悔があった生徒（1年男子C）は，「簿記以外は全部苦手」という弱さ（課題）を抱えていた「けど検定受かって『やれるかな?!』になった」と言い，「『いまある自分』を変えたいと願う『もうひとりの自分』」（照本，2015）が今まさに目覚めたとこであった。そこでは，本教師が自分に向ける「できる」という絶対的信頼のまなざしを，生徒が自分の中の「もうひとりの自分」に向けていることが推察された。高校生たちは，こうして本来，もてる力を発揮できるようになり，自信を得て，自己実現への道を歩み始めたので

ある。

4．「教え合い」から「助け合って生きる」へ

　さらに本教師には，班学習で同時に「仲間とともに人間的な生き方を追求していく力を育む」（照本，2015）という願いもあった。マザー・テレサの「愛」の反対は「無視」であり，班学習は「いい意味のおせっかいをやこう」から始まり，「教え合い」は「手の差し伸べ合い」であり，その根底には「人間は助け合って生きるべき」（2年男子A）という本教師の理想がある。その理想に近づく方法として，「班決め」において同じ中学校出身者を分離し，かつ，班員を1年間入れ替えない。そのため生徒は，「簿記」を学びながら，新しい「人間関係の構築」，好き嫌いを越えて，教え合うための「コミュニケーション能力の向上」にも力を注がねばならない。

　高校生は自らの興味関心に応じて友人を取捨選択して人間関係を拡げていく年齢段階である。そのためクラス内の人間関係が偏りやすく，かつ，クラス単位での活動の機会も限られているため生徒もそれで不都合なく過ごせてしまう。ゆえに「同じ班じゃなかったらA君とは絶対話さなかった」（2年女子D）という事態が普通に展開する。だが，彼女は変わった。「……この班最初は好まなかった。だけどこの班になった以上，1年間はこれなんで，苦手とかじゃなくて，しゃべらなやっていけないからしゃべるようになった。A君が嫌いではなくなった。普通にしゃべれるようになった」のである。2年女子Dは，本教師は「班を1年間変えない」と観念し「覚悟」を決めたのである。このように本教師は，人間関係の問題を解決する「体験の場」を高校生に提供していたが，これは，配属部署を容易には変われない職場で，自分をコントロールしつつ他者と折り合っていかねばならない職業人の厳しさを視野に入れた，生きて働く知恵の提示でもあった。

5．「誠実にともに生きる」──人間は信じられる存在か？

　本教師の「人間形成」への思いを2年男子Aはよく理解し，「先生は，蹴落

とし合いではなくて，手の差し伸べ合いだって言われる。わかるけれども僕は人間を信じてないのも半面で，葛藤している」。本教師は授業中に，よく「『性善説』で人間はいい生き物」と言い，生徒を一切疑わないのだと言う。「絶対きれいごとだと思うんです。僕，人間なんて疑ってかかって当然みたいな，ちょっとひねくれてるんで」「でも，先生から生徒へここまで信頼してもらえるって少ないですし，……補習が頻繁にある。2時間でも3時間でも一緒に勉強してくれる。そういう意味では，磯田先生の授業で学んだことは大きいかもしれない」。男子Aは，磯田の「性善説」と「良き人」「誠実な人」のあり様を目の当たりにして，自らの「性悪説」的な人間観が揺らぎ，葛藤の中にあった。その対比の中で，彼は「ひねくれている」という自己の姿が見え，自己実現の途上である「汝自身を知れ」（三嶋，2005；井上，2018）の過程にいた。彼が「汝自身であれ」（井上，2018）に至るのを大切に見守られる必要がある。本教師は生き方そのもので「君たちはいかなる価値観で生きていくのか？」という問いを投げかけながら，生徒たちを「信じて，認めて，任せる」ことで，生徒はずっと問いの中で問い続けていた。すなわち，本教師は声なき声を聞く「究極の聞き上手，引き出し役」（村田，2018）と考えられるのである。

6. 教師の「信念徹底」と「生徒」の覚悟

　もうひとつ生徒の「人間形成」に大きく寄与する要因があった。それは本教師の類的に共通の能力と成長本能への信頼に裏打ちされた「信念徹底」である。1年女子Dは「3回90点取らないとだめ（帰れない）」（サマースクールの全商簿記準備は合格基準70点。目標90点）という事態に陥ったとき，脅しでそう言う先生たちはいるが磯田先生は脅しではない，「この先生はとことんやるな！」磯田先生は「有言実行の方だから」と「覚悟」を決めた。そして，「先生の信念についていって，自分も折れない信念を貫こう」と本教師を自己形成のモデルに据えた。本教師に出会って，たった2カ月でのことである。

　あきめないという信念。高校生も，卒業生もこのことを本教師から学んだという人は多かった。だが，本教師にとって，それは当たり前のことで，その先

を見ていた。私的な対話（磯田，X＋1年）から筆者が要約する。「高校生になるまで自分はできない，自分は頭が悪いと思ってきた子に，人間として生まれてきた以上は，すごい能力と，大切な役割をもっていることを，腹の底からわかって欲しいと願っています。そのために，僕の授業であきらめず最後までやり抜く体験を積み，『やればできる』という感動を得て，次には，その体験を当たり前のことになるまでやり切ることが大切と考えています。そして，自分もなかなかのもの，と自分に自信をもって欲しい。また自分はできると思っている子にも，できない子などいないのだ，ということをわかってもらい，常識を変更して，人間に対する信頼感を育てたいと考えています」。

7．「自分も人間やろ!!!」──本教師の価値観を内在化した事例

2年男子Bは，小学校時代の対人関係による「傷つき」のために「人が怖」かった。信じられる他者関係を切に求めながらも得られず，傷つくのを恐れて孤独を選んでいた。だが，2年の簿記の班で，相互信頼できる相手（男子A）に出会い，その出会いを包み「友情や，友情や」と，ともに喜んでくれる仲間も得た。にもかかわらず，他者への怖さを口にし，できないことに落ち込み，友達に迷惑をかけるのが申し訳なくて，「教えられることに躊躇する」男子Bに向けて，咄嗟に言い放たれた女子Cによる「お前も人間やろ!!!」のこの言葉には，「やればできる」「人間は互いに支え合うもの」という，本教師の「人間に生まれてきた以上すごい力をもっている」という絶対的信頼と，「人は善きもの」という想いの内在化が見て取れるといえよう。

8．「教えられるばかり」の痛み

本教師の，実り豊かな教育実践の様子が明らかになった。だが，班学習で「教えられるばかり」の生徒の苦しみは想像を越えていた。しかも「教える立場」と「教えられる立場」の逆転が工夫しにくい状況が察せられた。彼らの心情は，「申し訳ない。劣等感しかない。置いてきぼり。教えられるばかりで話すのも苦しい」（1年男子B）。「正直言って，教えられるのって申し訳ない」

「教えてもらえるのはうれしいけれど，それ以上に話したら迷惑になるんやないかなって，こりゃ聞けんわと思って。教える経験しとかんと，多分，無理」（2年男子B）と語られた。最終的に，簿記検定試験合格で自信を得るにしても，それまでの長い期間，このような心情が続くのはかなりの心理的負担になり，かつ，あとの人生に残る可能性が推察される。試練が人を強くする可能性は充分あるが，学期途中で両立場の「想い」の交流を図り，苦悩や理想を話し合い，相互に人の生きづらさや弱さを感じ取りながら，その違いを包み込む感受性を育てることが，ともに生きていく人間性を育てるのに役立つのではないかと考えた。

そして，この痛みをわたくしたち教師は忘れてはならないと自戒した。

以上，ひとりのベテラン教師による「類的に共通の能力」への限りない信頼を最大の特徴とした教育の営みを報告した。最後に筆者は本教師に尋ねた。並々ならぬ教職への情熱を支えたものは何か？と。答えは，「『どの生徒も伸びる』と信じて，伸ばすために何をすればいいのか考え，好奇心をもって工夫を続けるのが好きなのです。生徒の伸びていく姿を見ることが楽しいのです」であった。

おわりに

本稿をまとめ終えたとき，亡き夫との約束を守り，「良いことと悪いことの判断を自分でできる子に育て」，あとは本人の自由にまかせる「教育」をされたご母堂の存在が，時を超えて筆者の存在の中心にずしりと碇を下した。なぜなら，その覚悟して誠実になされた「教育」が，磯田をして，人を裏切らない，嘘をつかない，真面目に生きる，すなわち人として「誠実に生きる」ことを70年余貫かせ，かつ，30余年にわたり，「自分に恥じない生き方」を生徒に伝え続けながら，「類的に共通の能力」への絶対的信頼という独自の立場にたち，好奇心と工夫三昧の教育実践により多くの生徒の自己実現を支援してきた，すなわち，職業人として「誠実かつ創造的に生きる」ことを貫かせたと了解し

たからである。磯田の言うようにまさしく「原初体験の支配の強さ」であろう。そして，その種は，教師磯田の教育の目的，実践，人間への信頼となって，何千人もの教え子たちに長い時をかけて蒔かれ続けた。

　「休み時間に廊下で，簿記を教えた３年生の女子が，『先生，誠実に生きていますよ』と声をかけてくれた。『うれしいねー。僕も誠実に生きていますよ』と答えました』」（磯田，X年）。磯田が蒔いた種は，小さな蕾となって膨らみ，花開いていた。その種には，戦地から「教育」の言葉にこめた父の愛，そして磯田少年の成長に心を寄せた無名の教師たちの愛もまた詰まっているのであろう。

註

1　約30年前の教え子で，現商業科高校教員にインタビュー調査も並行して行った。教え子は，磯田から「諦めない」精神を鍛えられたと言う。男性教諭は，HBS（ハーバードビジネススクール）型のアクティブラーニングを試み，「答えのない問い」の探求に生徒が抱く「不安感」と格闘していた。女性教諭は，同僚と協力して，家事・育児との両立を図りながら，反転授業やルーブリックを導入して，「生徒の主体的学習態度確立」に挑んでいた。本件は稿を改めて述べる。

2　簿記とは，企業でのお金の流れと物の流れについて，記録・計算・整理する技術のことである。

3　「狼に育てられた子」には諸説ある。

4　「ライフスキルプログラム」（ライオンズクラブ国際協会）：生徒を３人組にして，語り番，聞き番，観察番を決め，今一番熱心なこと，燃えていることなど，「自分が是非それをしゃべりたい」と思うことついてメモを書いてきて，語り番が語る。聞き番がそれを一生懸命聞く。観察番は「聞き番」を観察する。３人全員が順番に行い，「聞く態度」を身につける。３人が体験した後，以下のルールを入れる。教師が指導を入れたいとき，教師は手を挙げる。すると気づいた生徒から作業や話し合いを止めて，生徒も手を挙げる。指導後「では，続けてください」と指示するが，話が止まらない生徒もいる。そのとき，生徒と共通認識ができているので「それ，聞き上手かな？」と言うだけで雰囲気を壊さずに指導が入る。

5　磯田は「連帯責任」ではなく「団体戦」（表4-1）という言葉を使っている。「連帯責任」

には，わたしに責任はないのに責任を取らされるという負のイメージがあり，「団体戦」には，自分のチームの役に立つ喜びを感じ，班活動はそれも目指しているからである。

文献

榎本博明　2017　「思いやりのない子は増えているか」『児童心理』1月号　金子書房　p.30-31

井上信子　2018　「高校生料理人の自己実現への道Case1：高校1年生――喜びの源泉たる『学習の追求』と『自己調整学習』」『教育フォーラム62号　人生や社会をよりよく生きる力の滋養を』　金子書房　p.122

磯田　保　X年　私的な対話

磯田　保　X＋1年　私的な対話

松阪商業高等学校　2017　『学校要覧』

三嶋輝夫　2005　『汝自身を知れ』　NHKライブラリー

村田正実　2018　「一人ひとりをよく見てくれる先生」『児童心理』1月号　金子書房　p.63

日商簿記検定ナビ　www.boki-navi.com（2018/8/2アクセス）

大平　健　1995　『やさしさの精神病理』　岩波新書

佐藤有耕 編著　1999　『高校生の心理1 ――広がる世界』　大日本図書

Sullivan, H.S.　1953　The Interpersonal Theory of Psychiatry. New York : W. W. Norton & Company.（中井久夫・宮崎隆吉・高木敬三・鑪幹八郎訳　1990　『精神医学は対人関係論である』　みすず書房

照本祥敬　2015　「集団づくりをどうすすめるか――「いじめ」，孤立と排除の状況を転換する」　全生研常任委員会 企画　竹内常一・折出健二 編著　『生活指導とは何か』　高文研　p.51, 54, 58

渡辺顕治　1993　「第4節　学力形成」心理科学研究会 編『中学・高校教師になるための教育心理学』［第3版］　有斐閣　p.97

謝辞

　調査にご協力くださいました高校生の皆様，真剣に学び，友達を思いやる心がとても素敵でした。お一人ひとりが輝かしい未来へと羽ばたいてゆかれることを祈っております。ありがとうございました。

資料4-1　アンケート結果（継続派）

2年生　班学習　継続派（42人中36人）

1．この一年，班で学習を進めてきましたが，班学習について教えてください。

①良かった点　　　　　生徒の回答

わからないところが聞けた（21）	「班の人と相談することで自分の分からなかったところが分かるようになった」「分からないところがあったらすぐに聞ける」
教え合いができた（9）	「教える立場になってより理解できた」「皆で相談したり分からないところを教え合ったりできたから班学習はとてもいいと思う」
コミュニケーションがとれた（4）	「コミュニケーション能力があがり，楽しく授業を受けることができる」「話しやすく，相談しやすい。（先生に対しても）いい意味で壁がないと思う」
その他（1）	「まあまあ良かったと思います」

（　）内は回答数

②悪かった点　　　　　生徒の回答

私語が多くなってしまう（14）	「あまりにも楽しいので声が大きくなりすぎる」「友達と喋ってしまって授業に集中できない日もあった」
連帯責任について（3）	「連帯責任制度が面倒くさい」「サマーやウィンターの班での再試は頑張ろうとしてない人のために残らないといけない時があること」
周りとの学力差，かたより（3）	「自分と周りの点差が大きくなると自分はいらない存在のように思える」「誰もわかっていない時が多い。班の平均点が上と下で全く違う」
机移動について（3）	「移動授業の後だと班になるのが遅くなる」
その他（4）	「あまり話し合うことが出来なくて理解できなかったことがあった」「黒板が見にくかった」

③改善のための意見　　生徒の回答

私語について（9）	「一人一人が意識するように気を付ける」「班活動で余計な話が多くなることは仕方のないことだと思うので改善の仕方が分からない」
班の編成について（3）	「平等になるようにしたらいいと思います」「できない人ではなく，やる気のない人の班をつくり，班を先生の近くに置く」
個人の点数を知られたくない（2）	「点数を見えないところに書いたらいい」「平均点数を聞いたり書いたりしないようにする」
理解度の確認（2）	「周りを見る」「一人一人が出来たかを確認する」
その他（3）	「班の移動を極力少なめにすればいいと思う」「サマーやウィンターのときに班にしない」

第4章　高校生　*145*

2．授業の方針について，磯田先生は守れていたと思うか。あなたの意見をお聞かせください。

	守れた			守れていない	
評価	5	4	3	2	1
回答数	9	20	7	0	0

	評価の理由
5の回答者	「みんなで進歩できたと思います」「どんなときも一生懸命授業されていたから」「私たち生徒のことを考えて授業してくれているのが伝わるから」
4の回答者	「分かりやすいとは思いますが，楽しくはなかった」「時々守れていないと思ったから」「よかったからです」
3の回答者	「分かる授業も分からない授業もあったから」「進むのが早すぎて頭と手が追い付かない。でも授業は楽しかったです」「守れたかもれていないか，特に何も感じなかった」

3．読み返してみて授業の方針全体について，感じることを書いてください。

	生徒の回答
肯定的な意見（19）	「班学習をすることで分からないところを教えてもらったりすることで団体戦になっていたと思いました」
	「この方針はとても良かったと思います」
	「競い合いではなく助け合うことでレベルを上げていこうという方針なのでやる気は出やすいと思いました」
	「1対1で授業を受けるつもりで自分から参加してほしい，は良い事だと思った」
	「100点以外はダメなのはこれからもやるべきだと思います。検定に受かるためにはそれくらい必要だと思います」
肯定的でない意見（7）	「100点以外でも再試がなかったり宿題をしていない人がそのまませずに進んでいったこと」
	「1対1の授業になれていないところがあったと思います」
その他（5）	「方針としてはとても良いと思うが先生にはもう少し人を信じないでほしい。もっときびしくても良かったと思う」
	「磯田先生は自分に厳しい人だなあと思いました」
	「休んだ人に説明する時間が欲しかった」

4．磯田先生の授業について

①良かった点 　　　　　　生徒の回答

補習などのフォロー（8）	「他の授業と比べて長い時間をかけて教えてくれる良い授業」「補習の時とかは一人一人に声をかけて理解するまで教えてくれる」
班学習（6）	「班活動にすることで楽しく教えられる環境づくりが良かった」「班体制なので分からなかった所はすぐに班員に質問できる」
わかりやすい（5）	「楽しい。分かる」「分かりやすくて理解するまでに時間がかからない。簿記に興味が湧く」
100点以外追試が良かった（2）	「再試が多くて嫌だったけど検定を受かれたのは再試のおかげかなって思いました」
みんなで一緒に進むところ（3）	「しゃべっている人がいたら授業を進めなかったところ」「進むスピードが全員同じで遅れていかないこと」
反復学習（4）	「何度も検定問題の演習をさせてもらって最終的にとても良く分かる授業だった」「プリントの裏に同じ問題があるのはいいと思いました」
その他（6）	「検定に対しての準備が素晴らしいです」「たまにある話がちょっとおもしろい」「キャラがおもろい」

②悪かった点 　　　　　　生徒の回答

ペースがはやい（13）	「問題の解き方を解説したり，答えを読み上げるスピードが速くてついていけないことがたまにあった」「少し授業の進み具合がはやかった」
宿題が多い（4）	「宿題が多くて終わらせるのに時間がかかった」「検定の前に宿題を出しすぎかなと思った。毎日やることは大切だけど逆にみんなのやる気が無くなっていた気がする」
時間通りに終わらない（2）	「たまに休み時間がなかったこと」「時間通りに授業が終わることが少ない」
自分は悪くないのに怒られた（2）	「自分が悪くない時でもとばっちりを喰らう。後，ウィンターとかの補習をサボった人の追加補習まで班員がいかなければならないのは，おかしい」「何もしていなくても勘違いで注意してくるところ」
その他（8）	「追試が多い」「班を決めるときにかたよりなくしてほしい」「休み時間になると教室を出て行ってしまう」

③改善点 　　　　　　生徒の回答

教え方について（7）	「一つ一つていねいに教えてほしい」「もう少しみんなが理解できるようなスピードで授業を進めてほしい」
宿題の出し方について（3）	「検定1回分の宿題を出すのは週に2，3回にして他の4，5日は苦手な問題を1つか2つしてくるのもありだと思う」「減らす」
"1対1の授業"について（2）	「先生一人だけで進行していくのではなくて授業方針にもあったように『1対1』で授業をしているのだという気持ちをもっと意識してほしいと思った」
その他（9）	「授業中に『わかりません』って言いやすい空気作り」「珠算廃止，電卓使いましょう」「全部の班が平等になるようにしたらいいと思います」

（　）内は回答数

５．あなた自身についてお聞きします。自己評価を書いてください。

よく頑張った　　　　　　　頑張らなかった

評価	5	4	3	2	1
回答数	9	18	9	1	0

６．他の授業と比べて簿記の授業でのコミュニケーション能力は向上したと思うか。

思う　　　　　　　　　思わない

評価	5	4	3	2	1
回答数	14	14	8	0	0

７．１月の簿記検定2級について

①検定問題集を完全にやり切りましたか。

やった　　　　　　　　やってない

評価	5	4	3	2	1
回答数	9	18	8	1	0

②受験前によく勉強しましたか。

した　　　　　　　　　してない

評価	5	4	3	2	1
回答数	14	14	8	0	0

③100点が取れなかったのはなぜか。どうすればよかったと思うか書いてください。

	生徒の回答
勉強不足，つめの甘さ（16）	「勉強が足りなかった」「自分で解いた時に少し疑問に思ったところを『ここぐらいはいいだろう』と放置してしまったところ」「間違えたところをそのままにしていたときがあった」
受かればいいかと思った（6）	「100点じゃなくてもいいと思ってしまったから90点しかとれなかったんだと思います」「90点以上とれて気を抜いて勉強をしなくなったのが原因だと思います。そこでもう少し粘って勉強すればもっと取れたと思います」
凡ミス（4）	「少しの計算ミス。自分はできたと思って見直さなかったから」「もう少し落ち着いて問題を解いて見直しももっとしっかりすればよかったと思います」
100点取れた（2）	「100点とりました」
その他（5）	「赤ペンのインクがなくてテンパった。準備不足」「解き方を忘れてしまったところがあった。検定の日に基本情報の試験もあった。あまり時間を割けなかった」

資料4-2　アンケート結果（やめるべき派）

2年生　班学習　　やめるべき派（42人中　2人）

1．この一年，班で学習を進めてきましたが，班学習について教えてください。

①良かった点　　　　生徒の回答

「班のメンバーで教え合いが出来て問題を理解できた」
「出来る人に教えてもらうとわかりやすい」

②悪かった点　　　　生徒の回答

「うるさい。班での話し合いではなく，おしゃべりしているのが目立った」
「仲の良い人が近くにいるから私語が目立つ」

③改善のための意見　生徒の回答

「班のメンバーを変えるか班学習をやめる」
「自分の経験上，グループでやらないほうが効率的で合理的」

2．授業の方針について，磯田先生は守れていたと思うか。あなたの意見をお聞かせください。

	守れた			守れていない	
評価	5	4	3	2	1
回答数	0	0	1	1	0

	評価の理由
3の回答者	進むのがはやい時があり，説明を理解しきれない時があった。
2の回答者	班での教え合いという方針がそもそも中途半端な形だったから。

3．読み返してみて授業の方針全体について，感じることを書いてください。

生徒の回答

「やっぱり1対1の授業はむずかしいと思った」
「次の授業に説明が連続するのはいいけれど，解き方の解説を全体的にしてから問題を解かせるようにしてほしい。しらない問題でさあ解いてみろというのも時間のムダ。解かせてからの解説はある程度きそができるようになってからにしてほしい」

第4章　高校生　149

４．磯田先生の授業について

①良かった点　　　　生徒の回答

「黒板に表などを書いてくれたのでわかりやすかった」

②悪かった点　　　　生徒の回答

「たまに話がそれる」
「先生の経験談がムダに長い」

③改善点　　　　　　回答無し

５．あなた自身についてお聞きします。自己評価を書いてください。

	よく頑張った			頑張らなかった	
評価	5	4	3	2	1
回答数	0	0	2	0	0

６．他の授業と比べて簿記の授業でのコミュニケーション能力は向上したと思うか。

	思う			思わない	
評価	5	4	3	2	1
回答数	0	2	0	0	0

７．１月の簿記検定2級について

①検定問題集を完全にやり切りましたか。

	やった			やってない	
評価	5	4	3	2	1
回答数	1	0	1	0	0

②受験前によく勉強しましたか。

	した			してない	
評価	5	4	3	2	1
回答数	0	1	1	0	0

③100点が取れなかったのはなぜか。どうすればよかったと思うか書いてください。

　　　生徒の回答

「大問3の問題を見直すのが遅すぎたと思う。もっと早くから見直ししていたら多分90点はあったと思う。
あと大問１の仕訳の問題をテストの時にもっとしんけんに見直せていればよかった」

コラム	高校における教育相談の進め方とポイント

元 川崎市内高等学校総括教諭　**山口尚史**

　以前勤務していた高校には表の通り，入学から卒業までシーズンに応じてさまざまな教育相談の機会があった。

　年間通じて行われる二者，三者面談では，学習面だけでなく，人間関係，進路，選択科目，家庭のことなど，話題は多岐に及ぶ。生徒は学級担任との面談のほかに，3年生進級前に進路指導部職員と個別面談をする機会があり，面談を通じて進路指導室との関係をつくり，進路準備の意識を高めることとなる。

　夏と冬の長期休業前には，いじめ防止を狙いとした「学校生活についてのアンケート」を生徒に配布し，いじめの早期発見に努めている。アンケートは学級担任が目を通し，気になる生徒には個人面談を実施する。相談内容によっては，学

表　学年別教育相談の年間計画

	1年	2年	3年
4月	二者面談	二者面談	二者面談
5月	特別支援校内巡回	特別支援校内巡回	特別支援校内巡回
6月			三者面談
7月	学校生活についてのアンケート 二者面談	学校生活についてのアンケート 二者面談	学校生活についてのアンケート
8月 夏季休業			
9月			
10月			
11月	三者面談 特別支援校内巡回	三者面談 特別支援校内巡回	三者面談 特別支援校内巡回
12月 冬季休業	学校生活についてのアンケート	学校生活についてのアンケート	学校生活についてのアンケート
1月			
2月		進路個別面談	
3月 春季休業			

年担任団や生徒指導部が関係生徒に事情を聴き，問題の解決にあたる。

　５月と11月には外部の専門家による特別支援校内巡回があり，対象生徒を観察した後，指導方針について話し合いがもたれる。生徒が抱える問題はさまざまで，不注意，多動性，衝動性，コミュニケーション障害などがある。最近の事例をあげれば，判読できないほど字が汚い，適切にトイレに行けない，教科書を机上に出せない，友人がいない，複数の指示を出したときにひとつしかできないなどの課題を抱える生徒たちがいた。

　日常的には，生徒や保護者からもちかけられる相談や，深刻な状況に置かれている生徒の親しい友人からその相談を受けることもある。その場合は緊急性を要することが多く，該当職員が一人で抱え込まないようにしている。学級担任は養護教諭と相談しながら，週に１回来校するスクールカウンセラーに結び付けることもある。より重大なケースでは，家庭と学級担任の情報共有を軸としながら，学年主任，生徒指導担当者，養護教諭，スクールカウンセラー，管理職も交えながら問題の解決にあたる。デートＤＶのような対応が難しい事例では，家庭が警察に相談し，学校は人権問題に詳しい校外の機関と連携しながら，家庭や生徒と相談の機会をもつ。そのような機関のメンバーには弁護士も含まれ，相談もしやすく大変頼もしい。

　次に場面に応じて，心がけていることを記してみたい。

　進路相談では生徒の希望を最優先としながら，親の意向，教職員の意見の３つを練り合わせていくことが必要である。その中で欠かせないことは，生徒本人に自分の進路希望について語らせることである。三者面談をすると，ともすれば保護者が面談の最初から最後まで話し続けようとするケースがある。そのようなときは生徒自身が心の内側にある思いを話し始められるように，保護者を制止してしばらく沈黙を守ってもらうようにしている。また，生徒が将来何をしたらよいかわからず相談に来ることも多い。そんなときはカウンセリングの手法を取り入れている。聴く姿勢を貫き，生徒の発する言葉を繰り返し，不安な気持ちをできるだけ受けとめるようにする。その中で，何をしたいのか，何に向いているのか，

それではどうすべきなのかという手がかりを生徒自身が見つけられるようにすることが好ましい。話が弾まないようならば，その生徒の好きなこと，得意な科目，幼稚園や小学校の頃の夢を聞いてみるのもよい。

　続いて非行生徒への指導である。これはかなり手強い。若かった頃の私は体力には相当自信があったので，力で抑えようとする傾向があった。しかし，私自身は強面でもなく体格に恵まれているわけではないので，何か外見的な凄みで非行傾向にある生徒を指導することは効果がないとすぐに気づいた。最も大切なことはその生徒たちと関係づくりをすることだと思う。「この教員はうるさい，面倒くさい，イライラさせる。でも，俺たちに無関心じゃない，かまってくれる，心配してくれている」と生徒に思わせることができたら一歩前進だ。姿勢としてはこちら側の心のガードは可能な限り下げ，彼らへの警戒心や恐れる心は一切もたないようにすることを心がける。そういう雰囲気を彼らはすぐにキャッチする。また，彼らの言い分を一旦受けとめることも欠かせない。どんな人でも，心の底には「認めてもらいたい，わかってもらいたい」という思いがある。そうして，「○○が言うんじゃしょうがない」という関係まで築けたら最高である。卒業間近にとった授業感想アンケートに，学校で一，二を争って問題行動を取る生徒が，「先生のその温かい眼差しをいつまでも持ち続けてください」と書いてくれたことを思い出す。決して簡単なことではないが，「無条件の愛」を注ぎ続けることを追求したい。

　特別支援が必要な生徒とかかわるときは私たちの寛容さが試される。衝動性のある生徒の場合，逸脱した行動を注意すれば癇癪を起こし，ならばほめて伸ばそうとするとそれが素直に受けとめられず逆効果になることもある。試行錯誤の繰り返しで教職員は翻弄される。したがって，あまり深刻に考え過ぎず，長い目で忍耐強く接していくのがよい。注意力が欠如している生徒もいる。朝，クラス全体に伝達したことを確認するために，昼休みや放課後に，個人的に声をかけることはたやすくできる支援だ。複雑な家庭環境で育ってきた生徒はコミュニケーション力が低く，人間関係を築けずに孤立する場合がある。そういう生徒には人一

倍声をかけることに努め，生徒が話しやすい距離感を保っておきたい。特別支援を必要とする生徒たちはクラスの中で誤解されがちである。私たちの体には何一つ不要な器官がないのと同様，お互いは欠かせない尊い存在であるということをクラスに浸透させたい。相互の個性や多様性を受け入れ，認め合える集団となることが大切であり，学級担任だけでなく，学級・学年集団がその生徒をフォローし合える状態になっているのが理想だ。

　最後に性別による教育相談の違いについて振り返ってみたい。教職員が「聴き続け，気持ちを受け止める」という点では，男女とも共通である。差異は何かというと，時間，回数，質における傾向の違いだと思う。経験上，男子生徒より女子生徒の方が相談時間と回数を要する。また，誤解なきように読んでもらいたいのだが，男子生徒は道筋を求め，女子生徒は感情を受けとめ理解してもらうことを求める傾向が強いと思う。ほぼ毎週1回放課後1〜2時間の相談の機会をもち，何とか卒業していった自傷行為をする女子生徒もいる。一方，転校を深刻に考えている男子生徒と1回だけ三者面談をし，相談の最後に考えられる具体的な道筋をいくつか示し，あとは自分で決断しなさいと勧めた生徒もいる。結果，その生徒は転校を取りやめ，校内外で活躍し，第一希望の大学に進学した。「あのとき先生から選択肢を示され，あとは自分で判断しなさいと突きつけられて，正直ビックリしたし大変だった。でも，自分の人生についてよく考えるきっかけとなって，今は感謝している」と彼は卒業後に教えてくれた。

　教職員に求められることは，計画されている各種相談機会を活用するだけではない。生徒から相談を受ける前に，生徒の表情や置かれている状況に絶えずアンテナを張り巡らし，教職員から先に生徒に声をかけ続け，「先生は私たちのことをよく見ていてくれる」と思われるようにすることが肝心であると思う。確かに教育相談には知っておくべきコツや技術は存在する。しかし，最後は生徒と教職員を超えた人と人とのぶつかり合い，その生徒の思いに気持ちを寄せることができるかどうかだと思う。「優」という文字は，「憂」いのある「人」の傍に寄り添うことを表していると聞いたことがある。そこに教育相談の原点があると思う。

コラム　定時制高校における「夢のあとおし」

定時制高等学校教諭　**山川高史**（仮名）

定時制高校

　かつての定時制高校は，中学校卒業後，主に働くなどの理由で全日制高校に進めない生徒の教育の場だった。しかし，近年，定時制高校に通う勤労青少年の割合は減り，さまざまな課題を抱えた生徒の受け皿としての役割が大きくなってきている。それに伴い，夜間部だけでなく，昼間部，昼夜間部の定時制高校も設置されてきた。

　全日制も定時制も生徒が抱える課題は共通だが，問題を抱える生徒の割合やその深刻さは，経験上，定時制のほうが遥かに上回ると思う。具体的にどのような課題を抱える生徒がいるかというと，定時制異動直後に個人的に作成した「要支援生徒の個人シート」の生徒の困り感の項目を挙げるとわかりやすいかもしれない。参考までに記してみるが，これで全てを網羅できるわけではない。

　「発達障害」，「知的障害」，「問題行動・非行」，「不登校・引きこもり」，「いじめ」，「虐待・ネグレクト」，「一人親家庭・家庭の貧困」，「保護者支援」，「外国籍・言語」，「性同一性障害・性的マイノリティ」，「インターネット・SNS」，「自傷行為」，「希死念慮」，「学習・学力」，「病気（身体・精神）」の15項目である。

　生徒一人がひとつの項目しか当てはまらない場合もあるが，多くの場合は複数の項目に該当する。これらの項目が当てはまる生徒と当てはまらない生徒では，当てはまらない生徒を数えるほうがずっと早いように思える。

　このような生徒の自己実現を援助することは容易ではなく，模範解答もなく試行錯誤の連続である。

教育活動と教育相談における自己実現の援助

　従来使われてきた「進路指導」という言葉にかわって，「キャリア教育」という言葉が使われるようになってから随分時間がたつ。従来の「進路指導」は上級学校や企業への出口指導に重きを置いてきた傾向があるが，「キャリア教育」で

は自己探究や他者との適切な関わり方，勤労観や職業観の涵養，社会における自立に重点が置かれている。「進路指導」で行ってきた内容と「キャリア教育」で求められる内容には重なる部分が多いと思うが，今は「キャリア教育」で強調されている点，つまり生徒の自己実現を主眼とした教育活動をより手厚く充実させていくことが求められている。

　特に定時制に通う生徒は前述したような数々の課題を抱える中，自己肯定感が低く自信をもてず，表現力やコミュニケーション力がない者が少なくないので，より一層自己実現の援助のための工夫が必要である。そのような中，現在の勤務校で展開されている興味深い活動を紹介したい。

　それは生徒の居場所づくりを狙いとした「校内放課後カフェ」だ。「カフェ」といってもそんなに格好のいいものではなく，スーパーで売っているお菓子と飲み物をテーブルに準備し，教職員ではなくNPO団体のスタッフが数人寄り添うというもの。彼らはカジュアルな格好をした気さくな方々で，生徒との距離感が小さい。放課後になると不思議と生徒が集まってきて，いろいろな居場所が形成される。たわいもない話をするテーブルもあれば，黙々とスマホを操作するグループがいる一方で，ガヤガヤとオセロやトランプをするテーブルもある。試験前には寺子屋に様変わりし，学習支援が繰り広げられる。

　そのような雰囲気の中で生徒が教職員には発することのなかったSOSをNPOスタッフがとらえ，相談に発展する場合がある。その場合は生徒からの信頼を損なわないように，NPOスタッフと教職員が協力して，時には行政の福祉関係機関と連携を取りながら問題の解決に当たる。

　毎回平均70名近くの生徒が「カフェ」に来るが，多くの生徒が前述したような課題を抱えてきた生徒である。利用している生徒の声を取り上げると，「人に迷惑をかけるから相談してはだめだと思っていた」，「今この困難な状況にあるのは自分が悪いから仕方がないと考えていた」，「中学のとき人間関係につまずいて学校に行けなかった。高校生活が始まって不安だったけれど，カフェで友だちもでき，スタッフに話を聞いてもらえてうれしかった」，「周囲に孤立している生徒が

いるのでカフェに連れてきたい」とさまざまだ。

　この活動が単なる居場所づくりに終わらず，生徒の生活・自立支援，就労支援へつながるケースがいくつかある。それを目の当たりにするとき，この「カフェ」がこれからの学校の自己実現の援助のあり方に何かヒントを与えてくれているような気がしてならない。

　次に上記の「カフェ」の活動と直接つながるわけではないが，生徒の事例を挙げたい。

　Aさんは入学当初から誰とも一言もしゃべらないようなコミュニケーションのとれない女子生徒。入学後，通常の授業の欠席は目立たないものの，社会見学などの校外授業になると体調不良などを理由に全て欠席していた。

　ところが，2年生も終わろうとしている頃の三者面談の中で，卒業後の進路のことが話題になったときに，その欠席の本当の理由が判明した。それはそのAさんがバス，電車などの交通手段を一人で利用することができないからということだった。自転車も乗れないとのこと。それを機会に学級担任は計画的に援助を始めた。4年生の夏の会社見学会には一人で行動しなければならなくなるという時期から逆算し，いくつかの機会をとらえて指導した。

　まず，3年生5月に実施される社会見学を利用した。一人で集合場所に行き，一人で解散場所から帰宅することを目標とした。自宅から最寄りの駅までの道筋，バスの乗り方，鉄道の経路，ICカードの使い方，利用するプラットフォーム，乗るべき列車など，何回かに分けて説明し復習をした。仲間が身近にいることもありトラブルなく目標を達成した。Aさんは相当疲れたようだが，少し達成感もあったようだ。

　次に3年生の夏休みに実施されるインターンシップへの参加。4年生になってから初めて会社訪問をするのではなく，3年生でこの機会がある生徒は恵まれている。インターンシップへの参加は社会見学に比べると仲間が身近にいないことから，一人で行き来するのはもちろん，初対面の大人と接し会話をしなければならないという点で，ハードルがかなり高くなる。細かいことは省くが，このとき

は社会見学以上に担任がＡさんに寄り添って準備をした。1週間近いインターンシップ全てをやり遂げてＡさんは相当な自信を得て，外交的で積極性のある生徒へと大きく変わった。

　4年生夏になると担任のもくろみ通り，会社見学に何社も訪問するようになっていた。それどころか，ボーイフレンドもできて高校生活を楽しく過ごしていたようだ。

　就職はＡさんの希望で，保育の道を選び現在活躍中と聞いている。

　Ａさんが好ましい姿へと成長できたのは，学級担任が生徒の困り感に気づき，その課題を克服するために最終的ゴールを見定め，生徒に寄り添い丁寧にスモールステップを踏んでいったからだと思う。

　生徒の数だけ課題があり，その数だけ個別でユニークな援助の道筋がある。その道筋は真っ直ぐなものではなく，曲がりくねり，時には道を間違え後戻りをしなければならないものだと思う。道を間違えることは喜ばしいことではないが，道を間違えたから経験できることもある。

　教職員はその生徒と一生共に歩めるわけではないが，共に歩めるうちは寄り添い，その声を聞き，試行錯誤しながら支援し続ける存在でありたいものである。

第5章　大学生
―― 「わたし」を語り直す

はじめに

　子どもを育てる，あるいは教育するということは，「自然」が生んだ生命を養育者が「自然」と手を携えて継続し完成することである。そして，(1)子どもの「生命」を庇護し強めることによって「生きる力」を養い，(2)子どもが社会の中で独立して生きていけるよう「生き方」を教えて人間らしい存在に高め，(3)現実の社会や文化を批判して「創造発展に貢献する力」を育成する営みである（前田，1970 より筆者要約）。

　そして，筆者は大学教員として青年に心理学を講義し，研究室で青年の思いに耳を傾けてきた。そこには，子ども時代の挫折や偏差値競争の敗北により「生きる力」を弱められ，「生き方」を見失い，人に固有の知性を発揮できない状態に陥っている青年らの姿があった。だが，彼らの多くは，数年後には社会に出て自分の力で生きていかねばならない。その日までに「生きる力」を蘇らせ，社会の中での生活能力をつけるために「生き方」を伝え，かつ，「想像力と創造力」を培うために，わたくしたち教師はどうかかわればよいのであろうか。

　本章では，自らの人生の困難を現実認識し，打開し，知性を高めていったふたりの学生の「闘い」を検討し，大学における教育と相談について考察する。事例Ⅰは「いじめられ」による傷つきからの，事例Ⅱは「大学受験の挫折」からの蘇りの記録である。彼女たちはともに筆者のゼミ生であり，卒業時に「もうひとつの卒業論文」（400字原稿用紙12枚程度）と題する成長記録を提出していった。以下，その資料，および筆者とのかかわりをもとに成長過程を記述し

分析する。そして，かかわりの背景となる心理学的「理論」と「技」について触れる。

　なお，本人たちの意向で実名での公表とする。その意向はふたりが若き日の難局を堂々と生き抜いた証であろう。ふたりは同期である（以下「　」内は，学生本人の言葉である）。

事例Ⅰ　「いじめられ」から勝ち取った宝物（わたし）

> 　対人関係能力獲得の敏感期である児童期に，長期間「いじめられ」た経験により，常なる警戒状態，人間不信，現実認識の混乱という後遺症を呈していた女子青年が，過去を過去として認識し，肯定的な自己認知を得て「自己像を再構築」した事例を報告する。教員が集団を組織して受容的環境を提供し，生来の資質を発揮する方向に導き，自己認識の深化へ誘うという，いずれの学校年代においても人間形成に資する経過を，マズローの「自己実現理論」，ヴィゴツキーの「最近接領域理論」を含めて概観する。

1．事例概要

　坂井莉奈は，小学校3年生から6年生まで，外から見てわかる仲間はずれ，さらに，拒否されたり，受容されたりという「気まぐれ」ないじめを受け続けた。そのため坂井は，「誰の，どの表情を信じればいいのかわからなくなり」「否定を恐れ，他者の気を引き，仮面でかかわる」性格になった。「当時はいじめを脱出できるのかも不安で，学校にも保健室にも行くのが嫌だった」。だが，両親に「いじめになんて負けるな」と言われ，「無理やり通って」いた。しかし6年次「（担任の）先生は，いじめている子に気づかれないように，私と先

生と一対一で話せる環境を作ってくれた」。「先生は私を見てくれているんだな
と気がついて，ただただ感謝だった」。だから「教師はいつしか私の憧れとな
り，教師を志すようになった」。

　時が過ぎ，坂井は大学生になった。だが，小学校時代のいじめられのしこり
は，「人と比べて勝手に劣等感を抱き」「自信がなく人前での発表が苦手」とい
う形で残り，ひとり苦悩の中にいた。すなわち，本人は無自覚だが脳の高次機
能の〈もう大丈夫〉という現実認識が働いていない状況であった。転機は，大
学1年後期に受講した筆者の心理学講義であった。そこで坂井は「本当の自
分と向き合うことができ，避けてきたことゆえ受講がつらいこともあった」が，
「新たな『私』に出会い」「人からも自分も分かる成長」を得て，「聳え立つ高
い壁を乗り越えられた気がした」。

　ずっと「なぜいじめられ経験をしたのか分からない」まま，「何度も自分を
責めていた」。だが講義を聞いて，「いじめている側の抱える内面の問題につい
て知った」。「当時の私にはまったく見当のつかないことだったが，彼女の寂し
さをぶつけられていたのかもしれないと思うと，なぜだか当時の経験をプラス
にとらえることができるようになった」。そして，この講義を通して「いじめ
という対人関係の縺れからできた私を私は嫌いではない，誇りに思える部分も
あり，逃げずに乗り越えられて良かった」と感じた。いじめられの経験を経て，
「他者を思う気持ちが芽生え」「我慢強さなど精神的な成長が見られ，もしかし
たら，『私』の人生において必要な経験であったのかもしれないととらえられ
るようになった」。さらに彼女（いじめの相手）が「悪いことをした」と言っ
ていると人づてに聞き，「自分も悪いことをしたかもしれないととらえ，自分
の中でひとつの問題が解決し，新たな捉え方ができた大学1年の出来事だっ
た」。

　2年になり「成長したいとうずうずしていた」坂井は筆者のゼミに入った。
だが，3年でゼミが始まると，「比べ癖」が出て，「自分はだめだ」と思い「発
言しても泣いていた」。しかし，他のゼミ生が泣きながら過去を語り，自己開
示するのを見て「この人たちなら自分を受け入れてくれそう，と自然に思える

ように」なり，結局それは「私を変える人々との出会い」となった。

　4年になり就職活動が始まると，坂井は「開くべきときに道は自ずと開く」という筆者の言葉を信じて乗り切り，結果的に第一志望の大企業に内定した。卒業論文では「過去のいじめられ経験による影響」を質的に研究することに決め，小学校時代にいじめられた経験のある大学生に面接調査を行い，その「長い時の経過」をたどりつつ分析した。その結果，「想像を超える経験をしている人がいて衝撃を受け，自分のことがちっぽけに思え」「つらかったのは私だけではなかった」「いじめを乗り越えてきた人々はこんなにも強く輝いて生きているのだと勇気をもらう素晴らしい体験となった」。さらにいじめられの経験から対人関係の築き方を学ぶなどの「プラスの影響」も見出すことができた。そして，ゼミ生皆の卒論に懸ける熱い思いに鼓舞されて卒論を書き上げ，「（夜の）10時まで真剣にゼミに取り組み，疲労困憊のはずなのに，皆で笑いあいながら帰ったことは，私を元気づけ，励みになった」。

　卒業を間近に控えて坂井は「……この（いじめられ）経験があったからこその『私』との出会いであり，また新たな『私』との人生がこれから始まる。自分のよき理解者との出会い，新しい友人との出会いがこれから待っている」と思えた。教師にならないことに関しては，「人との出会いや別れの中で『夢』と『私』が変容し，別の道へと進むことにした。きっと間違っていないと私の直感が言っている」と自分を信じられるようになった。

　坂井は卒業論文に副題をつけた。「―『現在』が『過去』をよみかえる―」である。そして論文の「おわりに」は，筆者が卒論作成時に本例を激励するためにかけた「『人間は，ときに無理をしないと伸びない』^(註1)という言葉に，改めて自分と向き合う機会を得て，扉がまた開いた気がした。今後，すべてのことに真正面から向き合い自信と誇りを手にしていきたい」と結ばれていた。それは9歳以来の身を護る甲羅から脱出して，「新たな自分」を創造し始めた坂井莉奈，22歳の決意表明であった。

２．考察

　筆者は３年ゼミで本例と出会った。本例は，対人場面で人の目が見られず，怯えて横を向き，瞳はいつも濡れていた。硬い甲羅の中に蹲（うずくま）り，何かを抱えて息を潜め，ゼミ中，時折，甲羅の中から首を出すが「発言しても泣いていた」。筆者は，本例を「いじめられ」の後遺症があり，長期間，当時の出来事を反芻（はんすう）して，からだがまだ「危険」と思い込んで凍りついていると見立てた。そして，以下のような「かかわり」を，思い切った工夫から開始した。

　①ゼミの教室変更：ゼミを教室ではなく，狭い研究室で行うことに決め，ゼミ生全員に提案し賛同を得て変更した。すなわち14名のゼミ生が着席すると，隣同士，肩と腕がふれあう状況になるよう物理的社会的な環境調整を行った。その結果，本例を含む学生たちのからだと心が「ふれあい」「つながりやすく」なり，急速に仲間関係が親密になっていった。

　②規則正しい生活リズムの勧め：ゼミ生全員に，ａ早寝早起き，ｂ朝日を浴びる，ｃ定時の食事と内容の吟味，ｄリズミカルな運動，さらに，ｅバナナジュース（バナナ，豆乳，はちみつ，ヨーグルト）を毎朝摂取すること，をアドバイスした。本例は，ａ～ｃを習慣化して実行し，特にｂに関してはカーテンを工夫して朝日の自然光がたっぷりと部屋に射し込むように自分で生活環境を整えた。ｄは，特にしなかった。ｅは，バナナと豆乳だけを毎朝，ジュースにせずに摂取した。これらは体調を調え，「平常心」と「やる気」を司るセロトニンの分泌を活性化する方法である。わずかずつだが，本例は背骨が立ち，涙をためながらも意欲が見られるようになり，エネルギーが充ちてきた様子が観察された。

　③丹田呼吸法：ゼミ生全員に，臍下丹田（せいかたんでん）に気を集中する呼吸法を教え，毎日実践するように伝えた。しかし，本例は就職面接直前など緊張の高い場面でだけ実行し，落ち着きを得た。

　④資質の読み取りと生命エネルギーの高まり：本例は当初，言葉のやりとりはつらそうで，得意でもなさそうであった。そこでからだを使う頼みごと（コピー，書類配布，買い物など）をしてからだの動きを観察した。すると，瞬発力

や持続力に優れ，考える前にからだが動く様子も観察され，スポーツ好きもわかり，「運動（行動）優位の資質」（井上・神田橋, 2001）と仮説を立てた。そして，その資質が生きて褒められ喜ぶ場面を増やし，エネルギーが高まるよう試みた。自らの得意なことが皆の役に立ち，褒められて，弱々しいが破顔一笑する機会が増えるにつれて，本例は甲羅から顔を出している時間が長くなった。

　⑤安心・安全の時空間保障：筆者は母性的な雰囲気でゼミ全体を包み（井上・神田橋, 2004；井上, 2014），ゼミ仲間による，涙ながらの真摯な「自己開示」と深い「受容」が展開するにつれて，本例のからだがほぐれ，安心し，他者信頼を取り戻し始めた（「この人たちなら自分を受け入れてくれそうと，自然に思えた」）。

　⑥あるがままの受容と時空間移動の伝達：筆者は毎回ゼミで「元気？」「どうしてる？」などさり気なく本例に声をかけ，気にかけている思いを伝えた。さらに本例が「卒論は，いじめで書きます」と言うと，「卒論は，いじめで書くんだね。向き合うんだ。強いな」「あの頃のことを，今ゼミで研究するんだ」と伝えた。本例の言葉を繰り返すことで，あるがままの本例を尊重し，かつ，過去から現在に，すなわちあの「いじめられ」から時空間的にすでに移動し，もう安全だという現実にからだが気づくよう促した。すると徐々にではあるが，筆者に顔を向け，瞳の奥でうなずく感じが観察された。

　⑦学生集団の相互の教育力促進：仲間と「知と情」を分かち合うかけがえのない時を重ね，本例はとうとう笑い合いながら甲羅から姿を現すようになり，無防備でいる時間が増えてきた。安全を確保でき，脳の高次機能が働きだし，筋道を通してものを考えられるようになった。ある日，本例は「いじめ問題」を正面に据えてゼミで発表した。「素の自分」をさらけ出して大粒の涙を流し，仲間から深々と抱えられた。この瞬間，「あの時・あそこ」でのつらいいじめられ物語は終わり，「いま・ここ」で仲間と一緒に生きていることを本例の「からだ」が実感して警戒態勢が解けた！と筆者は感じた。その場にいた誰もが，「新しい莉奈が産まれた」瞬間の目撃者となった。

　やがて春が巡り，皆４年生になった。本例はその資質である行動力が蘇り，

就職活動もやり抜いて，8月に日本有数の大企業に内定が決まった。教員には
ならなかった。教員は「いじめられ」の関連で憧れた職業であったがゆえに，
課題が解決して，とらわれがなくなり自由になったのであろう。

⑧自分自身の体験世界の認識・体系化の開始：本例は，安心を得て，高次機
能が働きだし，意識的で内省的な思考が可能になった。そこで，筆者は本例
に，10月，1年生向けに就職戦線と大学4年間の成長過程，そして将来展望を
「Vision Passion Mission」(註2)と題して発表する課題を課した。発表の日，体
験に裏打ちされた本例の言葉の意味は深遠で，40名ほどの女子青年は心震わせ
て真剣にその思いを受け止めた。自分が得た知恵が他者を揺り動かし，役に立
ったこの経験は，本例が自分について肯定的に考え，自己の一貫性をもって経
験を統合し，また自尊心を回復する端緒となった。この頃，筆者は本例に軽い
「気分の波」を観察した。

⑨「いじめ」現象の本質洞察の促進：卒論追い込みの12月のある夕，卒論指導
のため，ふたりで研究室に残った。本例はいじめられを克服した喜びが「書く
こと」の意欲を喚起して，懸命に経験の社会化に取り組んでいた。概念化は難
しかったが，その「手順」と「方法」を教えた。そして，この日，初めてふた
りで「いじめられ」経験を話題にした。すると本例は，卒論で過去のつらさに
直面化した結果，「あのいじめられがあったからこそ，今の成長がある」と認
知が変容していた。今が幸せであるがゆえに，過去の出来事の意味の読み替え
が起こったのである。本例はこの新鮮な実感を卒業論文の副題にした。

⑩自力による完成：本例は筆者の「人間は時に無理をしないと伸びない」と
いう言葉を胸に刻み，さらなる指導を求めず自力で概念化も試みて卒論を書き
上げた。さらに，あの頃苦しくても「学校に行き通した自分」，今「難題を解
決しえた自分」に「誇り」をもち，今後，何があろうと乗り越えていく「自
分」と「未来」への信頼を得た。

卒業の日，本例は熱く輝き，筆者との確かな目交の内に勤務地を告げ「先生，
来てください」と，幾分甘えた声で人懐っこい笑顔をほころばせた。実は「こ
の『人懐っこさ』が，人とのかかわりを誘発し，しつこい，あるいはうるさい

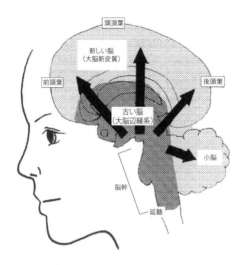

図5-1 「古い脳」と「新しい脳」（成田，2006，p.11 をもとに作成）

とうとまれ」（神田橋，2016），さらにそれが「気分の波」に左右され，日によって親し気，あるいは疎遠であると「気まぐれ」の印象を与え，いじめられの契機になることがある。だが「新生，坂井莉奈」は，既に再びいじめられても潰れない強靭さを手に入れていた。

　別れの時，筆者はこの年のゼミ生全員に「もし，職場の50人全員にいじめられたら，くるっと振り向いてごらん。そこには〈世界人口約72億人－50人〉の人々がいる。世界は広い。その人々と生きる道もある」の言葉を贈った。

3．「かかわり」の背景にある理論
　（以下，（　）内の数字は前述の「考察」における数字に対応している）
脳科学（①，②，③，⑤，⑥）
　昼行性の動物である人間にとって，日が昇ったら起きて働き，食べ，日が沈んだら寝る，という自然のリズムにそった生活が，「古い脳」を育てて「から

だ」の機能を調え，そのうえに「新しい脳」が育ち「心」が発達する（図5-1）。古い脳（脳幹・大脳辺縁系）は生命維持脳で，「生命」を守るための不安や恐怖の情動を生み出し，「新しい脳」（大脳新皮質）は論理脳で，生き残りの状況を判断し，安心を与える。ふたつの脳をつなぐのが，古い脳の脳幹に基地をもち，そこから広く「脳全体」に軸索を伸ばすセロトニン神経である（成田，2012）。しかし，本例の場合，4年間も不安に晒されたことで古い脳の危険回避に立ち往生して，もう「いじめはない」のに，新しい脳がその状況を論理的に認識できない状態にあると推察した。そこで本例を，古い脳の生存防衛から安全に引き出し，生きる意欲を喚起し，新しい脳につなぎ，高次機能により論理的に安全を確認することを目的として，以下を工夫した（第6章参照）。

　荒療治ではあったが，本例の危険回避は峠を越えているという自らの直感にしたがって，筆者はまず，①ゼミの教室を変更して，狭い研究室で人のぬくもり，愛情のこもった雰囲気，励ましの言葉が行きかう五感を通したあたたかな「ふれあい」の場を用意した。このような「ふれあい」は脳内物質のセロトニン神経を活性化する（有田・高橋，2012）。さらに，②規則正しい生活リズムを勧め，自然のリズムにそった生活で機能を整え，「平常心」と「意欲」を司るセロトニンの分泌を促した。とくにセロトニンの原料になるトリプトファンは体内でつくられないため，それを多く含み，摂取しやすいバナナと大豆製品を，吸収しやすいジュースにして摂ることを勧めた。他にはチーズ，ケール，アボカドなどがある（有田，2009）。③丹田呼吸法も同様の理由および自律神経の安定，からだのセルフコントロールの感覚を育む（村木，1984）ために加えた。さらに何を言っても拒否も排除もされない，すべてが受け入れられる心地よい関係の中で感情体験を分かち合うことでコミュニケーションが深まる場，つまり，⑤安心・安全の時空間を保障し，その中で，折に触れて筆者は，⑥時空間既移動の伝達，すなわち「いま・ここ」にいてもう「だいじょうぶ，だいじょうぶ」を伝え続けた。

精神分析医，神田橋條治の対話精神療法（④）

　④資質の読み取り：本稿で用いる「資質」は，個体の中で行動力よりも言語

力に優れる傾向にある「言語」の資質，行動力が言語他の資質に比べて長けている「運動（行動）」の資質，感覚でものごとを把握することに秀でる「感覚」の資質におおまかに分けられる。これは精神科医，神田橋條治の臨床の知恵であり，その見当をつけることにより援助の的確性が増し，発想が豊富に生産されることに最大の意味がある。資質が開花すると生命エネルギーが上がり，主体的，積極的な行動につながるという仮説を立てている。そして，筆者は，教育相談の要諦を「課題解決に資質を使うことが同時に資質の開花につながること，すなわち自己実現（資質の最大限の発揮等）に誘うこと」（井上・神田橋，2001，2004；井上，2014；Maslow, 1968，上田訳　1998）と考えている。本例は「運動（行動）の資質」と推察されたゆえ，からだを使うことで褒められる場面を多く設定するような環境調整を行ったところ，エネルギーの高まりが観察された。

健康心理学者マズローの自己実現（⑤,⑥,⑦,⑧,⑩）

　自己実現はマズロー（Maslow, 1970，小口訳　1987；Maslow, 1968，上田訳 1998）による概念である。マズローは，歴史上あるいは現存する偉大な人々の研究を通して，人は自己の「才能，資質を最大限に使用し開発したい」という自己実現への欲求を生まれながらにもっていることを発見し，それをゴーブル（Goble, 1970，小口監訳　1972）は「欲求5段階説」（図1-1，本書p.6）として図示した。

　本例は長期にわたるいじめられにより，学校における「欲求5段階説」第2段階「安全と安定の欲求」と第3段階「愛・所属集団への欲求」を阻害され，第4段階「自尊心への欲求」は引き下げられていた。だが，大学のゼミ集団において，①～③脳科学を基礎とした環境調整と，⑤安心・安全が保障された時空間の中で，⑥ありのままに受容され，⑦学生集団の教育力，すなわち相互のコミュニケーションにより与えられた言葉で，自己の「いじめられ物語」を再構成して現実認識が確かなものになり，からだと心の物語が「一致して」警戒態勢が解けて，第2，3段階の欲求が満たされたと考えられる。そして「いじめられ」からの脱出，⑧自分自身の体験世界の認識の発表と手ごたえ，卒業論文の⑩

自力による完成が自己信頼を築き,「ありのまま」を仲間や教員に受容され,尊重された経験によって第4段階の「自尊心」を回復し,自己実現の領域へとはしごをかける可能性が生じたと考えられる。

発達心理学者ヴィゴツキー, L. S. の発達理論（⑧, ⑨）

　ヴィゴツキー（Vygotsky, 1986, 柴田訳　2001）による発達の最近接領域は,子どもの思考の発達について「現下の水準」ではなく「明日の水準」（柴田, 2006）に向けて,成熟せんとする機能の開花を促すのが教授であるとする考えである。この発想を援用して筆者は,「生きる力」が蘇り,高次の脳機能が働きだし,過去の経験を意識的に再統合せんとする気配が察せられた本例に,⑧自分自身の体験世界の認識・体系化を開始させるべく発表を課した。テーマを「Vision Passion Mission」としたのは将来展望と使命を入れることで,本例における「自己存在」の創造と深化,すなわち自己実現を願ったからである。

　次に筆者は卒業論文作成にあたり,⑨「いじめ」現象の本質洞察を促進すべく,卒論のデータをともに睨み,概念化の方法を伝えた。翌日,本例は自力でやってみると申し出て,自力で完成させて提出し,高い評価を得,自信と誇りを手にした。そして本例は,心身ともにものごとに「直面化する」という新しい「生き方」を手に入れた。すなわち「教えるということは,何よりも新しい反応を確立し,新しい行動形式を形成することを意味する」のである。そしてこの心身ともに「直面化する」生き方は,本例のもともとのからだによる「運動（行動）の資質」がより洗練され,構造化された生き方なのであるといえよう。

第5章　大学生　*169*

事例II 「仮面浪人」——経験は実となり，のち花咲かす

> 大学受験の失敗による仮面浪人に苦悩していた女子青年が，「資質の開花」という言葉と出会い，「挑戦と達成する喜び」へ立ち戻り，成功体験を重ねることで自尊心が蘇り，挫折感と他者比較からの解放に至った事例を報告する。高く安定した自尊心は「他者受容」し「他者とともにある」視点を有し，「自己の真価」を志向する創造的な生き方を与える。長い自己探索こそが，青年の「自己実現」の端緒への導きであったのだと，本例が認識・体現化するまでの経過に沿い，コビィー博士の『7つの習慣』（Covey, 2004）および「理想自己」概念を取り上げて考察する。

1．事例概要

　岡田梨花の高校は進学校であった。同級生の大半が国立，有名私立大学への進学が決まる中，本例は女子大である筆者の勤務校に入学することになった。受験に失敗したという思いから，「悔しさと恥ずかしさでいっぱい」になり，現実を受け入れられず，「仮面浪人」の道を選んだ。「大学の講義は休まず単位も取得し，残りの時間をすべて受験勉強に費やした」。大学で友人ができてからも仮面浪人を隠していたが，裏切っていることがだんだん苦しくなってある日告白した。すると，友情が変わらぬどころか，友人は仮面浪人のつらさに共感して一緒に泣いてくれた。だが，岡田は一層つらくなり自分は「なぜこの大学ではだめなのか？」と自問自答し，心が引き裂かれる日々を送った。

　筆者は，1年次の岡田から，友人や教職科目の選択が理由で仮面浪人の決心が揺れていることを打ち明けられた折，「『自分が本当はどうしたいのか？本当は？本当は？』と聴いてごらん。どこにいようと心底したいことでないと信念を貫けないよ」と答えた。岡田はずっと泣いていた。帰り際，研究室のドアに

岡田を見送りながら，筆者は「たとえこの先会えないとしても，一緒に過ごした時間は永遠よ」と伝えた。このときから，この言葉は岡田の「頭から離れないものとなった」。そして「どうしても第一希望の大学に行きたい」という自らの心底の思いを再確認して，仮面浪人を続行した。

　大学1年次後期，岡田は，筆者の講義で「資質の開花」という言葉を聞いて，「心の中で感動し，『花を咲かせる』という言葉を使った教師が今までいなかったので，他の先生とは違う何かを感じた」。

　だが，早春の頃，花は咲かなかった。岡田にとって人生で初めての挫折であった。このとき岡田は，「悔しい」のと同時に，「無条件に応援してくれた両親，温かく受け入れてくれた大学の友人に申し訳なさでいっぱいだった。そして大学のブランドを気にしすぎていた自分が恥ずかしくなった。本当に大切なことは，自分がどういう目的をもって何をしたいのかということだ。『先生になりたい』。その真っ直ぐな思いを抱いて授業に臨む皆がかっこよかった。仮面浪人をしていた私には，目的などなく，ただブランド名しか求めていなかった」ことに気がついた。そして，悔しさの中で高校時代の恩師の言葉が思い出された。「諦めも大切である。諦めるとは，明らかに見極めることでもあるのだから」。そして，岡田は「明らかに見極めて」，第一志望の大学への思いを断念した。

　2年に進級した岡田は，「……一年分を取り戻したい……悔しさが離れず，段々と心に穴が空いた。……そんな自分を変えたい。充実した日々にしていきたい。小学校から高校まで充実していた私。過去の自分にあって，いまの自分にないものはなんだろう……？それは，挑戦と仲間と何かを達成する喜びであった。挑戦してこそ本来の自分を取り戻せる」と心に決めた。岡田は，まず本学に，ある国際貢献の支部を立ち上げ目的を掲げて達成し，次に小学校英語指導者，秘書検定などいくつかの資格取得に挑戦し「それに向かって励むことで毎日が刺激的になり，さらに達成できるとどんどん自分に自信をもつことができた」。海外インターンシップ，東北復興支援のボランティアにも参加した。「あの震災の日から，自分自身のことで精一杯で何もできていないことに気が

ついた」からである。この頃，岡田は自らの行動を「挫折を経験して原点へ戻った」と認識していた。

3年次，岡田は筆者のゼミを希望し，「安心感」に包まれてゼミ生皆が自己開示するあたたかな空間に浸り，ゼミは「自然と思っていることを言え，涙をこぼせる場であった」。「この大学の人はみなあたたかい心を持ち合わせ，自分をしっかり持っているし，目の前のことに一生懸命である」と感じて誇らしかった。

4年次の就職活動中に恋人ができ，ふたりで励まし合って希望した企業の合格切符を手にした。そして卒業論文作成で『7つの習慣』（Covey，2004，フランクリン・コビィー・ジャパン訳　2015）を取り上げた。それは，コビィー，S. R. 博士が「成功」の土台は「人格」であるとして，「行動の裏に深いレベルでの誠実と廉潔がなければ成功はありえない」（Covey，1998　フランクリン・コビィー・ジャパン訳，2014）と説き，そこに至るための「7つの習慣」と「成功した人物」を示したものである。岡田は，中学時代に塾の授業でこれを知り，成功した人は共通して「努力」していることに気づき，志望高校受験に合格するには「努力するしかない」と背中を後押ししてもらって成功した。その後，しばらく忘れていたが，卒論作成にあたり改めて読み返し，「なりたい自分になる本である」と気づき，「なりたい自分」すなわち心理学の「理想自己」に興味を抱いて，「女子大学生が思い描く理想自己」を卒論研究のテーマにすることに決めた。そして，理想自己を志向する重要な要素として「あきらめない」こと，および理想実現への「習慣」化を抽出し，また，自尊心得点の高低による理想自己の形成要因の違いも明らかにした。高群は自己を確立しており，他者を「受容」し「ともに」理想を実現しようとし，低群は他者と「向き合い」不足を補おうと努力する傾向があることがわかった。いずれの群においても理想自己の形成に影響を与えているのは「教師」であり，「自己を育てよう」とする意識が共通していた（岡田，2016）。

卒論作成中のある日，筆者はふと岡田に，研究室の棚にあった『置かれた場所で咲きなさい』（渡辺，2012）という小さな本を手渡した。著者の渡辺和子

氏はカトリックのシスターで，若くして大学学長となり，艱難辛苦を乗り越え
て理想を実現した人である。岡田はこの本の内容が自らの「大学生活と結びつ
き，共感することが多々ある」と感じ，「私の中で大切な本になった」と言う。
以下，「もうひとつの卒業論文」から渡辺（2012）の引用部分（〈　〉内）とと
もに抜粋する。

〈人生にポッカリ開いた穴からこれまで見えなかったものが見えてくる。思わ
ぬ不幸や出来事の失敗から，本当に大切なことに気づくことがある。〉（p.76）
　「仮面浪人をした失敗から見えてきたものは自分の変なプライドや周りへの
感謝の気持ち。その経験をしなければ見えなかったことだ」
〈どんなところに置かれても花を咲かせる心を持ち続けよう。境遇を選ぶこと
はできないが，生き方を選ぶことはできる。「現在」というかけがえのない時
間を精一杯生きよう。〉（p.15）
　「『花を咲かせる』私の好きな言葉である。しかし，入学したての頃は『置か
れたところで』という概念がなかった。24時間，平等に与えられた時間の中
でいかに精一杯自分らしく生きていけるかが大事である」
〈咲くということは，仕方がないと諦めることではありません。それは自分が
笑顔で生き，周囲の人々も幸せにすることによって，神が，あなたをここにお
植えになったのは間違いでなかったと，証明することなのです。〉（p.12）
　「この文を読んだとき，私は咲くことができたと実感できた。日本女子大学
で過ごした日々は間違いではなかったと思うことができたからだ。私の4年間
は，自己と向き合い，自己を成長させた。そして，多くの人に支えられながら
生きていることを実感できた」

　そして「もうひとつの卒業論文」は以下の言葉で締めくくられていた。

　「置かれた場所で自分だけの花を咲かせ続けよう。
　この言葉を胸に，わたしは生きていく」。

2．考察

　本例は１年次に，教職科目の履修や仮面浪人で悩み，筆者の研究室を訪ねて
くれた。受験の失敗を仮面浪人で取り戻そうとしている最中，思いがけず純朴
でやさしい友人に巡り合い，決心が乱れて，語るあいだじゅう泣いていた。筆
者は耳を傾け，以下のようにかかわった。

　①自分に正直に生きることの勧め：進路を迷っていた本例に，「本当はどうし
たいのか？本当は？本当は？」と問い，自分に正直に生きること。そうでない
と何事もやり遂げて納得することは難しいことを伝えた。

　②人としての価値の伝達：たとえ筆者の勤務校の学生でなくなっても，本例
は人として絶対的に大切な存在であるがゆえに，「出会いは永遠である」こと
を伝えた。本例はこの言葉が「頭から離れないものになった」という。「言葉
で描写されたものには保続性がある」（神田橋，1995）がゆえに，言葉には，
目の前にいなくても人を支え導く力がある。本例の高校時代の恩師の言葉「諦
めるとは，明らかに見極めることである」がその適例である。

　翌年，筆者は講義で，２年に進級した本例を見かけ，仮面浪人での受験の
失敗を知った。だが，本例からその結果を聞くことはなかった。「もうひとつ
の卒業論文」によれば，この時期，本例は次々に行動を起こし，成功するたび
に「自信」をつけ，同時に，自己の内面に光をあてて「気づき」や「変容」
に実感に裏打ちされた言葉を与えていった。そうすると肯定的な自己認識が増
え，自己評価が高まり，ぽっかり空いた心の「穴」が埋まっていった。すなわ
ち，本例の「行動と言語」の資質の面目躍如である。そのあり様を本例は「原
点に戻った」と了解した。このことは，危機脱出のために資質が発動して対処
することが根源的であることを示唆している。さらに，「失敗がなかったら挑
戦しなかった」がゆえに，その経験は本例の資質が伸びる機会にもなった。こ
うして本例は，２年次の１年間，自分で自分を支え，勇気づけ，自らの力で２
度の失敗を乗り越えたのである。高校まで成功体験を積み，高く安定した自尊
心を形成していた本例は，失敗による痛手を被ったが，過去の成功の方法を検
索して実行することで，比較的早期にある程度蘇ることができたと考えられる。

3年になった本例は，筆者のゼミを希望した。入ゼミの理由は，1年次の，筆者の面談における「出会いは永遠である」，さらに講義における「資質の開花」の言葉であった。だが，筆者はこの頃の本例から，そこはかとなく不幸せな印象を受けていた。

　③見守り：しかしやがて本例は，ゼミで安心して友人たちの深い言葉に心震わせ，他者を尊重する場の中で，自分らしさを開き示していった。ゆえに，筆者は本例を気にかけてはいたが，手は出さなかった。

　④資質の読み取り：ゼミ内での発表を聞いて，筆者は本例の資質を「言語優位」で「思考力」にも長けていると察知した。本例は両親，恋人，友人などの「重要な他者」（Sullivan, 1968, 中井他訳　1990）たちの愛情に恵まれているので，筆者は，薄紙ほどの情で包みながら「問いを触発する言葉」を語り，ゼミの指導としては，本例の言葉の表現の巧さと論理的展開を取り上げて褒め，また感嘆して，資質が一層伸びるように導くことを心がけた。

　最上級生となったある日，本例は，開いたばかりの春の花のように輝いて座っていた。恋人の出現である。それを言い当てた筆者に，本例は，時折，恋人との小さなエピソードを恥ずかしそうに話してくれた。そして，恋人と支え合い，厳しい就職戦線を闘い抜いてともに希望した企業に就職を決めた。

　⑤「自尊心」の視点の提示：本例は，『7つの習慣』（Covey, 2004, フランクリン・コビィー・ジャパン訳, 2015）に触発されて「理想自己」について卒業論文を書くことにした。筆者が「理想自己の追求はあなた自身の問題だね」と伝えると本例はまっすぐに筆者を見つめ，その瞳が，仮面浪人で受験に失敗したとき「大切なのは自分がどういう目的をもって何をしたいのか」だと気づき，理想の実現であり他者比較ではないことを承知している，と語っているように感じた。

　卒業論文を独力で書き上げる力のある学生だが，筆者はひとつだけ提案をした。自尊心得点の高低による違いの視点を入れることである。結果的に本例は，自尊心が高い群は，低い群にはない「他者受容」および「他者とともに」という視点があることを明らかにした。卒論全般の研究成果は，「理想」を追い続

けようとする本例自身の生き方の指針になり、「理想自己」は本例の未来の青写真となった。

⑥体験世界の認識・体系化：4年の秋、受験にまつわる痛みは本例の歴史の一部になりつつあったので、1年生に向けて、大学4年間の総括と将来展望を「Vision Passion Mission」と題して発表することを提案した。1年生25名は受験に心残りがある者が多く、本例が「仮面浪人」の言葉を発した瞬間、受講生のあいだに緊張が走りほぼ全員がレジュメから顔を上げた。そして発表が終わるまで彼女たちは、くいいるように本例を見つめていた。その瞳に宿っていたのは当初「敗者か」という思いのようであったが、本例はその受講者たちに堂々と対峙し、最後に「本当に大切なことは、自分がどういう目的をもって何をしたいのかです」と語った。その姿が、あまりに清廉であったためか、いつのまにか1年生の雰囲気は本例に対する敬意に変わっていた。Mission の課題を追求する過程で、本例も受講生も、人生と使命は一人ひとり異なるもので、他者比較とは無縁のものだという認識を深める契機になったように思われた。

⑦本の提示：卒論作成中のある日、筆者はふと研究室の本棚にあった『置かれた場所で咲きなさい』（渡辺，2012）を本例に手渡した。これは本例の経験と重なるところが多く、後にこの本は本例にとって「私の中で大切な本になった」。そして、「……私は咲くことができたと実感できた。日本女子大学で過ごした日々は間違いではなかったと思うことができたからだ。私の4年間は、自己と向き合い、自己を成長させた。そして、多くの人に支えられながら生きていることを実感できた」。すなわちこの瞬間、本例は偏差値による「他者比較」を乗り越えたばかりでなく、実はすでに自らの花が咲いていたことに気がついたのである。さらに「他者とともに生きてきた」ことも「からだ」で了解した。そして、「置かれた場所で自分だけの花を咲かせ続けよう」と決意し、唯一無二の「自己」の人生を創造する方向へ確かな一歩を踏み出したといえよう。

筆者は、本例におけるこの精神的成長の流露を知らなかったが、この年の卒業生全員との別れ間際に「花よりも花を咲かせる土になれ」の言葉[註3]を贈

った。

　本例の卒業論文の最後に「先生の笑顔から感じられる安心感には，1年生の時から密かに支えられておりました」とあった。花を咲かせる「土」とは，「安心感」のことである，と岡田梨花に教えられた。

3．「かかわり」の背景にある「理論」と「技」
（以下，（　）内の数字は考察の数字に対応している）
日本女子大学創立者，成瀬仁蔵の教育理念　（①,⑥）

　筆者が本例と出会ったとき，本例は仮面浪人により他大学を目指していた。しかし，1年次のそのときは本学の学生であったから，筆者は教員として，「三綱領」で表される本学の教育理念の根幹を伝える必要があると判断した。三綱領とは，「信念徹底」：自らの根底にある自発的精神を徹底して発展させること。自分は何者で，いかに生きるかを追求し，その理想を貫くこと。「自発創生」：人格の価値は個々の個性や才能・資質の主体的発現によって自己創造すること。「共同奉仕」：自他の人格尊重の上に相互献身的な共同社会をめざすこと，である。このうち，「信念徹底」が「人格形成の根本」であり，かつ，本例のテーマでもあった。ゆえに，①自分に正直に生きることの勧め，自らの心の底に降り立ち，自己を見つめ，純粋に生きることを伝えた。

　さらに，この年，筆者は「教育とは知識を詰め込み，試験を通り，学位という肩書を得て社会で地位を高めるという虚栄心のためのものではない。本学の教育は『人間たる立派な品性を養うためである』」（成瀬，1976 より筆者要約）および「天職」^{（註4）}など，本学創立者の教育思想を，例年より心して，講義とゼミで伝えていった。すなわち，「教育基本法第一条：教育の目的」の冒頭にありながら，いまだに等閑視されている「人格の完成」という教育の根本問題に立ち入っていったのである。

精神分析医，神田橋條治の対話精神療法（④）

　本例の資質は「言語優位」で「思考力」も長けていると，④資質を読み取り，ゼミの発表でその資質に本例自身が気づき，自らが主体となって伸ばそうとす

るよう言葉かけを行った 。このことも本例の「もうひとつの卒業論文」の最後，「置かれた場所で自分だけの花を咲かせ続けよう。この言葉を胸に，わたしは生きていく」に収斂していったのであればありがたいと思う。

感応・啐啄同時（⑥，⑦）

　本例は，「小学校の頃から努力して成功してきた経験から『努力は成功という花を咲かす』が大切な言葉であった。中学時代，今年の目標を漢字一字で表す授業があり，迷わず『花』と書いた」という。筆者は講義で「資質の開花」を唱え，ふと『置かれた場所で咲きなさい』を手渡して，本例の花が咲くようにかかわり，さらに別れに際して，導く者は「花よりも花を咲かせる土になれ」の言葉を贈った。これらはすべて，「花」が本例の成長のキーワードであることを知らずに伝えてきた内容である。言葉のない世界での共振（感応）が起こっていたといえよう（井上，2014）。やがて本例は，偏差値による「他者比較」を乗り越え，「置かれた場所で自分だけの花を咲かせ続けよう」と決意し，唯一無二の「自己」の人生を創造する方向へ一歩を踏み出した。だが，その花は一輪で咲いているのではない。置かれた花壇で，他者たちと「ともに」百花繚乱の花々が風に揺れていることも実感した。本例は，自尊心の高さを取り戻し，卒業論文で，自尊心の高い群は他者を「受容」し「ともに」ある視点を有していることを実証した。自尊心はまさに「自己実現」の必須要因なのである。

マズローの自己実現

　本例は，マズローの「欲求5段階説」（図1-1，本書p.6）における第1段階から第4段階（「他者からの尊敬による自尊心」）までを達成していた。また，自分でも学業的に努力し，その努力は高校までは報われ，成功体験を積み自尊心を得ていた。その後，大学受験で挫折を経験したが，再び周囲の友人や恋人から尊重され，――「どんなことがあってもあなたは自分たちにとって大切な存在である」――自らも行為することによって自らを知り，他者とともに「生きている」ことを存在まるごとで掴んだ。

　そして，⑥体験世界を認識・体系化して，1年生を対象に発表し，他者比較か

ら解放された自由で主体的な生き方を示した。今回の本例の体験の一部に，自尊心の低下からの蘇りがあった。そこで筆者は，卒業論文において，⑤「自尊心」の視点を提示し，本例が高い自尊心と低い自尊心，両方を経験して蘇った歴史と，両者の「違い」の実証を，論文の一部に入れることを勧めた。そして，真の意味での人生の成功者としての「自己意識」を得て，自己実現のはしごに脚をかけたと思われる。その彼方にあるのは，本例の内なる無限の「潜在力の発露」であり「完成への志向」であり「喜び」である。

最後に，本例が卒業論文（岡田，2016）の「おわりに」に，コヴィー博士の『完訳7つの習慣』（Covey，2004，フランクリン・コビィー・ジャパン訳 2015）から引用したアリストテレスの言葉を載せておきたい。

「人格は繰り返し行うことの集大成である。

　　　それ故，秀でるためには，一度の行動ではなく習慣が必要である」。

「思いの種を蒔き，行動を刈り取る。行動の種を蒔き，習慣を刈り取る。

　　　習慣の種を蒔き，人格を刈り取る。人格の種を蒔き，運命を刈り取る」。

そして，ここでの人格とは先に示したように，「行動の裏に深いレベルでの誠実と廉潔があることなのである」（Covey，1998，フランクリン・コビィー・ジャパン訳　2014）。

以上が教育と相談が綯い交ぜになったかかわり，すなわち，主体性に寄り添いながら，資質開花を促し，「機が熟し」，「時満ちる」のを待ち，「啐啄同時」で，「孵化」の瞬間をともにする教育実践である（井上，2014）。

「啐啄同時」とは，禅の語で「孵化の時，中の雛と外の母鶏とが相応じて殻を破る。師弟の心機統合の譬え」（巻第一第七則）である（入矢他訳注，1992）。

全体の考察

本章では，青年期の大学生2名の成長過程を見てきた。ここでふたつの事例を振り返り，大学で教師が行う「教育相談」の特徴と可能性を検討する。

1．講義

成長の契機：事例Ⅰ・Ⅱとも講義に変容のきっかけがあった。事例Ⅰは，講義を受講することで自らが直面化すべき「課題の再確認」をし，課題解決の「意欲の喚起」が起こった。「花」という言葉が成長のキーワードであった事例Ⅱは，講義での「資質の開花」が琴線に触れた。それは，個人内の「資質の開花」の内実は，他者比較からの解放であることを，本例の無意識が察知していた可能性があろう。本例の「他の先生とは違う何かを感じた」がその根拠である。

主体性：事例Ⅰ，Ⅱとも，講義により，意識的，無意識的に成長への主体性を引き出されていた。

講義内容の共有：「資質の開花」「信念徹底」「天職」「いじめる側の心理」など，教育相談の前に共通の項目を共有し，それは説明の必要なく学生と教師間で了解されていた。

2．ゼミ

集団教育力：ゼミ全体のあたたかな空間の中で，仲間相互の無防備な自己開示と涙の共有，心情の響き合いがあった。それには「自分自身と向き合うこと」を恐れぬばかりか，その前進を鼓舞する働きがあった。その前提として，入ゼミは**主体的選択**であり，ゼミ生に，共感性の高さ，潜在的成長欲求の大きさ，共通する学問の志向性があると考えられる。

時間空間的環境：1ゼミ10名ほどの少人数が，小さな研究室で，ほとんど時間制限なく，徹底して対話でき仲間意識が高まりやすい。

3．卒業論文作成

課題の自由選択：自ら直面化すべき課題を選び，**直面化**：その課題を正面に据え置き，内省，洞察，理解，受容して，苦悩しながら，さらにそれを，**経験の社会化**：すなわち言語化，抽象化して他者と共有するのである。

大学においては，以上の特徴を十全に生かし，教育と相談が綯い交ぜになっ

たかかわりをすることによって，学生の自己実現を応援することができるといえよう。

おわりに

　ふたりの女子青年（大学生）の，ひたむきな「生き様」を追った。事例Ｉは，「いじめられ」を経験し，その後遺症に苦しんだが，思いやり溢れる友情に恵まれて「安心」を得て内なる知恵への接近が可能になり，「生きる力」が蘇り，「真正面から向き合う」という新たな「生き方」を身につけ，「新しい自分」を創造し始めた。事例Ⅱは，大学受験と仮面浪人の挫折を経験したが，自分で自分の「秘められた力」を引き出しながら，尊敬できる友人とかけがえのない恋人に出会い，他者比較ではない「自己の真価を求め続ける」という新たな「生き方」を身につけ，「新しい自分」を創造し始めた。

　すなわち自己実現に導く「教育相談」は，種を発芽させる土，つまり「安心感」で包み，資質を見極め，その資質が膨むように環境を調えてかかわりながら，主体的に成長し続けるのを保障することである。

ふたりのその後

　以下は，上記の文章ができたところで，ふたりに公表許可の再確認，文章修正（削除，加筆）依頼，氏名の検討（実名，仮名）などを依頼した折に返信された感想である。許可を得て記す。

事例Ｉ：坂井莉奈（卒業２カ月後）

　「……ゼミ当時は，モヤモヤが募り根っこばかりが張っている状態でしたが，いまは本当にスッキリしています。大学時代に，と言ってもほんとつい最近まで大学生だったのですが，今のスッキリした状態や辛いことがあっても乗り越えられる力が出てくるのは，大学生の時の学びがあったからこそ，自分を信じる力が生まれたからこそだと改めて感じました。以前よりもだいぶ短期間で復活できるようになりました！これからも雑草魂で頑張ります！　りな」

第５章　大学生　*181*

事例Ⅱ：岡田梨花（卒業5カ月後）

「『花よりも花を咲かせる土になれ』この言葉を新入社員の決意表明に書きました。対お客様を相手にする業種のため，これがしっくりきたのです。素敵な言葉を贈ってくださった井上先生に感謝です。

現在は，『置かれた場所で咲きなさい』という言葉通り，『与えられた場所でいかに自分らしくいられるか』『自分をどう発揮できるか』を考えながら，充実した日々を過ごしています。

この言葉が自分を支えているといっても過言ではありません。日本女子大学で過ごした4年間は間違いなく，私を成長させました。日本女子大学に出会えたこと，ゼミ生と出会えたこと，そして井上先生と出会えたことを誇りに思い，今後もこの出会いを大切にしながら過ごしていきたいと思います。」

註

1　梶田叡一先生（桃山学院教育大学学長）のお導きである。いつのまにか「自分が育てられたように，学生を育てている」と気づくことが多い。

2　湊　晶子先生（広島女学院大学学長，元東京女子大学学長）のお導きである。先生からは常に「大局からものを見ること」を教えていただいている。

3　星稜高校野球部山下智茂監督（松下，2003，p.189）のお言葉である。

4　「天職に生きる」（『成瀬仁蔵著作集　第一巻』1974，p.504）

　　吾目的は吾天職を終るにあり。

　　吾天職は婦人を高め徳に進ませ，力と知識練達を与え，

　　アイデアルホームを造らせ人情を敦し，国を富し，

　　家を富し，人を幸せにし，病より貧より掬ひ，

　　永遠の生命を得させ，

　　罪を亡ぼし，理想的社会を造るにあり。

文献

有田秀穂　2009　「うつの脳にセロトニンが効く！」『栄養と料理』75巻4号　女子栄養大学
　出版部　p.98

有田秀穂・高橋玄朴　2012　『セロトニン呼吸法——心も脳も整える！』青春出版社　pp.35-38, pp.83-84

Covey, S.　1998　*The 7 Habits of Highly Effective Teens* Touchstone（フランクリン・コヴィー・ジャパン 訳　2014　『７つの習慣ティーンズ リニューアル版』キングベアー出版　p.23）

Covey, S. R.　2004　*The 7 Habits of Highly Effective People: Powerful Lessons in Personal Change* Simon & Schuster（フランクリン・コヴィー・ジャパン 訳　2015　『完訳７つの習慣——人格主義の回復』キングベアー出版　p.47）

Goble, F. G.　1970　*The Third Force : The Psychology of Abraham Maslow.* Grossman Publishers Inc.（小口忠彦 監訳　1972　『マズローの心理学』　産業能率短期大学出版部　p.83）

井上信子 著・神田橋條治 対話　2001　『対話の技——資質に寄り添う心理援助』新曜社　pp.5-11, p.19

井上信子 著・神田橋條治 対話　2004　『対話の世界——心理臨床から「いのちの教育」へ』新曜社　p.20, p.27, p.209, p.234

井上信子 編著　2014　『対話の調——ゆきめぐる「かかわり」の響き』新曜社　pp.189-191

入矢義高・溝口雄三・末木文美士・伊藤文生 訳注　1992　『碧巌録　上』岩波文庫　pp.122-123

神田橋條治　1993　『治療のこころ　巻5』花クリニック　神田橋研究会　pp.67-68

神田橋條治　2016　私的な対話

前田　博　1970　『教育基礎論』明治図書出版　pp.7-11

Maslow, A. H.　1968　*Toward a Psychology of Being.* Van Nostrand Reinhold Company Inc.（上田吉一 訳　1998　『完全なる人間——魂のめざすもの』第2版　誠信書房）

Maslow, A. H.　1970　*Motivation and Personality.* Harper＆Row, second edition.（小口忠彦 訳　1987　『人間性の心理学——モティベーションとパーソナリティ』改訂新版　産業能率大学出版部　pp.221-272）

松下茂典　2003　『心が変われば——山下智茂・松井秀喜を創った男』朝日新聞社出版　p.189

村木弘昌　1984　『丹田呼吸健康法』改訂版　創元社　pp.8-11, pp.128-129

成田奈緒子　2012　『早起きリズムで脳を育てる——脳・こころ・からだの正三角形』芽ばえ社　p.16, pp.22-24, pp.40-41

成瀬仁蔵著作集委員会 編　1974　『成瀬仁蔵著作集　第一巻』p. 504

成瀬仁蔵著作集委員会 編　1976　『成瀬仁蔵著作集　第二巻』pp.660-662

岡田梨花　2016　「女子大学生が思い描く理想自己——志向と随伴するもの」日本女子大学教育学科2016年度卒業論文　p.1, p.32

Rogers, C. R.　1970　*Carl Rogers on Encounter Groups*. Harper & Row.（畠瀬稔・畠瀬直子 訳
　　1982　『エンカウンター・グループ——人間信頼の原点を求めて』創元社）
柴田義松　2006　『ヴィゴツキー入門』寺子屋新書20　子どもの未来社　p.25
Sullivan, H. S.　1968　*The Interpersonal Theory of Psychiatry*. W.W. Norton & Co. Inc.（中井久
　　夫・宮崎隆吉・高木敬三・鑪幹八郎 共訳　1990　『精神医学は対人関係論である』みすず
　　書房　pp.40-41, pp.278-290）
Vygotsky, L. S.　1986　*Thought and Language*. MIT Press.（柴田義松 訳　2001　『新訳版　思
　　考と言語』新読書社）
渡辺和子　2012　『置かれた場所で咲きなさい』幻冬舎　p.76, p.15, p.12

謝辞

　実名での公表に，青年期を生き抜いた証を見ました。これからも一つひとつ確かに積み上
げて，どっしりとした存在になってください。ほんものは静かなものです。ありがとうござ
いました。

コラム　ゼミ集団の相互教育力による教育と相談

　大学におけるゼミという集団の相互教育力による「教育と相談」について，ひとりの学生の「手記」を引用して述べたい。

　本学生は，仲間との語り合いの中で自己のテーマに接近し，解決して卒業論文として完成させ，さらにその過程でリーダーシップの資質を高めていった。

＊　　＊　　＊　　＊　　＊

手記　「育ちあい」　齋藤果織（2014・15年度井上ゼミ ゼミ長・公立小学校教諭）

　2014年。大学3年ゼミの前期。『対話の調』（井上，2014）を読んできて語る，それがゼミの課題だった。「語るとは何か」，何もわからないまま，それは始まった。はじめは，ただ感想を伝え合っていたが，しだいに自分のエピソードを重ねるようになった。いじめられ経験のこと，亡くなった同級生のこと，家族のこと，自分の身体のこと…だんだんと出会う前の仲間の姿が見えてきた。そして，話を聞くうちに涙が流れる日もあった。「私も…」という共感の涙だった。それと同時に，ずっと胸の奥底に押し込めてきたものが，ぐーっと一気に押し出されてきた。ばくばくと鼓動が激しくなり，ぎゅーっと胸が締め付けられた。

　私の本棚にある『対話の調』は，マーカーがついているところと，付箋がついたままになっているところがある。自分を重ね，痛みを覚えた箇所だった。

　幼稚園から高校生まで，私はずっと負けないこと，失敗しないことにこだわってきた。そのための努力は惜しまなかった。運がいいことに，その努力のほとんどが報われてきた。しかし，大学受験は希望通りにはならなかった。毎日泣いた。努力が足りなかったと自分を責めた。3月半ば，高校の卒業式の前日まで，合格した大学に進学するか，浪人するか，決められなかった。結局，来年どの大学も受からなかったら…という不安に押し潰され，進学を選んだ。仮面浪人という手もあるじゃないかという気持ちもあった。しばらくは通学電車の中で英単語帳を開いていたし，赤本も捨てられなかった。冬には受験をする気でいた。しかし，

願書は出さなかった。落ちる不安に耐えられなくなり，逃げ出したのだ。

このことを思い出させたのは，ゼミの仲間だった。彼女とは1年生のころから面識があり，彼女が仮面浪人をしようとしていたことも何となく知っていたが，本当に受験したのかは知らないままゼミが一緒になった。ゼミ生が過去を語るようになっていたある日，彼女は自分の仮面浪人のことを話した（本書第5章〈事例Ⅱ〉岡田梨花）。仮面浪人から逃げ出した私にとって，彼女の話は衝撃的だった。言葉にしたらもっと辛くなる，だから私なら言えない，そう思いながら聞いていた。堂々と話す姿が不思議でならなかった。

不思議なほど落ち着いて自分の過去を話した仲間もいる。彼女は，いじめられ経験を語った。話の後，「話せるということは，もう乗り越えているんだね」と井上先生が彼女を見つめながら声をかけた。

その一言は私の胸の中をざわつかせた。私は乗り越えられていない。その頃から，私は何を乗り越えなければならないのか，と自問自答するようになった。

2015年。大学3年の2月。春休み中に卒論のテーマを決め，「先行研究概観」を書いてくるという課題が課された。提出期限が迫る3月末，思いつく言葉を絞り出すようにして，その中の一つだった「叱られ」をテーマに設定した。

2015年4月。大学4年生。進路決定に向けた決起会。「先行研究概観」の課題を提出し，卒論のことは一時的に忘れることにした。進路決定を優先し，「自分の夢を切り拓こう」と誓い合った。それから3カ月間は自分との闘い。就活や教員採用試験面接に向けた自己PRを考えていると，自分の弱点ばかりが浮き彫りになる日々。皆「不安」と「孤独」に何度も押し潰されそうになった。

7月末。進路が決定した人，まだ最終結果が出ていない人，方向転換した人…必死に自分と向き合ってきた皆の顔は少し凛々しかった。特に印象が変わったのは，ほんわか，まったりという言葉が似合う仲間だった。就活を終えて希望職の内定を得た彼女と会ったとき，背筋をピンと伸ばしてキリッとした表情で話す姿に驚いた。そして，「今日からは卒論に切り替えよう」とゼミ生皆で2度目の誓いを交わした。

9月中旬。3，4年生合同ゼミ合宿。一人1時間，卒論のテーマ設定はよいか，調査の質問内容はよいか，朝から晩まで卒論。必死に考えてきたつもりだったが，自分の卒論は全然だめ…テーマから白紙に戻った仲間もいた。しかし，これほどたくさんの意見を出し合ったゼミは初めてで，充実感を覚えた。

　テーマ設定から白紙に戻して考え始めた一人が，就活で強い女性の雰囲気を身につけた彼女だった。キーワードは，「母親」「愛情」。将来は専業主婦になって温かい家族を作りたいとよく話していた彼女は，「母親は子どもにどのように接したらよいのか」を考えたいと言った。だが，井上先生は「それが真のテーマ？」と問いを置き「違うような気がする」と首を傾げた。しばらくして，彼女のキーワードが「母子関係」であり，真のテーマは，母から子へ，そして，子から母への双方向の関わり方にあることがわかった。自分を見つめ続けて「真のテーマ」に辿り着いた彼女は，就活後のかっこいい雰囲気を身にまといながら，ものすごい勢いで卒論を書き進めた。卒論のテーマが，その人自身の課題なのだと気づかされた出来事だった。確かに，仮面浪人の経験をした彼女は「理想自己」，いじめられ経験のある彼女は「いじめられ」をテーマにしていた。私の卒論テーマは「叱られの内省」。この卒論テーマを選んだ意味を考え始めた。

　9月末からゼミを希望制にした。質問がある人だけがゼミ室に集まり，討議をし合う。質問がない人は欠席し，個人的に卒論の研究を進めることにした。自分の時間を優先して卒論と向き合うほうがよいと考えてのことだったが，毎週ほぼ全員が集まった。不安に押し潰されないために，自分以外の視点からの意見を欲した。そこで得られる「安心感」は，自由な時間がなくなる不安を凌ぐものだった。ゼミ合宿で意見を出し合い，ともに闘ってくれる仲間がいると気づいていたからだった。

　「集まる」ことに安心感を抱く仲間がいる一方で，顔を合わせなくなった仲間が心配でならなかった。週1回のゼミに集まる少しの余裕もなく，何を解決すればよいか見通しが見えない不安な日々を送っているのだろうと予想できた。そういうときは私から連絡を取った。

ゼミ生全員にLINEのグループトークで進捗状況を聞く。進みの早い一人が一番に返事をくれ，「さすが！私はまだまだ……」と私や2，3人が返す。そして，スリル満点でやりきる一人が「実はこんなところで止まっていて…まずいよね？」と遅れて登場し，「それではだめだ！」とお尻を叩く，というのがお決まりのパターンだった。彼女に喝を入れる様子を他の仲間たちも読んでいるだろうと見越して。そうすると，「意見がほしい」という助けを求める声を引き出せた。全員に問うもよし，個人的に連絡するもよし，聞きやすい者同士で連絡を取った。それぞれが連絡を取り合うと間接的につながり，皆の様子がわかってくる。噂で困っていると聞いたら，私から連絡した。何に悩んでいるのか混乱しているときには，「分析方法をどうするかということ？それとも，表にするか図にするかみたいなまとめ方で悩んでいるの？」などと選択肢を設けて質問し，回答に迷わないようにした。また，やるべきことを順序立てて確認した。頭の中を整理する手伝いが必要だと思った。そのためには，私自身は一歩先に進み，自分が同じ悩みを解決しておく必要があったが，私自身が集中すると突き進んでいくタイプだったことが幸いし，むしろ，私にとっては研究を振り返る機会に恵まれた。

　助け舟を出すときに，二つだけ私自身の中で決めていたことがある。一つは，彼女たちがなぜ悩み，立ち止まっているのか配慮すること，もう一つは，助けの手は差し伸べるけれど最終的には自己決定を促すことだった。

　前者は，一人ひとりの性格と人間関係が大きくかかわるデリケートな問題だった。じっくりと時間をかけて一つの言葉を咀嚼（そしゃく）しながら卒論を書く仲間は，相談をするためにメールを打つのもきっと時間がかかるだろう…それならばこちらから電話をして直接聞いた方がよい。「電話してもいい？」と都合をきいて，LINEの既読マークがつくものの，返事がない。きっと迷っているのだろうと判断し，強引にこちらから電話をかけた。「ごめんね。せっかちで……」と私のせいにして電話を繋ぐと，予想通り「ちょうど悩んでいたところだったから」と不安そうな声が返ってきたことがあった。また，可憐な印象の持ち主の仲間は，不器用さがあるために「助けて！」が言い出しにくいのかもしれない…それならばやは

りこちらからと思い，電話をしたり LINE でメッセージを送ったりしたことがある。12月の追い込みの時期だった。連絡を取ると，必ず「ごめんね」と何度も謝られたが，その言葉には触れずに研究のことだけを話した。「いやいや，お互いさま」「そんなことないよ」などという言葉は彼女を余計に苦しませると思った。彼女には特に「助ける」という印象を与えないようにしたかった。

　後者は，自分で決めなければ最後まで書き上げられないだろうと思ったからだった。人からアドバイスをもらっても最終的に書くのは自分，いくら良い意見をもらって書いてみても，あくまで他人の言葉を借りてきたにすぎず，うまく説明できない壁にあたる。自分の卒論でよくわかっていた。助けの言葉の最後に，「自分が一番納得できる方法を選んで」といつも伝えた。

　12月中旬，井上先生から仲間の一人（本書第5章〈事例Ⅰ〉坂井莉奈）にメールが届いた。卒論の添削指導を増やすかと聞かれた彼女が「いえ，自分でやります」と答えたことに対してだった。「人間は，ときに無理をしないと伸びない……みなが誇りと自立を獲得してほしいと願っている」と書かれていた。

　1月4日。卒論提出日が3日後に迫っていた。気になっていた二人に連絡を取ると，「6日には印刷をするよ……中身が全然（泣）でも，自力で出来るところまではやるつもり」「あとは穴をあけて綴じるだけ」などと返ってきた。彼女たちの本当の強さが見えたような気がした。もう大丈夫，そう思った。

　また，たった一度だけ，じっくりタイプの彼女がゼミでいつも一番に突き進む仲間の意見にその場で反論したことがあった。全員が驚いた。彼女が人前で話すことに苦手意識を持っていると知っていたからだった。今思えば，彼女が誇りも自立も獲得したことがよくわかる出来事だった。彼女は卒論を通して自分の課題と向き合い，自分の殻を破るためのエネルギーを溜めていた。さらに，ゼミの仲間たちが話しやすい雰囲気を創り出していた。彼女が言葉に詰まって沈黙が続いても，彼女から目を逸らす者はいなかった。急かす者もいなかった。とにかく彼女が口を開くまで待った。彼女に必要な間だと皆が察していた。

　その雰囲気を創り出した一番の要因は，互いに課題を認識し合っていたことだ

ろう。多くのゼミ生の卒論テーマが，その人自身の課題に関係していたため，卒論の意見交換を通して自分の弱さを開示できた。『対話の調』を読んでいた頃，自分の感情ばかりに囚われて自分の弱いところを言えなかった私でさえも，卒論を書くために仲間や先生から意見をもらう過程で，自然と弱さを口に出していたのだ。勝ち気かつ臆病な性格の私は，負けること，失敗すること，弱い自分をさらけ出すことを避けてきたが，姉が叱られる姿を見て育った私にとって，叱られることも愛情だとよくわかっていた。叱られた後に母の膝の上に乗せられ，「ママとパパの宝物だからね」と言われている姉を羨んでいたころの記憶を取り戻した。これらのことに自分自身で気がついたとき，胸のつかえがとれ，楽になった。羨んでいたことも，必死に忘れて生きてきたことも，どちらも私にとって必要な出来事だったと自分の生き方に意味を見出すことができた。

　自分の経験に意味を見出すまでは，ゼミ生の力をたくさん借りてきた。自分の課題を乗り越えてきたゼミ生たちと話し合う中で，私は何を乗り越えなければならないのか考え始めることができた。卒論の真のテーマを見つけ出したゼミ生たちと語り合ううちに，私の「真のテーマは何か」を問うことができた。持ちつ持たれつのゼミ生たちだが，決して踏み込みすぎることはなかった。それは，誰にでも課題があると気づいたからだろう。その気づきは，ゼミ生を同じ土俵に置き，人間関係を複雑にさせるほどの劣等感や優越感を抱かせなかった。また，課題の解決は，自分でしなければ意味を見出すことができないということにも皆が気づいていたのだろう。皆の感覚が研ぎ澄まされていた。

　3月21日。卒業。謝恩会のゼミVTRは「咲く個性　色とりどりの　一つの輪」という言葉で締めくくった。ゼミの仲間たちの前では，自分のどんな面も出せた。出してもその輪が解けることがないと信じられたからだろう。助けたり，助けられたりしながら，育ちあうことができたのは，この14人だったからだと思う。そして，井上先生が私たち14人の輪を見守ってくれたからだと思っている。

＊　　＊　　＊　　＊　　＊

　大学にはゼミがあり，教員と少人数の学生が毎週，じっくりと語り合い，深い学びを重ねる。そこには学問的および心理的成長に関する集団教育力・創造力の豊かな可能性がある。

　ゼミ全体のあたたかな空間の中で，仲間相互の無防備な自己開示と心情の響き合いが起こる場合，そこには「自分自身と向き合うこと」を恐れぬばかりか，その前進を鼓舞する働きがある。その鼓舞とは「社会的完成活動」（Holzman, 2009, 茂呂訳　2014）のことである。

　学生たちは自らの内的世界の課題に気づき，当初，情動的な言葉の語り合いによって「自己の真実」を求め，見つけたと思ってはまた語る行為が繰り返される。だが，このとき学生たちは自らの内的世界をただ表現し，伝えているだけではない。相互の課題を感じ，共感し，問い，語り合いながら「意味」を創造しているのである。やがて学びが深まると，考えを語り合いながら，学生一人ひとりが相互の「意味」の作り手となり，「思考を創造」し，皆で「思考の完成」を実践するのである（Holzman, 2009, 茂呂訳　2014　要約は筆者）。

　そこにおける教員（筆者）のかかわりは主として，「一方では，社会的教育環境の組織者・管理者であり，他方では，この環境の一部分」（Vygotsky, 1997, 柴田・宮坂訳　2015）である。その目的は，「資質の最大限の発揮」，「夢」と「人生」の意味付けと創造への応援であると考えている。

　もちろんこれは臨床心理学を専門とする一教員ゼミの指導にすぎない。

　最後に，性別を理由に何かを制限されることがなく，「さまざまな役割」を担うことができるのが，女子大学である。さまざまな役割の中にリーダーシップも含まれ，各自がその資質を遺憾なく発揮しながらさらに資質を高めていく場であることを付け加えておきたい。

文献

Holzman, L. 2009 *Vygotsky at Work and Play* Psychology Press.（茂呂雄二 訳 2014『遊ぶ
　ヴィゴツキー　生成の心理学へ』新曜社，p.60, pp.56-63）

井上信子 編著 2014『対話の調——ゆきめぐる「かかわり」の響き』新曜社

Vygotsky, L. S. 1997 *Educational Psychology* CRC Press.（柴田義松・宮坂琇子 訳 2015
　『教育心理学講義』新読書社，p.29）

II　教育相談と教育実践の底にあるもの

第6章 乳児・幼児・児童の「脳育て」の勘所

知能・精神面の発達を「脳育て」という観点から考えるとき，幼児期からの「五感の刺激」「食」「遊びと運動」，そして誕生から5歳（強化するには10歳）までに「早寝早起き（太陽光）」による3段階の睡眠−覚醒リズムを正常に獲得させ，生物的な自然に則した生活習慣形成が肝要となる。伝統的な「ふつうの子育て」を担う親のかかわりが脳の各部位（諸機能）へいかなる発達を促し，我が子の心身に自己実現への原動力となる意欲・目的・実行の基盤を育むかについて，脳科学の知見に基づき解説することで，経験則に依りがちな教育相談にさらなる論理補強を試みた。

はじめに

筆者は「児童心理学」の講義で学生たちに，絵本『だいじょうぶ　だいじょうぶ』（いとう，1995）の読み聞かせをしている。そこには，幼い男の子（お孫さん）がおじいちゃんと手をつなぎ，毎日，家の近くをのんびりとお散歩する様子が描かれている。

おじいちゃんは，くさやきや，いしやそら，ひとやくるま，ありんこにも，ふるくからのともだちのように声をかけ，男の子のまわりの世界はどんどん広がっていく。ときには，散歩の途中でともだちにぶたれたり，犬にほえられたり，このままおおきくなれないかも，としょんぼりすることもある。だが，男の子がこまることやこわいことに出会うたび，おじいちゃんは男の子の両手を

包み「だいじょうぶ　だいじょうぶ」と繰り返しつぶやいた。やがて男の子は，このよのなか，そんなにわるいことばかりじゃないとわかり，自分で自分を支えられるようになり，あたらしい出会いも信じられるようになった。月日は流れ，男の子は大きくなり，おじいちゃんは年を取った。男の子は「こんどはぼくのばん」と，病院のベッドに横たわるおじいちゃんの手をにぎり，「だいじょうぶ　だいじょうぶ」となんどでもなんどでもくりかえす。（以上筆者要約）

　毎日のお散歩を通した「ふれあい」で，おじいちゃんが幼い男の子に手わたした贈り物は，(1)「世界の広がり」，(2)「安心感」，そして(3)「思いやりの心」であったと思われる。

　21世紀に入り脳科学が目覚ましく発展し，この贈り物の真髄は「脳育て」であることがわかってきた。「心」を「脳」としてとらえ[註1]，幼年期の「ふれあい」の中で繰り返し与えられる「五感からの刺激」，「早寝早起き」，「食」，「遊びと運動」が脳を育てること，わけても「早寝早起き」が勘所であるとする科学者や医学者たちがいる（瀬川，2004a，2004b，2008，2009など）[註2]。だが，思えばそれらは世の母親たちが脈々と伝えてきた「ふつうの子育て」の中身である。つまり「ふつうの子育て」が「脳（心）育て」に決定的に重要であることを科学が証明しつつあるのである。

　筆者が依って立つ心理臨床・教育相談を貫く「対話精神療法」（神田橋，1997）は，従来より「脳」の視点をもち，来談者の「資質」開花の支援を真骨頂としてきた（井上・神田橋，2001；井上，2014）（第5章参照）。筆者はその視点があることで，来談者が速やかに落ち着いて意欲的になり，資質が発揮されると感ずる。そこで本章では，教育相談やカウンセリングの現場で得られてきた知見を裏づける脳科学の発見を学ぶ。現場の経験や知恵を脳科学の観点から補強することは，教員が経験則で行っている教育相談実践にひとつの指針を与えることになろう。

「古い脳」と「新しい脳」

成田（2006）は「脳」を進化上，「古い脳」と「新しい脳」に分けている（図5-1，本書p.165）。古い脳とは，脳幹と大脳辺縁系のことである。「脳幹」は呼吸，睡眠，食欲，姿勢の保持，自律神経など「生命維持」の機能を果たし，「大脳辺縁系」は快－不快，恐怖などの情動を生みだす。他方，新しい脳は，「大脳新皮質」と「小脳」を指し，「大脳新皮質」は高度な認知と情感を，「小脳」は高度な運動と姿勢の制御を司っている。すなわち，古い脳は「生命維持」の機能と，「本能や感情」の機能を担う「たくましく生きる」ための脳であり，新しい脳は，「高次機能」の制御を担い「うまく，よく生きる」ための脳である（有田，2003；成田，2012）。

贈り物（1）「世界の広がり」──シナプス形成

絵本の幼い男の子は，おじいちゃんに連れられて外の世界でいろいろな人やものにふれ，五感から豊かな刺激を受け取った。人は五感を通して世界をつく

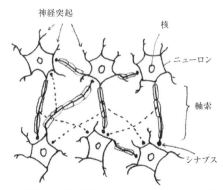

図6-1　脳細胞の模式図（成田，2012，p.29を参考に作図）

り，認識していく。「視覚」を例にとると，網膜に映った外界の情報は視神経を通り「新しい脳」（後頭葉）に伝達されて形や色が認識される。脳は誕生後5年間の乳幼児期に最も盛んに神経細胞のネットワークを作る。脳内に150〜200億あるといわれる神経細胞（図6-1）が，軸索を伸ばし別の細胞につながる（シナプス形成）刺激を与えられることで拡大する。つまり，この時期に豊かな環境下に置かれ，刺激や情報が多く繰り返されるほど神経細胞同士の結合が多様，かつ頻繁になり，世界が広がるのである。「脳育て」とは五感に訴える多様な刺激を繰り返し与えることで神経細胞のつながりを増やすことなのである（成田，2012）。

　その後の児童期に，庭師が不要な枝を刈込む（剪定）ように，使われず不必要なシナプスが減少し（図6-1 の点線部分），神経伝達の道筋と方向が限られ（阿部，1997），それがその個体の個性（資質）となる。「三つ子の魂百まで」の所以であり仮説である（井上・神田橋，2001）。

贈り物（2）「安心」── セロトニン神経

　幼い男の子は，外の世界でばい菌がつかないか，犬に噛まれないか，車に轢かれないかと不安で怖くて仕方なかったが，やがて，そんなことはめったに起こらないとわかり，「だいじょうぶ　だいじょうぶ」の安心を得た。

　この心の状態を脳科学はセロトニン神経の働きで説明する。脳内の神経伝達物質で，特に「人間らしい心」（前頭葉）に関係があるのは，ドーパミン（快感，意欲），ノルアドレナリン（不安，恐怖，怒り，集中力），セロトニン（平常心，意欲）の３つである（有田，2003；有田・高橋，2012）。

　図6-2 のように，セロトニン神経系の基地は「古い脳」の脳幹（縫線核）にあり，そこから広く「脳全体」に軸索を伸ばし，「新しい脳」と「古い脳」をつないでいる。セロトニン神経が担当する心の働きは「落ち着きを保つ」ことである。つまり，「古い脳」で感じた「生命」を守るための不安や恐怖の衝動を，セロトニンが伝達し，「新しい脳」が論理的に「車に轢かれることはめっ

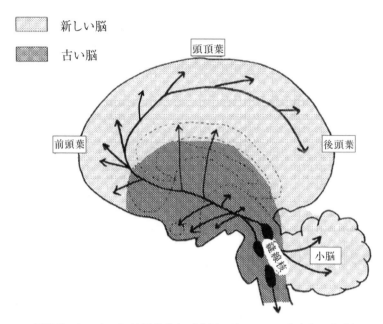

図6-2　セロトニン神経の分布（成田，2012，p.40をもとに作成）

たにない」と考えて，「だいじょうぶ」の「安心」に変える。また怒りや哀しみの感情を，「まっ，いっか」と受け流す働きをすることでストレスを解消し，軽快で意欲的な目覚めを準備し，姿勢を維持し，痛みを調節する働きもある。さらにセロトニンには，上記のドーパミン，ノルアドレナリン神経のバランスも図る。セロトニンは血液や腸の中にもあり，5歳以降も心身を健全に保つことに寄与する（成田，2012；有田，2009）。

　このセロトニン神経も，0〜5歳に，「五感」からの繰り返しの刺激によって最も多くネットワークが広がる。五感の中でも「視覚」が重要で，「太陽の光」が網膜を通して「古い脳」に届くと，セロトニン神経が刺激され活性化する（成田，2012）。

贈り物（3）「思いやりの心」── 共感脳の発達

　大きくなった男の子は，入院中のおじいちゃんの不安な気持ちを察し，見舞って手をつなぎ「だいじょうぶ　だいじょうぶ　だいじょうぶだよ　おじいちゃん」と繰り返す。これは「人」に特有の心，すなわち「新しい脳」（前頭葉）にある「相手の気持ちがわかる」共感脳が育ったことを意味している。

　おじいちゃんは，男の子の「手を取り」，「ことばをやりとり」していた。この「ふれあい」がセロトニン神経を活性化し，それが「共感脳」を刺激して共感的行動を高めることがわかっている（有田・高橋，2012）。

　これらが，おじいちゃんからの贈り物と思われた。

　さて，この小さな子が将来，自己の資質や才能を最大限に発揮し，健康な人格を備えていく，すなわち自己実現のための素地を作るには何が必要なのであろう。その答えをさらに脳科学研究に求めてみよう。

脳育ての勘所 ── 睡眠・覚醒リズム

　子どもの脳を育てる勘所はどこにあるのだろうか。以下，科学技術振興機構の「脳科学と教育」研究において成果を上げている小児神経科医，瀬川昌也（2004a，2004b，2008，2009）の研究論文を要約して示す。

　瀬川によれば，知能，精神面の発達は，生まれてから5歳まで（強化するには10歳まで）昼と夜の区別のついた生活をすることで可能になり，「睡眠・覚醒リズム」の3つの段階を正常に発達させることが肝要となる。

　「睡眠・覚醒リズム」は胎児期から見られるが，生後から5歳までにたどる「睡眠・覚醒リズム」の発達の3段階，すなわち第1段階「概日リズム」[註3]（生後4カ月まで），第2段階「午睡1回リズム」（1歳半頃まで），第3段階「昼夜の二相リズム」（4，5歳頃まで）は，それぞれ（　）内に示した臨界齢を伴うので，その月齢・年齢を過ぎるとリズムの形成が難しくなる。

　次に，大枠を押さえると，「睡眠・覚醒リズム」の生後4カ月までの発達は，

主として「古い脳」の辺縁系の機能が現れることとかかわり，その後，特にロコモーション（這い這い，二足歩行）の発現後は，「新しい脳」の大脳の機能発現のためのプロセスとかかわる。

　以下に，「睡眠・覚醒リズム」の3段階の発達と脳の発達の関連を記し，各段階における健全な脳の育ちの勘所に触れる。すべての段階に「親の養育」と「太陽の光」が必要となる。

　赤ん坊は，誕生後2，3時間おきに目覚めて哺乳されてはまどろむが，【第1段階】生後4カ月までに，昼と夜の明暗に合った「覚醒の時間帯」と「睡眠の時間帯」が分かれる。すなわち昼に起きていて，夜に眠るという「概日リズム（サーカディアン・リズム）」がおおよそ形成される。この「概日リズム」に関与する神経が，「古い脳」を発達させ，「体温の概日リズム」（深夜に最低値になり，夕方5時頃に最高値を示す）との同調を可能にし，朝，体温上昇期に目を覚ますことで「意欲的」な活動が可能となる。このリズムの同調を欠くと不登校につながりかねない。

　4カ月までに，「古い脳」の中の視床下部のリズム形成により情動が発現して母と子の関係・環境順応・記憶のしくみが形づくられる。また，この頃は大脳は右半球主体なので，リズムや音階に富んだ音楽は豊かな刺激となると考えられる。しかし，誕生間もないこの時期の健全な脳育てには，「母親の養育」と「太陽の光」で十分であると瀬川はいう。

　4カ月以後，重力に抵抗する筋力がついてきて首が座り，お座りができ，這い這いするようになり，お誕生日の頃に立ち歩く（直立二足歩行）ことが可能になる。この時期，最も重要なのは，正しい「這い這い」によって動機づけ行動の基礎ができて（欲しいものに向かって動き掴む），「新しい脳」の前頭葉機能が発達する。つまり「目的」をもって行動する，学習したことを「実行」する，などを可能にするプロセスが動きだすことである。さらに1歳頃，「直立二足歩行」ができるようになる。4カ月以後は「哺乳」，「離乳食」，「這い這い」と覚醒刺激が強化されていくため，夜間に哺乳せず，大いに「這い這い」させ，豊かな五感の刺激に満ちた環境に置くことが肝要となる。

【第2段階】　1歳半頃までに，昼間の睡眠（昼寝）が午後1回のリズムが確立される。生後6，7カ月頃，昼間の睡眠頻度が減少して，午睡が午前と午後1回ずつになり，やがて1歳半頃に昼間1回になる。二足歩行は脳の各部位が独自の機能を発揮し，複雑な行動を無意識に行えるようにする。また二足歩行による直立姿勢の確立は，対面して教育を受けることを可能にし，これは学習の基礎を築くことにつながる。

　この時期は「知能」の発達の基礎ができ，「新しい脳」（前頭葉）のシナプス形成が進み，感覚情報が統合されて認知機能の基礎が完成する。

　さらにこの時期は，対人関係の発達のために大人や同年代の子どもとの仲良しだけでなく，喧嘩を含めたさまざまな交わりが望まれる。その関係の中で社会性が発達し，理性的行動が可能になり，かつ「思いやり」「共感」的行動もこの段階で育つ。褒め言葉がドーパミン神経（「意欲」）を活性化するのでメリハリをつけて褒めることも脳の発達へのひとつのコツである。

【第3段階】　4，5歳までに，昼間の睡眠がさらに減少，消失し，昼夜の二相性リズムが成立する。「睡眠・覚醒リズム」の発達はまた，代謝を促進する「ホルモン分泌」のリズムの確立も促す。逆に5歳までに昼夜の「睡眠・覚醒リズム」に一致した生活をしていないと，自律神経機能との調節や「体温のリズム」との同調が起こらずに「ずれ」ができ，一生「時差ボケ」状態になる可能性がある。

「1日に最低限必要な睡眠時間は，成人7時間，中高校生8時間，小学生9時間，幼稚園年長児10時間，1歳児で12時間」（成田，2012）とある。だが，睡眠は「量」だけでなく「質」も重要で，成長ホルモンは「寝入って最初の深い眠りに一致して多量に分泌される」（神山，2015）。したがって，「小学生なら夜11時から2時までの間に成長ホルモンが分泌されるので，10時には熟睡状態になっている必要がある」（成田，2012）。

　幼児期後期・児童期前期の「直立二足歩行」と睡眠・覚醒の「二相性リズム」が「新しい脳」の前頭前野各部位の機能を発現させ，認知・学習の神経機構が完成する。したがって，早寝早起きして，昼間はからだを動かして大いに遊ぶ

ことが望まれる。

以上が，瀬川らの研究成果である。

子どもの「脳育て」の勘所は，0～5歳（10歳）まで，充実した昼間の活動でしっかり起こしておいて，夜ぐっすり眠らせることであり，毎日，「早寝早起き」の規則正しいリズムをつくることにあるということである。

しかし，ネオンが輝き，テレビやゲーム，スマートフォンなどの誘惑が大きい現代においては早寝早起きという「ふつうの子育てが難しい」状況である。そこで保育園・幼稚園・小学校でのさまざまな相談の第一歩は，家庭において「早寝早起き」という生活リズムが確立しているか否かを確かめることとなろう。そして，確立していない場合は子どもを上手に眠らせる方法を伝えることも必要と思われる。①暗く，静かな環境をつくる。テレビ，スマートフォン，コンビニなどの光や，激しい遊びは脳に強い刺激となるので眠る前は避ける。②お風呂は寝る1時間前には入り，体温が下がってきたところで入眠する。③脳は「繰り返しの刺激」でつくられるので毎日，同時刻に同じ儀式，例えば必ず絵本を読むなどして習慣づけることなどである（成田，2012）。

おわりに

本章では，子育てや教育の基盤は，わたくしたち教育者や養育者が「自然の創造過程を自然と手を携えて完成させることである」（前田，1970）ことを確認した。すなわち，日が昇ったら起きて働き，食べ，日が沈んだら寝る，という自然のリズムにそった生活が，「古い脳」を育てて「からだ」の機能を調え，その上に「新しい脳」が育ち「心」が発達する。つまり，昼行性の動物である人間が，自然の創造過程を完成させ「ヒト」から「人」に育むための勘所は「早寝早起き」（太陽の光）による「睡眠・覚醒リズム」の3段階の完成であることが示唆された。

そして，瀬川らの研究によれば，すべての段階の発達に「母親の養育」が必要であり，「古い脳」の中の視床下部のリズム形成により情動が生まれ，母

と子の関係のしくみができるのは生後4カ月であった。それはおそらく愛着の萌芽であり，その後，5歳以前に倫理感情である「思いやり」「共感」が育ち，本書が見つめてきた「自己実現」の必須要件である「意欲」「目的」「実行」の基盤は，1歳頃までに這い這いによってもたらされることが「睡眠・覚醒のリズム」と「脳の発達」の観点から示唆されている。

　この国の未来を真剣に考えるなら，「自己実現」も「人格の完成」も，ここから始めなければならない。平成18年（2006年）に，「教育基本法」は改正され，新しく「幼児教育の重要性」が盛り込まれた。現場でまず教育相談に生かすのは，この「睡眠・覚醒のリズム」と「脳の発達」の視点であろうと思われる。

註

1　筆者は，心＝脳と考えていない。特に三木（1995）の言う「内臓感覚」の視点を重要視しながら「心とは何か」の問いの中にいる。
2　科学技術振興機構　社会技術研究推進事業　研究領域「脳科学と教育」「神経回路の発達からみた育児と教育の臨界齢の研究」班による成果を含む。
3　概日リズム　地球上の生物は地球の自転による約24時間の明暗周期に活動を同調させており，このリズムのことをおおむね概（おおむね）一日周期という。

文献

阿部和彦　1997　『子どもの心と問題行動』日本評論社　pp.5-6
有田秀穂　2003　『セロトニン欠乏脳——キレる脳・鬱の脳をきたえ直す』NHK出版　pp.27-28, pp.43-44
有田秀穂　2009　「うつの脳にセロトニンが効く！」『栄養と料理』75巻4号　女子栄養大学出版部　pp.99-100
有田秀穂・高橋玄朴　2012　『セロトニン呼吸法——心も脳も整える！』青春出版社　pp.35-38, p.83
井上信子 著・神田橋條治 対話　2001　『対話の技——資質により添う心理援助から「いのち」の教育へ』新曜社　pp.249-250

井上信子 編著　2014　『対話の調 ──ゆきめぐる「かかわり」の響き』新曜社　p.188-189

いとうひろし 作・絵　1995　『だいじょうぶ　だいじょうぶ』講談社

神田橋條治　1997　『対話精神療法の初心者への手引き』花クリニック神田橋研究会

神山　潤　2015　『睡眠の生理と臨床』改訂第3版　診断と治療社　p.9

前田　博　1970　『教育基礎論』明治図書出版　p.11

三木成夫　1995　『内臓のはたらきと子どものこころ』築地書館

成田奈津子　2006　『脳の進化で子どもが育つ──古い脳と新しい脳の機能をよく知って』
　芽ばえ社　p.11

成田奈津子　2012　『早起きリズムで脳を育てる──脳・こころ・からだの正三角形』芽ば
　え社　p.16，pp.18-19，p.22，pp.29-34，p.39，p.41，p.49，p.92

瀬川昌也　2004a　「睡眠・覚醒リズムの大切さ」『地域保健』第35巻11号　東京法規出版
　pp.13-15，pp.19-20

瀬川昌也　2004b　「高次脳機能の発達メカニズムとその障害」『BRAIN MEDICAL』第16
　巻4号　メディカル・レビュー社　p.12

瀬川昌也　2008　「知・情・意の発達と脳」『BRAIN and NERVE』第60巻9号　医学書院
　pp.1010-1011，p.1015

瀬川昌也　2009　「睡眠と脳の発達」『保健の科学』第51巻1号　杏林書院　pp.8-9

第7章 相談したい先生・相談したくない先生
——児童生徒の目・保護者の目

> 教員志望大学生1年123名を対象に「教育相談体験」を問う調査を自由記述法で行い，「教師の属性」「教育相談場面での教師のあり様」の二属性を主とするカテゴリ分析を試みた。その結果，児童生徒にとっての「相談したい先生」は冷静・親身・聴き上手・アドバイスの豊かさ，「相談したくない先生」は感情的・一方的・話を聞かない・アドバイスの貧困さ，が特徴的であった。一方，同様の調査を保護者71名に実施したところ，回答で際立ったのは経験や指導力からなる教師の「専門性」への期待と，わが子への「配慮」を求める親心であった。これらの調査結果を受けて教育相談全般における教師の「聴く力」，さらに問題解決につながる「問う工夫」に資する方法を提示し，総合的な考察を行う。

はじめに

　ある中学校の校長先生が，若き日のこんなエピソードを語ってくださった。「不登校児童生徒が小学校・中学校合わせて30,191人」に上り（国立教育政策研究所，2003），社会現象となった1984（昭和59）年頃のことである。先生の授業中に男子生徒が教室から逃走した。しかし先生は追いかけずそのまま授業を続けていた。すると，ほどなくその生徒は戻ってきて「俺がいなくなってんのになんで追いかけてこねえんだよ」と吐き捨てるように言った。逃走は，先生に「追いかけて欲しい」「かまって欲しい」ための生徒の切ない行動だった

のである。後日，先生は逃走常習生徒にまっすぐ向き合い，「なぜ，逃げるのか。その訳を教えて欲しい」と聞いた。すると彼は「勉強がわかんねえからだよ！」と言い捨てた。先生は虚を突かれ，「そうか，そうだったのか！」と初めて気づき，「言いにくいことをよく言ってくれた。悪かった」と謝った。それからその生徒は時折，先生と語りあうようになったという。

　このエピソードには，生徒は教師の「注目」を求めていること，授業がわからないと生徒の心が「離れる」こと，教師が心で生徒に触れると生徒もまた心の内を見せて「教育的感応」が起こること（第8章参照），すなわち教育的人間関係に係る重要な示唆がいくつも内包されている。多感な子どもたちは日々の生活の中で，ひとり思案に暮れることがある。そんなとき大人に話を聞いて欲しいと思うこともある。学級担任は身近な経験ある大人である。

　その一方で，保護者－教師間の教育相談もまた学校生活においては必要とされている。だが，保護者の場合，児童生徒と教師のように日常で直接的にふれあう関係性とは異なり，互いを知る機会は限られている。しかし，学校生活に子どもたちを送り出す親たちもまた，困難な状況に直面したとき，ふと孤独な不安に駆られることがある。そんなとき，身近な相談相手として悩みに寄り添うことのできる立場にあるのが教師である。教師は，児童生徒にはかつて同じ子どもであった「共感」をもって，保護者には教育の専門家として，あるいは子をもつ親として積み重ねた「経験」によって，教育相談の場で互いの成長に立ち会うことができるのではないであろうか。

　学校は多様な個性がひしめきあう空間である。その中で，児童生徒と保護者たちはいったいどんな先生に心を開き，どのように話を聴いて欲しいのだろう。また，もし，相談したくないと思うなら，その理由は何なのだろう。手始めに，ついこのあいだまで生徒だった大学1年生に学校時代[註1]の「教育相談体験」を聞いてみた。次いで大学1年生の子どもをもつ保護者に同様の設問・手法を用いた追調査を行った。異なる立場の層から得られた回答を分析し，「相談したい先生」「相談したくない先生」像への共通項と差異を生む要因を探ることで，教師が教育相談に携わるにあたり，より幅広いアプローチを期待で

きると思われる。

児童生徒であったときの「相談したい先生」「相談したくない先生」

1．調査

対象：埼玉県内私立大学，神奈川県内私立女子大学１年生123名。うち有効回
　　答数114名（92％，男子21名，女子93名）。

時期：2015年４月，講義担当教員により講義の最後に配布され，１週間後に同
　　教員により回収された。

方法：自由記述法，Ａ４判１枚裏表の調査用紙に４つの質問を示し，自由に回
　　答してもらった。本稿では，「３　あなたが相談したいと思うのはどんな教
　　員ですか？　あなたの経験を踏まえて，理由もお書きください。」「４　あな
　　たが相談したくないと思うのはどんな教員ですか？　あなたの経験を踏まえ
　　て，理由もお書きください。」を分析する[註2]。

分析方法：学生個々人の自由記述を熟読して，１ラベルに１つの内容が表現さ
　　れるようにラベルを作成し（ラベル総数：317），ラベルの内容の相似性に着
　　目して，分類し，分類名を付した。

2．結果

Ｉ　相談したい先生

　総反応数188。内容的に，大きく「教師の属性」と「教育相談場面での教
師のあり様」に二分され，各下位分類は表7-1 の左欄（pp.218-219）に示した。
主たる内容は以下である。

　◆「教師の属性」について　（反応数：57）

　教師の属性に関する内容は，「人柄」「人間性」「生徒思い」「受け入れの雰囲
気」「信頼感」の５つにまとめられた。

　「相談したい」先生の「人柄」（17）として，まず①フレンドリーであること
が挙げられ，授業中や授業外の場面で先生の方から自分に話しかけてくれると

うれしいことが素直に綴られた。また、②優しい、③冷静な個性の先生を思い出す学生たちがいた。すなわち「感情的にならず」「落ち着きがある」先生である。

　さらに、子どもたちは、①成績で判断しない、②見下さないなど、教師の人間性（4）も見つめていた。属性に関して最も反応が多かったのは、子どもたちを「わかろうとする」①理解と「気にかけ」「一人ひとりをよく見てくれる」②見守りを内実とする「生徒思い」（22）の先生であった。加えて「話しやすそう・懐が広そう・理解が深そう」などの「受け入れの雰囲気」（8）,「信頼感」（6）を感じられることが、「相談したい」と思う理由であった。

　◆「教育相談場面での教師のあり様」について（反応数：128）

　実際の相談場面における記述内容は、「相談への態度」「聴く」「語る」「解決への支援力」の4つに分類された。

　「相談への態度」（32）に関しては、まず、①親身が多くあがり、「親身になって丁寧に対応してくれる」「心身ともに親身になって考えてくれる」であった。次の②真剣な態度には、「話していて真剣さが伝わってくる」「自分のことのように真剣に考えてくれる」が記された。

　「聴く」（30）に分類された大半は、①聴くことそのものの内容で、例えば「話をよく聞く」「こっちの話を聞く」「自分の話ばかりするのではなく話を聞いてくれる」「話を最後まできちんと聞く」「正しい答えをくれなくてもちゃんと話を聞いてくれる」であった。さらに聴くときに、②相手の身になる、すなわち「相手の気持ちを考えてくれる」「生徒の立場になって考えてくれる」ことも思い出され、加えて、③被観察反応として「目を見て話す」「うなずいて聞く」などの受容的で共感的な聴き方も記された。

　「語る」（26）で最も多い反応は、①厳しさも備えていて、「普段は笑顔で面白くてもちゃんと叱ってくれる」「褒めるときにはきちんと褒めて怒るときには理由もつけて怒ってくれる」など、相談においても「けじめ」が必要であることが示された。次は、②応援としてまとめられる、「今の状況より前に進むような言葉をかけてくれる」「やりたいことをまずは応援してくれる」先生で

あった。また，話が③論理的であること，すなわち「根拠のある理由を提示できる」「言っていることが理にかなっている」も問われる観点であった。

最後に「解決への支援力」（40）である。まず，①量的・質的なアドバイスが挙がり，「いろいろアドバイスをくれる」「客観的に広い視野で複数の考えを提示してくれる」などの引き出しの多さ，すなわち量の豊かさと，「新しい道を教えてくれる」「適切なアドバイスをくれる」「性格を踏まえたうえでアドバイスをくれる」など質を吟味した内容が記述された。さらに，いずれにしてもその背景として先生の②経験が問われ，「人生経験豊富」や「自分と同じ経験をしている」こと，「相談した時に自分の体験もふまえて話をしてくれる」ことが大事であった。また，③実行力，すなわち「解決に努力してくれる」「行動に移してくれる」ことが印象深いようであった。さらに，④守秘義務として「相談内容をほかに漏らさない」「口がかたい」，⑤継続力として「相談後も気にかけてくれる」「定期的に相談にのってくれる」などが記された。以上が児童生徒であったときの「相談したい先生」の中身である。

II　相談したくない先生

「相談したくない先生」に関しては，総反応数129で，「相談したい先生」と同様，大きく「教師の属性」と「教育相談場面での教師のあり様」に二分され，下位分類は表7-2（pp.220-221）の通りである。主たる内容を以下に示した。

◆「教師の属性」について（反応数：47）

「人柄」「人間性」「考えの偏り」「非受容的雰囲気」「外見」「不信感」の6つに分けられた。

「相談したくない」先生の「人柄」（8）として，まず，①感情的が挙がり「感情的になる」「怒り出す」であり，さらに，②軽薄「あまり深く考えない」「軽そうなイメージ」が記された。

教師の「人間性」（9）としては，①えこひいきの記述が多く，「特定の生徒だけをひいきにする」「どっちかだけをひいきする」「最初からどちらかだけをひいきにする」などが書かれ，②馬鹿にする，さらに，③セクハラに区分され

る「体を触ってくる」，男性教師の「女なんだから……と言う」の記述が見られた。

「考えの偏り」（14）としてまとめられる一群があった。「年配でえらそうで自分の意見は絶対に正しいと思っている」「自分を正しいと思っている」「上から目線」「教師風を吹かせる」「正義感だけ」「ポジティブすぎる人」「視野が狭い」で，考えさせられる内容であった。

「非受容的雰囲気」（8）として「高圧的で事務的な対応」「話しかけづらい」「聞き取りにくい声で話す」「心を開いてくれない」などが書かれた。そして，「外見」（5）として「不潔感がある」「息が臭い」「目が死んでいる」などが分類され，「不信感」（3）「信頼できない」「調子がいい裏表」の記述であった。

◆「教育相談場面での教師のあり様」について（反応数：80）

実際の相談場面における記述内容は，「相談への態度」「聴く」「語る」「解決への支援力」の4つに分類された。

「相談への態度」（51）は，①一方的な態度が圧倒的に多く，「決めつける」「自分の価値観を押しつける」「自分の話ばかりする」「自分の意見を一方的に押しつけてくる」「押しつけがましい」「自分の意見（考え・主張）を押しつける」「自分の考えていることが正しいと思って他人の考えを受け入れない」「持論を語って満足する」「先入観で物事を見る」「先入観で話を聞こうとしない」「自己主張が強い」「自分の意見をゴリゴリ押してきて生徒の意見を聞かない」「経験や理論をつらつら話す」「相談が説教に変わる」「一方的なアドバイスを実行しないと何か言ってくる」と語気強い表現が目立った。また，②無責任と分類されるのは「他の先生に相談を回す」「見て見ぬふりをする」「家庭だけでの改善を求める」「急に突きはなす」「自分のことなんだから自分で考えろの一点張り」「すぐに『大丈夫』『なんとかなる』と言う」の内容で，ひとつひとつ状況が違うことが特徴的であった。③適当も無視できない内容であり，「適当に聞き流す」「口だけ」「笑顔だけ」がその内実であった。さらに，④無関心では，「相談内容に関して真剣でない」「生徒のことを理解しようとしない」が挙

がっていた。最後に，⑤被観察反応として，「表情が変わらない」「こころでは真剣になっているのかもしれないが表に出ていない」などが記された。

「聴く」(6) の分類の内容は，「話を聞かない」「話を聞いてもらえない」「話を聞いているようで聞いていない」「聞いているふりをして，何も考えていない（生返事をする）」「話を真剣に聞いてくれない」で，すべてが「聞かない」類の反応であった。

次に，「語る」(10) では，①問題発言として「デリカシーがない」「言葉がキツイ」「人の考えに反対する」「最初から否定する」「嫌味のようなことを言う」「マイナスなことを言ってくる」が記された。②口を挟むは「話も聞かないくせに自分の意見だけ述べる」「話に口を挟む（関係ない話など）」「人の話をすべて聞く前に口を挟んで話の腰を折る」「話を最後まで聞かずに途中でアドバイスを挟んでくる」が内実で，相談内容を最後まで聴けない教師の様子が窺えた。

「解決への支援力」は，①力量不足のため「状況を理解していない」「言っていることがいつも違っていて筋が通っていない」「説明が雑」「説得力がない」「的を射ていない返答をする」「誰に対しても同じことを言う」「模範解答のようなアドバイスしかしてくれない」と手厳しく，②解決につながらないは「相談しても助けてくれない」「何も解決しない」であり，さらに「口が軽い」「秘密を守らない」の③守秘義務違反が記された。

以上が児童生徒であったときの「相談したくない」先生の内容である。

保護者からみた「相談したい先生」「相談したくない先生」

1．調査

対象：神奈川県内私立女子大学１年生と４年生の保護者，大学生の子どもをもつ保護者71名。うち有効回答数61名（85％，男性５名，女性56名）。

時期：2016年５月，研究室の者が講義の最初に茶封筒に入れて配布し，中に提出時に厳封してほしい旨のお願いを入れ，１週間後に同じ者が厳封された茶

封筒を回収した。厳封はデリケートな質問内容への配慮である。

方法：自由記述法。Ａ４判１枚表の調査用紙に２つの質問を示し，自由に回答
していただいた。ここでは，「１　あなたがこれまでに『相談したい』と思
われた教員はどのような教員でしたか？　ご経験を踏まえて，理由もお書き
ください」，「２　あなたがこれまでに『相談したくない』と思われた教員は
どのような教員でしたか？　ご経験を踏まえて，理由もお書きください」を
分析する。

分析方法：保護者個々人の自由記述を熟読して，１ラベルに１つの内容が表現
されるようにラベルを作成し（ラベル総数：270），ラベルの内容の相似性に
着目し，分類し，分類名を付した。

２．結果

Ｉ　相談したい先生

総反応数157。内容的に，「教師の属性」，保護者が教師の属性を知るきっか
けとなる「教師の属性を知る手段」，そして「教育相談場面での教師のあり様」，
「相談後のかかわり」に大きく４分された。各下位分類は表7-1右欄（pp.218-
219）に示した。主たる内容は以下である。

◆「教師の属性」について（反応数：89）

教師の属性に関する内容は，「人柄」「人間性」「生徒思い」「受け入れの雰囲
気」「信頼感」「指導力」「経験豊富」の７つにまとめられた。

まず「明るく」「話が面白い」という「人柄」（2）が好感を抱かれ，「平等
な接し方をしている」「どの子に対しても公平に接し，話を聞き」などの「人
間性」（3）も評価の対象となっていた。

だが教師の属性の中で最も保護者の反応に挙がったのは，何よりも「生徒思
い」（51）であることであった。生徒を「しっかり」「一人ひとりよく」①見守
り，また「個々の生徒の性格をよく把握している」という子ども②理解，また
「親の気づかないいい面を教えていただいたり」「一人ひとりのよいところを見
つけ，ほめてくださる」など，子どもの③長所発見，さらに「いつも笑顔で声

をかけて」「すべての生徒に愛情をもって」「熱心な姿勢」といった，日々の言動から生徒への④思いやりに溢れ，「その子の近況を個人面談や僅かなタイミングで本人に聞く」といった細やかな⑤気配りなど，以上のような側面に触れる機会を通して，保護者は教師に対し「生徒思いである」との印象を形成していることが示された。そのうえで「親の顔を覚えていてくれている」「話しやすい」などの教師の「受け入れの雰囲気」(6)を感じ取れることが，保護者が相談へ赴く際の助けになると考えられよう。

また，「信頼感」(13)においては，「信頼のおける」「信用できる」などの保護者からの信頼感のみならず，「子どもが信頼している」「子どもたちも先生には何でも話せる信頼関係があったと思える」「子どもがその先生のことを信頼し，"大好き"」など，子どもの側から信頼を寄せられているか否かが重要となる。他方で保護者の回答に特徴的であったのが，「教えるのが上手でわかりやすく」「自学勉強を定着させるための取り組み」といった①教授法に長け，「指導者としての知識と情報量が豊かで」②学識を兼ね備えた「指導力」(12)への注視や，「教員として長い経験」がある①ベテランとして教職歴，②子育ての経験もある人生経験など，「相談したい先生」にはさまざまな面で「経験豊富」(2)であって欲しいとの期待を寄せていた点である。

我が子の将来を委ねる立場からの真剣なまなざしが察せられる一方，保護者たちもまた，人生を歩んでゆくうえで身近に頼れる「大人」を必要としているときがあるのではないだろうか。

◆「教師の属性を知る手段」(反応数：3)

教師の属性を知る手段の内容は，「学級通信が充実している」「保護者会などで子どもたちの話をする様子」の2つにまとめられた。保護者は，前項に挙げた教師の属性を，これらの「教師の属性を知る手段」から得て，教育相談へとつなげていることが示された。

◆「教育相談場面での教師のあり様」(反応数：60)

実際の相談場面における記述内容は，「相談への態度」「聴く」「解決への支援力」の3つにまとめられた。

まず，「相談への態度」（25）としては，「親身」が大きい内実であった。分類された大半は，親身そのものの内容で，「生徒のことを親身になってくれる」「些細なことでも親身になって相談にのってくれていた」「一人ひとりの子どもにしっかりと向き合い」などが記された。さらに「子どもの気持ちにしっかり寄り添ってくれる」「子どもの気持ちを一番大切に考えてくれる」「子どもの思いを受け止めてくださる」のみならず，「母親としての立場」「毎日電話をくださり」「親の思いを受け止めてくださる」など，「子どもに寄り添ってくれる」，そして「親に寄り添ってくれる」先生であった。

　「聴く」（8）としては，「話をじっくりと聞いてくださったうえでの共感」「忙しい時間を割いてじっくり話を聞いてくれる」の内容が記され，相談を聴く姿勢も大事であった。

　そして，最も反応が多かった「解決への支援力」（27）の内容としては，①対応力があがり，「様々な人の話をよく聞いて，事態を把握し，対処してくださる」「冷静に公平な判断・対処ができる」「客観的な事実関係をよく確認して相談に対する結論を出す」「早めに解決してくれる」「目の前の物事だけにとらわれない」など，冷静さや客観性のある対応を求めていることが特徴的であった。また，「娘の様子についてエピソードを交えて具体的に話し，よいアドバイスをしてくださる」「目標となるところを示しつつ，そこにステップアップしていく細かい段階をアドバイスしてくださる」「一人一人にあったアドバイスをしてくれる」など，引き出しが多く，吟味された②アドバイスをくれることが大事であった。子どものことを理解したうえでの的確なアドバイスを得られると，それが解決への支援となることも示された。さらに，「受験までにすべきことを適切に指導」「子どものやりたいことが本当にできる学校を勧めてくださった」などの適切な受験指導もアドバイスのひとつとして重要であった。

　◆「相談後のかかわり」（反応数：4）

　相談後のかかわりにおける記述内容は，「その後の様子などを確認してくださる」「卒業後もかかわりがある」の2つにまとめられた。

　子どもの卒業後においても，「子どもの浪人時代は，電話をしてくれて励ま

してくれた」「娘の様子を聞かれ，相談にのってくださった」「今でも，子どもの集まり，母親たちの集まりにも来てくれる」先生は，保護者にとって心強いことが示された。

　以上が，保護者からみた「相談したい先生」の中身である。

II　相談したくない先生

　「相談したくない先生」に関しては，総反応数107 で「相談したい先生」と同様，大きく「教師の属性」と「教育相談場面での教師のあり様」に二分された。下位分類は表7-2右欄（pp.220-221）のとおりである。主たる内容を以下に示した。

　◆「教師の属性」について（反応数：46）

　「人柄」「人間性」「考えの偏り」「非受容的雰囲気」「生徒思いでない」「不信感」「資質の欠如」の7つに分けられた。

　「相談したくない」先生の「人柄」（5）には，具体的な回答として感情的のみが挙がり，「気分にムラのある」「自分の感情をコントロールできず生徒に怒りをぶつける」「感情的になりやすく子どもに動揺を与える」といったクラス内への影響を案じる声が目立った。

　続く教師の「人間性」（6）としては，①不誠実さや，生徒ごとに接し方を変える②えこひいき・不公平な態度，さらに「人格を疑うような言動があったり」，「自分の利益がある事しかやらない」③問題発言など，教師の人間性そのものへ不信感を募らせるにあたり，何かしらの苦い実体験を伴っての回答が多く挙げられた。

　そして，「考えの偏り」（5）には，「自分の意見は正しいから従うようにといった人」「自分に反抗してくる生徒には，厳しく，成績を下げるなどしていた」など，教師の威圧的な態度が記されていただけでなく，「上から目線」や「謝ることができない」の内容に加えて「一人よがりで視野の狭い」といったような，自らの価値観に固執している様子が描き出されていた。

　そういった柔軟性を欠く内面を反映してか，生徒とのかかわり合いにおいて

第7章　相談したい先生・相談したくない先生　215

も「子どもたちがビクビクする」「淡々としゃべる」「温かみのない」「笑顔も少なく」, 総じて, 「非受容的雰囲気」(4)を漂わせる教師の姿を保護者たちは見逃さず, さらに「学習面において生徒の信頼を得ていない」「上司である先生の前や親の前で見せる態度と子どもの前で見せる態度が違う」など, 「不信感」(3)も回答に挙がった。

さらに, 「生徒思いでない」(16)という, 生徒を思いやらない態度を指摘する一群が大きな比率を占めていた。「生徒を思いやる気持ちがない」「子どもに無関心」「子どものことを考えていない」というように, ①子どもへの愛情の欠如を見ていて, 「子どもの本質が見えていない」あるいは「子どもの表面すら見ていない」とも感じていた。「子どものことをわかっていない」「一人ひとりをわかっていない」と疑問視する視点もあり, ②子どもへの理解不足に対して, 保護者の語気強まる表現が著しい。

最後に, 「資質の欠如」(7)であるが, 「一方的に『教える』だけの教員」に「熱意が感じられない」という①教職に対する情熱の欠如, 「クラス運営できておらず」「評価もコメントもなく基準もあいまい」という②未熟な指導力など, 本来「教師」という立場の者が備えて然るべき専門性, その資質自体を懸念する記述が見られた。

◆「教育相談場面での教員のあり様」について（反応数：52）

実際の相談場面における記述内容は, 「相談への態度」「聴く」「保身」「解決への支援力」の4つに分類された。

「相談への態度」(35)は, ①一方的が最も多く挙がり, 「一方的に決めつける話し方をする」「自分の価値観や尺度で話されていた」「自分の感情や考えを生徒や保護者に押しつける」「決めつけのアドバイスをする」「子どもの希望とずれのある学校を候補に挙げられ, 子どもが断っているにもかかわらず最後まで推してきました」「進学に対して思わしくないことを一方的に言われた」がその内実であった。また, 相談をしても「子どもの話を否定して, 」「話を否定してくる」「話を否定する」態度, 「親の考えも聞かない」または「決めつけて話を聞いてくれない」など, 教師が相談を「受け容れない」様子も記された。

次に多く挙がった②適当に分類されるのは，「調子のいい」「口ばかりで行動してくれません」「お願いしても行動しない」「事実関係も確認しないで，早く問題を処理してしまおうとされた」「時間内で話を勝手にまとめて終わってしまう」「投げやりで形だけ整えてしまう」の内容で，口先だけで適当に解決させるといった相談場面が記された。さらに，相談をもちかける段階「面倒を避けたがる姿勢」「揉め事に関わりたくないという雰囲気を出し，」と，相談をもちかけた後の段階「事実確認をしない」「問題があったときにきちんと調査もせず，何もせず，問題なしと上に報告していた」のいずれも相談への態度として，③無責任であるといった内容の記述が見られた。また，「こちらの思いや立場をほとんど理解せず」「親身になって相談にのってくれなかった」が記され，④親身になってくれない様子も挙がった。

　次に「聴く」（7）としては，「お話しても興味がない」「時間が過ぎれば話の内容も忘れられていた」「話を聞こうとする姿勢が見られず」「子どもの話にきちんと耳を傾けてもくれなかった」「相談内容を真剣に聞いていない」が記述され，そのすべてが「聞かない」類の反応であった。

　また，「保身」（5）は決して無視できない内容であり，「運営側の責任問題を必ず触れてくる」「自分の立場ばかり考えて」「子どもの様子は？よりも自分の立場」が記された。そして，「解決への支援力」（5）では，①力量不足「一貫性のないコメントをし」「よいことしか言わない」「相談しても一般的なことしか言わない」であり，さらに「知った情報を別の目的で使う」②守秘義務違反が記された。

　以上が保護者からみた「相談したくない先生」の内容である。

Ⅲ　「相談したくない」と考える教員について

　調査の回答に，「相談したくない」と思われた教員がこれまでにいなかったことから，「相談したくない」と考える教員についての記述が見られたため，別に比較をする。「相談したくないと考える先生」に関しては，総反応数6で「相談したい先生」「相談したくない先生」と同様，「教師の属性」と「教育相

表7-1　相談したい先生　児童生徒─保護者の調査結果　比較

（表中下線は差異のあったもの）

		児童・生徒		保護者	
教師の属性	1.人柄（17）	①フレンドリー ②優しい ③冷静 「感情的にならず」 「落ち着きがある」	1.人柄（2）	①性格が明るい ②話が面白い	
			2.人間性 （3）	平等に，公平に子どもに接する	
	2.人間性 （4）	①成績で判断しない ②見下さない	3.生徒思い （51）	子ども一人ひとりを ①見守り ②理解してくれる ③長所を発見 ④思いやりに溢れている ⑤気配り，配慮がある	
	3.生徒思い （22）	生徒をよく ①理解し， ②見守る （生徒をわかろうとし， 一人ひとりをよく見て気にかける）			
			4.受け入れ の雰囲気 （6）	親の顔を覚えている 話しやすい	
	4.受け入れ の雰囲気 （8）	話しやすそう 懐が広そう 理解が深そう	5.信頼感 （13）	子ども・保護者の両面からの信頼	
	5.信頼感 （6）	信頼を感じられる	6.指導力 （12）	①教授法に長け， ②学識を兼ね備えた 教え方や学習への取り組みが巧み，指導者として知識と情報量が豊富	
			7.経験豊富 （2）	①ベテラン ②子育ての経験，教職経験が長い	
教師の属性を知る手段			・「学級通信」の充実 ・「保護者会」などで子どもの話をする様子などから。 　（※限られた情報源と機会を頼りに，担任教師の属性を察している。）		

教育相談場面での教師のあり様	1. 相談への態度 (32)	①親身（丁寧に，心身ともに） ②真剣な態度	1. 相談への態度 (25)	「親身」である。 （相談者の心に寄り添い，受け止め，一番に考える／親と子の立場を思いやってくれる）
	2. 聴く (30)	①聴くことそのもの （最後まできちんと話を聞く） ②相手の身になる （相手の気持ち，生徒の立場など） ③被観察反応 （目を見て／うなずいて聞く受容的で共感的な聴き方）	2. 聴く (8)	じっくりと聞いて，共感してくれる。 （相談を聴く姿勢が重要となる）
	3. 語る (26)	①厳しさも備えている（けじめ） ②応援 ③論理的	3. 解決への支援力 (27)	①対応力 （冷静さや客観性のある対応） ②アドバイスをくれる （引き出しが多く，子どもを理解したうえでの的確な解決への支援） ※受験指導の際も重要視される。
	4. 解決への支援力 (40)	①量的・質的なアドバイス ②経験（生徒時代のもの） ③実行力（解決に努力／行動に移す） ④守秘義務 ⑤継続力（相談後も気にかける／定期的に）		
	その他 (3)			
相談後のかかわり				・その後の様子を確認してくれる ・卒業後もかかわりがある その他(1)

表9-2　相談したくない先生　児童生徒―保護者の調査結果　比較

（表中下線は差異のあったもの）

	児童・生徒		保護者	
教師の属性	1.人柄（8）	①感情的 ②軽薄	1.人柄（5）	感情的 （気分にムラ／感情コントロールができていない）
	2.人間性（9）	①えこひいき ②馬鹿にする ③セクハラ	2.人間性（6）	①不誠実 ②えこひいき・不公平 ③問題発言
	3.考えの偏り（14）	異なる性別・立場・年齢などに応じた目線を抱けない。	3.考えの偏り（5）	威圧的，価値観や視野の狭さ
	4.非受容的雰囲気（8）	高圧的で事務的／話しかけづらい／心を開いてくれない	4.非受容的雰囲気（4）	子どもとのかかわりにおける雰囲気や印象から。
	5.外見（5）	不潔感／外見／表情による拒否感	5.生徒思いでない（16）	①子どもへの愛情の欠如 ②子どもへの理解不足
	6.不信感（3）	調子がいい，裏表がある。（立場ごとで態度が異なる）	6.不信感（3）	①学習面における子どもの信頼感の欠如 ②相手や場面ごとに態度が異なる
			7.資質の欠如（7）	①教職に対する情熱の欠如 ②未熟な指導力
	1.相談への態度（51）	①一方的 ②無責任 ③適当 ④無関心 ⑤被観察反応（表情が変わらない／表に出ない）	1.相談への態度（35）	①一方的 （決めつける／否定する／相談を受け容れない） ②適当 （調子のいい／行動しない／口先だけ） ③無責任 ④親身になってくれない

教育相談場面での教師のあり様	2.聴く（6）	「聞いていない」と伝わる言動	2.聴く（7）	「聞かない」反応 （興味がない／真剣に耳を傾けない／後日に内容を覚えていない）
	3.語る（10）	①問題発言 ②口を挟む （相談内容を最後まで聴けない）	3.保身（5）	子どもより自分，組織を優先する
	4.解決への支援力（13）	①力量不足 ②解決につながらない （助けてくれない／何も解決しない） ③守秘義務違反	4.解決への支援力（5）	①力量不足 ②守秘義務違反
	その他（5）		その他（9）	

談場面での教員のあり様」に二分された。

◆教師の属性について（反応数：2）

「生徒思いでない」ひとつであった。「生徒思いでない」（2）の内容として「子どもに対する愛情，あたたかいまなざしを感じられない」「ただ怒るのみ」が記された。

◆教育相談場面での教師のあり様（反応数：4）

教師の属性同様，「相談への態度」のひとつが挙げられた。「相談への態度」（4）では，①無責任「事なかれ主義」「相談されることに対して面倒くさいなあという態度・雰囲気を発している」，さらに，②雑な対応をする，③正論ばかりを押しつけてくる，が記され，経験においても考えにおいても，「相談したくない先生」は生徒思いでないことや，相談への態度が共通していることが示された。

考察

　調査の結果から，まず児童生徒であったときの「相談したい先生」の特徴は「フレンドリー・優しい・冷静な人柄」「相談への真摯な態度」「聴き上手」「アドバイスの豊かさ」であり，「相談したくない先生」の特徴は「感情的・軽薄な人柄」「相談への一方的な態度」「聞かない」「アドバイスの力量不足」であることがわかった。保護者を対象とした調査においても概ね同じ傾向の回答が得られたが，親が「相談したい先生」は何よりも「生徒思い」の先生で，子を思う親心が反映された。また，「平等・公平」な扱いを望み，子育てや教職歴といった「経験が豊富」で「指導力」を期待する回答が多かった。他方「相談したくない先生」では「生徒思いでなく」「資質の欠如」などが特徴的な回答として挙がり，教師の高い専門性が望まれていることが窺えた。

　着目すべきは，「相談したくない先生」の「一方的」な態度への反応の多さと反応内容の語気の強さの際立ちであり，これは相手の話を「聞かない」行為に連動していると考えられた。つまり，「しっかり話を聞かないで決めつけ」「先入観で話を聞こうとしない」のである。これでは相談は始まらない。かつ，教師のこの行為により，勇気を出して相談に行ったクライアントの心がくじけてしまい，成長や解決の機会が奪われる。そこで，本章ではこの調査結果を受けて，教師の相談に対する「一方的」な態度および「聴く力」に焦点をあてて考察を行い，さらによりよい相談のための「技」を提示する。

1．What can I do for you ?

　「悩み」も「困り感」も「問題」もすべて児童生徒あるいは保護者自身，すなわち相談に来たクライアント自身のものであり，選択するのも，解決するのもクライアント自身である。したがって，わたくしたち教師やカウンセラーのかかわりは What can I do for you ?「あなたのために，わたくしにできることは何でしょうか？」（神田橋，1997）という姿勢が基本である。

　その姿勢で寄り添い，応援して，クライアントが「より良い未来」を開拓す

るのを手伝うこと，それが相談の目的である（神田橋，1997）。教師やカウンセラーのように知的な職業の人は，どうしても因果関係でものを見がちであるが，例えば，いじめられは「なぜいじめられるようになったか」の原因を探るより，明日から「どうしたらいじめられなくなるか」を，ともに話し合って，アイディアを出しあって未来を切り拓いていくことが最優先となる（井上・神田橋，2004）。ここで「話し合って，アイディアを出しあいながら」，向き合う教師と児童・生徒・保護者との関係は「対等」で，いわばふたりは「闘いの同志」である（神田橋，1997；井上・神田橋，2001，2004）。そして，これは相手を自立に導くかかわりである。わたくしたちは同志として問題解決を応援しながら，同時に児童・生徒・保護者が自分の問題を自分で抱え，自己解決する力を育むのである。ゆえに，「教育活動は一歩前に出て子どもたちを引っ張るが，教育相談・カウンセリングは半歩後からついていくのである。それは主体的に引っ張るよりも相手の出方への読みが深くないとできないことであり，出方によってその後の展開のバリエーションが豊富になる」のである（井上・神田橋，2004）。

2．「聴く力」について

　したがって実際の面談場面では，「聴く」ことが主，「問う」ことは従になる。落ち着いて相手を見ながら，「じっと聴く」。このことから相談活動は始まる。このとき，相手が困って，迷っている気持ちを共有し，共感できるように「聴く」のである。共感はしみじみとわかることであり，しみじみとわかると一瞬言葉がなくなる。「思い深ければことば少なし」だからである。

　筆者は共感しようとして「聴く」とき，クライアントの言った内容をそのまま「……なんですね」「……とそう思うんですね」のように繰り返したり，「困ったね」などと言うことが多い。

　この答えは，一見，何の回答にもなっていないが，「これはあなたの言葉を確かに受けとめました」という応答なのである。すると相手は，つらい気持ちをそのまま受けとめてもらえた，と安堵し，聞き手の胸を借りて自分を見つめ

始める。すなわち，「聴く」ことは，「言葉を受けとめる」ことであり，そのことが相手の「自己理解の場を劈く」のである。これが「聴く力」である（中川，1994；鷲田，1999）。

また，筆者は話を聴くとき，「うん」「そう」「なるほど」などと返すことが多い。対話の名手である神田橋（1994）は，「ほう」という表現が，聴く姿勢，応答の身振りを身につけるための最短距離であるという。それは「間や，トーンや，アクセントの加減次第で，さまざまの意味を付与して投げ返すことができ，……さらにもうひとつの利点は，意識して意味を付与しながら『ほう』を使うように努めると，自然に表情や姿勢が同調して，好奇心，驚き，同情，軽視，疑いなどの非言語レベル表現が上達する」からである。他方「それはつまりね」「要するに」「だって」などは共感がないことの印である。

共感とは，その悩みの世界を，ほんの少しでいいから，「一緒に生きよう」（井上，2014）とする思いであり，ふたりが「一緒にいる」ことであり，「一緒に歩いている」ことだからである。本調査で学生・保護者双方から挙げられた，「相談したい先生」の「正しい答えをくれなくてもちゃんと話を聞いてくれる」という「聴き方」，さらに「自分のことのように真剣に考えてくれる」という「相談の態度」がこのことを指し示している。

ひとつ注意すべきことがある。それは，聴いているときの「受け取り方」もまた，「語りかけている」ということである。わたくしたちは聴いているときの「まなざし」「まばたき」「ため息」「表情のかすかな変化」「言葉の選択」「言いよどみ」などすべてで，自らの思いを相手に語っているのである。「相談したい先生」の「うなずいて聞く」，「相談したくない先生」の「表情が変わらない」「こころでは真剣になっているかもしれないが表にでない」という学生の記述や，「時間が過ぎれば話の内容も忘れられていた」という保護者の困惑の声がそのことを表している。向き合っているふたりは常に「見る－見られる」，すなわち「観察－被観察」の関係の中にあり，「見る」ことで相互に相手を理解するのである。

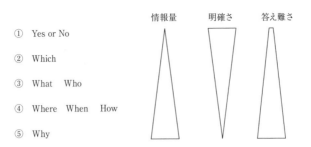

図7-1 疑問文の性質（神田橋，1994，p.150 より）

3．「問う工夫」——問題解決につながる問い方

次に，相手の「困り感」と「問題」がこちらに伝わる問い方について述べる。図7-1「疑問文の性質」を見ていただきたい。英語の「6Ｗ1Ｈ：Which, What, Who, Where, When, How, Why」で聞く仕方である。図の「①は，はい，いいえで答えることのできる疑問文で答は明確だが，得られる情報量はきわめて少ない。②は，選択からひとつを選ぶ形式で，③は，おおむね視覚像に置きかえうるものである。④は，時，場所，ありようや量など，視覚像をつくりにくい場合を含んでいる。⑤は，理由，意味を問うもので，情報量は最も多く，それだけに，答える方は難儀する。①と②の形の問いは，その明確さを利用して確認事項に用い，通常は③から始めて，④に進み，ときどき②が入るのが望ましい」（神田橋，1994 より筆者要約）。共感的に聴き，問いながら問題を明らかにする方法のひとつである。

それから先は修練であり，その修練がほんものである証拠は，それが必ず教師を育てることに現れる。クライアントの問題点を共感的に把握しようとする行為，ただそのひとつをいかに工夫していくかは各人で異なり，各人が自分を自分なりに自分で育てていくのである。

問題が明らかになったら「困り感」に寄り添いながら，一緒に話し合うアイディアを出しあって，ともに検討・吟味し，クライアントが課題を解決し，未来を切り拓いていくのを応援するのである。応援方法として，筆者はクライア

ントの資質・才能・長所を探し，それらが膨らみ開花するように環境を調えることを常としている（井上・神田橋, 2001, 2004；井上, 2014）。

おわりに

　本章では教育相談に関して，児童生徒および保護者の目を通した，それぞれの「相談したい先生」と「相談したくない先生」の特徴を明らかにし，「一方的」態度と「聴く力」について考察した。相談活動の重要な要素は「見る」「聴く」「語る」だと考える。いずれの場合も，「相談したい」と思う先生たちのかかわりの中にはそれらすべてがあった。児童・生徒を日々「見守り」「理解」し，「親身」「真剣」な態度で聴き，「応援」の姿勢で語り，適切に「アドバイス」することで問題解決に導き，それと並行して保護者には，それら日々の児童生徒たちへの見守りや気配りから得られた情報をもとに，「指導力」と「豊かな経験」を発揮して，我が子の悩みを，我がこととして抱える保護者を支援して問題解決につなげていた。

　相手を理解するためによく「観察」し，問題を把握するために「傾聴」する。するとその実践は解決のための「対話」につながり，実際の解決を引き寄せるのであった。すなわち，先生方には，預かる児童・生徒を幸せにしたい「思い」だけではなく，幸せをもたらす「力」があった。その力は何に基づいているのであろうか。それが筆者の次の問いである。

註
1　本調査では，相談体験の大枠を押さえるため，学校種による区別はしなかった。
2　他の2つの質問は，1「小・中・高時代に『教員に相談してよかった』と思う出来事について，具体的に（相談内容・状況・理由）をお書きください。」2「小・中・高時代に『教員に相談したが不満足だった』と思う出来事について，具体的に（相談内容・状況・理由，どうしてほしかったか）お書きください。」である。

文献

井上信子 著・神田橋條治 対話 2001 『対話の技——資質により添う心理援助』新曜社 pp.12-13, 全編

井上信子 著・神田橋條治 対話 2004 『対話の世界——心理援助から「いのち」の教育へ』新曜社 p.21, p.22, p.109, 全編

井上信子 編著 2014 『対話の調——ゆきめぐる「かかわり」の響き』新曜社 p. ix, p.160, 第1章を除く全編

神田橋條治 1994 『追補 精神科診断面接のコツ』岩崎学術出版社 p.124, pp.149-151

神田橋條治 1997 『対話精神療法の初心者への手引き』花クリニック神田橋研究会 p.29, p.31, p.33

国立教育政策研究所 生徒指導・進路指導研究センター 編 2003 『生徒指導上の諸問題の推移とこれからの生徒指導——データに見る生徒指導の課題と展望（改訂版）』（生徒指導集第1集) p.30

中川米造 1994 『医療のクリニック——〈癒しの医療〉のために』新曜社 pp.341-342

鷲田清一 1999 『「聴く」ことの力——臨床哲学試論』阪急コミュニケーションズ p.11

謝辞

　得難い貴重なご意見をくださることで，研究への強いサポートをいただきました学生諸氏とご父母の皆様に深く感謝申し上げます。

第8章　忘れえぬ教師
――教育的人間関係の底にあるもの

教職志望大学生の多くが志望動機に挙げる「忘れえぬ教師」
像についてふたつの調査を行った。調査Ⅰでは，教員志望学生
178名（1年～4年）に自由記述法による調査を行い，KJ法によ
り「忘れえぬ教師」の内的構造（仮説）を明らかにした。回答の
46％が小学校時代の恩師に分類され，発達段階に応じた教師認知
の質的変化が明らかになった。調査Ⅱでは，Ⅰで得られた仮説の
検証と，「忘れえぬ教師」の存在が，後年の学生の人格および内
的世界にいかなる成長を拓き，自らの教育実践の指針となるかに
ついて調べるために，2名の学生の手記を分析し，横断事例研究
を行った。調査Ⅰ・Ⅱから明らかとなった，「教師の人間性」が，
自己を探索し始める児童期後期の子どもにとって「安心」「自尊
心」「成長の契機」となり得るといった結果を鑑みて，教育的人
間関係の普遍的な意義を確認する。

はじめに

「われわれはいろいろの人のおもい出をもっている。それからあるおもかげ
はとくに深いおもいと力とを伴って浮かんでくる。……ただ，その人のおもい
出において，こころは和やかになり，深い存在の底に徹し，心の支えを得，勇
気と忍耐とをうるのである。このようなおもい出をもち，体験を得ている人は，
そのことだけでもすでに大きな幸福を有しているといってよいであろう。……

これによって，その人自身の現実存在（実存）の土台が築かれているからである」（正木，1954）。

　筆者は女子大学で教員養成に携わっている。学生たちに教職の志望理由を尋ねると，彼女らは恩師とのよき思い出を語り始める。そして，話すほどに出会いの場面が活き活きと蘇り，瞳が輝きを増す。そのことはいつも筆者の胸を打つ。10年ほども前の教師との出会いが，長きにわたり心の灯であり続け，今，生涯の職業を決める道標<ruby>道標<rt>みちしるべ</rt></ruby>になっている。どのような教師と，いかようなかかわりがあったのだろう。この問いの答えを探すことが本章の目的である。それは同時に教師とはいかにあるべきかの答えの模索でもある。

調査Ⅰ ── 「忘れえぬ教師」の内的構造

1．目的と方法

「忘れえぬ教師」の内的構造を明らかにする。

調査対象者：神奈川県内私立女子大学教育学科1年生〜4年生。計178名。

　有効回答数：168名（94％，1年42名，2年40名，3年46名，4年40名）。

時期と手続き：2011年12月〜翌年1月。講義あるいはゼミで実施し回収した。

内容：「忘れえぬ教師」に関して，「いつごろ出会った先生で，どんなふうに忘れられないのか」について自由記述による回答を求めた。

表8-1　「忘れえぬ教師」に出会った時期

学年	対象数	幼稚園	小低	小高	中学	高校	大学	不明
1	47	2	6	14	13	11	0	1
2	43	0	6	14	11	12	0	0
3	52	4	6	16	12	12	1	1
4	50	0	6	20	12	8	3	1
合計	192	6	24	64	48	43	4	3
比率	100.0%	3.1%	12.5%	33.3%	25.0%	22.4%	2.1%	1.6%

分析方法：ＫＪ法により分析を行った（川喜田，1967）[註1]。

２．結果と考察

出会った時期と教師認知の発達

　表8-1 に「忘れえぬ教師」に出会った時期を記した。

　出会った比率と自由記述内容を照らし合わせて，発達段階による子どもの教師認知の違いを簡潔に記す。幼稚園（3.1%）の頃，「やさしい」「明るい」「気にかけてくれる」先生が好きで，憧れが忘れられない理由になっていた。次に，小学校低学年（1年～3年，12.5%）から小学校高学年（4年～6年，33.3%）にかけて出会いの比率は上昇し，低学年では「味方してくれた」「見ていてくれる」など，全面的に守る教師像が描かれ，高学年になると「支えてくれた」「向き合ってくれた」「厳しくして，生きていくうえで必要なことを教えてくれた」など，守りつつ自立に向けてかかわる教師像が記述され，中学校（25.0%），高校（22.4%）は比率的には横ばいで，「違う観点から物事を見ることを教えてくれた」「期待に応えられなくても信じ続けてくれた」など，秀れた学習指導者，教師としての姿勢などが示された。大学（2.1%）で比率は極端に下がるが，調査対象が大学生のため大学教員は背中が近すぎてまだ「忘れえぬ」にならないからではないかと推察した。

　いずれにしても，「柔軟な若い心は好きな心服する先生のすべてを，それがよいものであれ悪いものであれ，自己のなかに摂取しつくそうとしている」（岸田，1987）のである。そして，小学校高学年頃，自我が主我と客我に分かれ，思春期とそれに続く青年期はまさに自己と向き合い，自己像の打破と再構成の時期であり，教師を理想として取り込む，あるいは嫌悪して排除する精神作用が大きいことが数値に影響していよう。なお，悪い印象ゆえに「忘れられない」という反応も，小学校高学年が最も多く，その理由は，「恐怖」と「幻滅」であった（後述）。

自由記述内容の分析（KJ法）

　自由記述内容をＫＪ法で整理・構造化した結果を図8-1 に示す。なお，同水

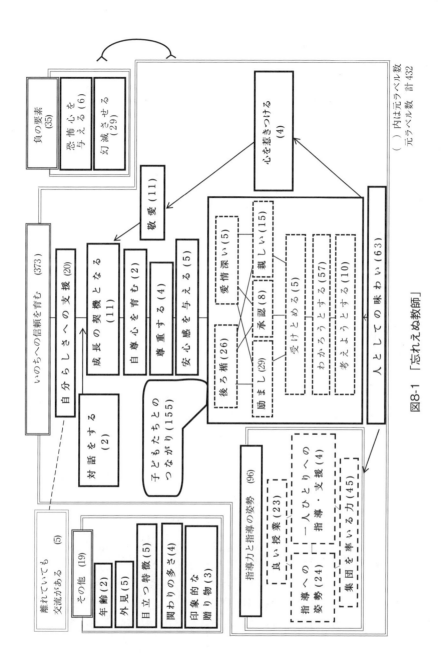

図8-1 「忘れえぬ教師」

第8章 忘れえぬ教師 231

準のユニットは同じ線で枠取りをし，また相互に関係があると推測される場合は「—」線で，因果関係が推測される場合には「→」で，反対の場合には「⌒」でその該当の両ユニットを結んだ。さらに「…」は時制の違いを示している。

◆【人としての味わい（63）】を契機として

【人としての味わい（63）】が「忘れえぬ教師」の基盤になっている。明るい，一緒に遊ぶ，やさしい，おおらか，信頼して・されて，好奇心旺盛，物事を楽しむなど，垣間見られる教師の性格や人間性が【子どもたちとのつながり（155）】のきっかけになり，子どもたちのことを「考え」「わかろうとし」「受けとめる」にとどまらず，より積極的に「励まし」「認め」，また一層「親しく」交わっていると，子どもたちはけじめを教えるための厳しさを含む「愛情深さ」に気づき，背中からあたたかく包まれている感じ，すなわち「後ろ盾」としての教師を感じる。これが教師と子どもの情緒的基盤であろう。

また，【人としての味わい（63）】が，【指導力と指導の姿勢（96）】につながる。【指導力と指導の姿勢（96）】には４つの小ユニットが含まれている。子どものとき目を凝らしていた教師の力量は「集団を率いる力（45）」である。落ち着いたクラスが運営できることで，質の「良い授業」が実現する。「指導への姿勢」や「一人ひとりへの指導・支援」の思いは，例えば余力を惜しまず，学級通信を発行し続けるなどの行動に現れる。

反応数は少ないが【心を惹きつける（4）】に触れておきたい。これは子どもたちが教師に心酔している状態をいう。教師の全体性，あるいは醸し出す雰囲気，すなわち【人としての味わい（63）】が心をとらえて離さないのである。憧れ，尊敬などの【敬愛（11）】の精神作用は継続し，子どもはその良さを無意識に取り込み，【成長の契機（11）】につながる可能性を秘めていると考えられよう。

◆【安心感（5）】から拓かれるもの

安定的で継続する教師とのつながりが子どもの【安心感（5）】を培う。さらに教師が子どもの意志や主体性を【尊重する（4）】ようにかかわると，子どもにとってそれは自分の思いを肯定される経験となり，結果的に【自尊心を育む

(2)】，すなわち，一人ひとりを輝かせるのである。自尊心とは自己価値の是認であり確認であるから，子どもたちはさらに自己価値を確かめたい，試したい欲求が喚起され，前進し，変容する【成長の契機 (11)】を与えられる。具体的には，子どもの性格が変容したり，自信をつけたり夢をもつことができたりしたのである。

自己を探求してきた教師は，自らが通ってきた道にいる人生の後輩に【自分らしさへの支援 (20)】をするであろう。その方法は，経験を話し，心に残るメッセージを伝え，大局を示し，また，対等に【対話 (2)】することである。

そうして《いのちへの信頼を育む (373)》にたどり着く。これは子どもが，「自分を信じられるようになること」への導きである。

◆《いのちへの信頼を育む (373)》と反対になるもの

《負の要素 (35)》である。このユニットには【恐怖心を与える (6)】と【幻滅させる (29)】が含まれる。前者は，威圧的，暴言，身体への暴力であり，後者は，感情的，差別的，えこひいき，理解力不足，学級崩壊，失態などである。《その他 (19)》は，図8-1 を参照されたい。

調査Ⅱ —— 「忘れえぬ教師」の縦断的研究

1．目的と方法

調査対象者：調査Ⅰの調査用紙に連絡先の記入のあった学生。

時期と手続き：調査Ⅰから約3年後，2014年7月。一人ひとりメールで回答を求めた。ここでは2名の内容を記す。

内容：「忘れえぬ教師はどのような先生で，どのようなかかわりがあり，また，教職に就いた今『忘れえぬ教師』の存在が教職実践にいかに生きているか」，について自由記述を求めた。以下，文中の「　」は，図8-1 に対応している。

２．結果と考察

事例１　Ａさん　調査Ｉ：大学４年次

　小学校５年生の頃の担任（男性）。児童のことを否定する言葉を決して話しませんでした。怒る時も，悪いことをしたことを私たち自身に考えさせながら叱ってくれた印象を持っています。率先して行動していく人ではありませんでしたが，見守ってくれているという安心感を持っていました。過干渉でもなく，放任でもなく，教師として当たり前にあるべき素質だと思います。その当たり前を自然にできる先生の姿が心に残っています。

　中学２年生の担任（女性）。すぐに怒る先生，という印象でした。大声が苦手だったので，ちょっとしたことで（例えば忘れ物をしてしまったとか）怒鳴る姿が恐く，「叱っている」というよりは先生の気分で怒っているように感じられ苦手だったのを覚えています。しかし，クラスであったいじめに対して毅然とした態度で止めていた姿にいけないことはいけないということを教えられました。

教職に就いて（幼稚園教諭３年目）

　私は保育者として大切にしていることが３つあります。１つは，子どもが「安心感」をもって，興味をもった遊びにのびのびと関われるよう見守ること。２つめは，子どもたちにとって困難な壁が生まれた時には，できる限り子どもの力で乗り越えていけるように援助すること。そして３つめは，危険なことや，いけないことをした時には，はっきりと伝えることです。特に注意するときには，まず子どもの思いを聞き，受けとめられるよう気をつけています。保育者という役割において，子どもたちと一緒に遊び，見守り，支え，時には注意して方向性を示すことは，当たり前のことであり，基本です。先生方のことを意識して保育を行っているわけではありませんでしたが，改めて振り返ってみると，二人の先生との出会いが，私の教師として，こうありたいという意識を強め，今の保育観の基礎となっているのだと考えます。基礎がしっかりとあるからこそ，自分らしい保育を探していけるのだと感じます。

「自らと子どもたちの心を調える小さな，肯定的な行為の積み重ね」，そのように普通のことを淡々と反復する中で，気がつけば教育がしずしずと成立している。そして教師は，そこに起こる出来事を待っている。Aさんの小学校時代の「忘れえぬ教師」は，決して子どもを否定しない「人となり（味わい）」で，怒るときの「指導の姿勢」も思考力を育む構えだった。そうして子どもたちに「安心感」を与え，児童自身の考えを「尊重する」ことで，時を経てもAさんの心の中にいて，Aさんの「自分らしさを支援」してくれたと考えられる。これらより，調査Ⅰの図8-1（p.231）の中心の流れにあてはまるといえよう。そして，Aさんはその当たり前のことを淡々とこなしていく生き方をこの教師から学んだ。さらに毅然とした態度を中学時代の師から受け継いだが，批判もしている。しかし，この教師は「いけないことはいけない」と教えてくれた。批判的であるということは，同時に「よいことはよいこととして認めること」である。Aさんはふたりの教師からの「学び」を自らの教育実践の基盤としながら，一度自分の中をくぐらせて「自分らしい」保育に向けて歩みだしていた。すなわち，「負」の意味で忘れられない教師からも，善悪を越えて学びを深めたということであろう。

事例2　Bさん　調査Ⅰ：大学3年次

　高校のとき，所属していた部活（剣道部）の顧問の先生（女性）。

　典型的な体育会系でしたが，女性としての柔らかさも持ち合わせた「女武士」といったような方でした。都立高校だったので，部の実力自体は高くなかったのですが，私達部員の育成には余力を惜しまず，様々な経験をさせてくださる方でした。（先生ご自身が，錬士七段という，剣道界ではかなり一目おかれた方ということもあります）。実力の差が大きいチームだったのですが，先生は実力だけで生徒を判断せず，常に公平な目で，私たちを見て下さっていたと思います。高一の頃の出来事です。私はチームの中では，剣道の実力は低い方だったので，結果を出せることは多くはありませんでしたが，先生は"私の

頑張る姿勢"を評価してくれたので，本当にそれは私がこの剣道部で頑張り続けることができた理由だと思います。……ただ，先生は私が今まで出会った中で「本物」の先生だと思います。この先生に出会えなかったら，今の私はありえないとさえ思えるような，「人生が変わった」と感じています。

　柔らかさをもちあわせた剣士のような先生は本物で，その存在なくして今の自分はありえない。すなわち，その「人となり（味わい）」に心酔し「心を惹きつけられて」，「敬愛」し，人生が変わるほどの「成長の契機」を与えられた。これは，図8-1の人としての味わいから右上矢印に上がり続ける，もうひとつの先生を忘れられなくなる道すじである。
　この教師の教えと剣道が，Ｂさんのその後の人間形成に大きな影響を及ぼしており，それをポートフォリオに記しているので引用しておく。

〈ポートフォリオ1〉「私らしい学び」へ一歩踏み出す　大学4年次　X年7月
　（X年4月，大学院の自主ゼミでの必死だった学びが認められ，約70名の大学生の前で，「WISC-Ⅲ」「K-ABC」(註2)の研究発表をする大役を担うことになった。）今回の研究発表は私にとって大きなチャンスだったが，同時に立ちはだかる大きな壁でもあった。失敗できない緊張感と，成し遂げられるかどうかの不安に押しつぶされそうになった。挫けそうになる自分と闘いながらの猛勉強の日々が続いた。それでも私が最後まで頑張り抜けたのは，高校時代に3年間励んだ剣道によるところが大きいと，いま感じている。剣道の稽古は，私にとっては辛く，耐え忍ぶものであった。まさに「心頭滅却すれば火もまた涼し」であり，気力と根性をもって乗り越えるものであった。試合で相手と対峙した時に，剣先で攻め合いをするのだが，その攻め合いというのは「気」のぶつかりあいで，相手より自分の「気」が強くなければ打ち込まれてしまう。相手から一本をとるためには，相手の「気」に呑まれず，緊張感（恐怖感に近いもの）に乱されない精神力が必要だという師の教えが私の中に刻み込まれていた。そして私には，緊張と不安に耐えるだけの「身体」が，すでに剣道によっ

て作られていた。だから，今回の研究発表は，自分の納得のいく形で終えることができたのだと思う。

　研究発表を終えた今，人は辛く苦しいときにこそ頑張り抜くことで大きな成長を得ることができるのだと実感している。振り返ってみればあっという間であったが，あの時は不安と緊張に押し潰されそうで，気力は常にギリギリのところにあった。だがそこで，ふと，剣道での稽古が思い出された。「剣道では，自分より上手（うわて）の相手に立ち向かってきたじゃないか。一本をとってきたじゃないか」。剣道から離れて四年経つが，ここぞという大舞台で私を支えてくれたのは私の無意識の中に刻み込まれた剣道の教えであった。今回の場合，「相手」とは私の研究発表を聞いてくれた受講生ではなく心理検査だった。「難しいK-ABCとWISC-Ⅲを攻略する（乗り越える）」ことに意味があったと感じているからである。剣道で得た学びが，研究発表という全く違う分野で生きたことは，私のこれからの自信になり，再び大きな壁にぶつかっても挫けない強さになるだろう。学んだことは，将来必ず「何か」の役に立つことを，この度の研究発表を通して実感することができた。

　院のゼミに「飛び込んで」，成長を経て，一歩「踏み出す」。私にしかできない学びだったと思う。そしてその学びの道はいつまでも続いている。

〈ポートフォリオ２〉「学びの可能性に気づく」　大学４年次　Ｘ年10月
　……その当時は「体力と精神力」こそ，自分の持てる唯一の資本であり，……決して優秀な成績でなかったため自信がもてなかった。しかし，研究発表を経て，「私は知力でも勝負できる」という自信が生まれた。「勉強って，こんなに楽しいんだ！」という発見があり，自分にはまだまだ知らないことはたくさんあって，でもそれは自ら勉強していくことで「わかる」ことであり，勉強することで開かれる扉は無限にあるということである。今まで「やるしかない」イメージだった勉強が，「やってみたい」に変わったことが，自分を大きく成長させたのだと思う。

第8章　忘れえぬ教師　237

〈ポートフォリオ3〉「卒論が導いた学びの世界」卒業論文提出後　X＋1年1月

　院の自主ゼミに飛び込み，緊張と不安の研究発表を乗り越え，卒論執筆に明け暮れていたこの一年は，まさに「怒涛」という言葉が相応しい。……

　私自身，自分の"伸び幅"を知らない。それは私が日々変容していることで，掴みにくくなっているからだと思う。……忍者が跳躍力を鍛えるための修行で，植えた麻を毎日跳び越えるというものがあるらしい。麻は成長が早く，毎日飛び越えているうちに，いつのまにか高い跳躍力が身についているというものだ。それと同じように私も知らない間に，「ここまできていた」というような感覚だ。これといったきっかけがあったわけではなく，この一年間の全ての出来事と出会いが少しずつ伸び幅につながっていったのだと思えてならない。

〈ポートフォリオ4〉「就職を控えて」X＋1年3月

　……きっとわたしはまた何回も変容していくだろう。これを書いている今も，何かが変っている。わたし自身，これからの自分に期待して，この記録を終えたい。

　Bさんの高校時代の「忘れえぬ教師」は，Bさんの努力を「見て」いて，「認め」，「後ろ盾」となり，その「安心感」の中でBさんは剣道を続けることができた。そして，「相手の気に呑まれない精神力が必要だ」という教師の教えがBさんの存在の深いところ，すなわち「身体」と「無意識」に刻みこまれ，それが大学時代の難題を乗り切る原動力となり，見事に成功を収めた。その過程で「体力と精神力が唯一の資本」という自己認識が「知力でも勝負できる」に変容し，「勉強することで開かれる扉は無限にある」とBさんの内的世界に遥かな知の地平が拓けた。そしてこのことが大きな「成長のきっかけ」となり，さらに「剣道で得た学びが，研究発表という全く違う分野で生きたこと」により，それはこれからいかなる「大きな壁にぶつかってもくじけない強さ」になると，Bさんは自分自身と未来への確信を我がものにしたのである。

　「この先生に出会えなかったら，今の私はありえない」という，Bさんのこ

の教師との出会いは「感化」と呼ぶにふさわしいであろう。まさに「感化においては，内的世界の成長を可能ならしめる力の生成を中核的特質としている」（正木，1956）のである。

この翌月，Bさんは憧れの幼稚園教諭になった。

教職に就いて（幼稚園教諭2年目）

　C先生（前述の恩師）は，剣道以外にも妥協を許さず，生徒に媚を売らない，厳しい先生でした。実力の低い私が，C先生の剣道部に居続けるためには，我武者羅になって練習を頑張ることしかあり得ませんでした。

　高1の夏のある日，先生は部員を集めてミーティングを開きました。そこでおっしゃった一言が忘れられません——「Bは，確かに弱い。だが，ここにいる誰よりもひたむきに頑張っている。今は芽が出なくて辛い時期かもしれないが，そこを抜けるとグッと実力があがるんだぞ。」——先輩たちも多くいる中で自分の名前が出るとは思わず本当に驚いたのと，自分の努力を見ていてくださったことがとても嬉しかったのを鮮明に覚えています。

　社会人になった今，上司から厳しいことを言われることも多々ありますが，C先生のおかげで，「いつか努力は報われる」ことを信じて頑張っていられるのだと思います。

　Bさんは10年ほども前のこの劇的な場面を，鮮やかに記している。教師の人格からほとばしり出る立派で，思いやり深い人間性が，Bさんの心を開き，その襞に沁み渡るようである。Bさんにとって，この時期は永遠なのであろう。そして，この出来事を通して感得された価値観や信念，すなわち「いつか努力は報われる」はBさんの人生観となっている。Bさんは生涯にわたり，「努力し続ける自分」を，「変容し続ける自分」を信じて，我が道を切り拓いていくことであろう。図8-1「忘れえぬ教師」へのもうひとつの道すじは，立派な行いにより，生徒の心を魅了して高く善き方向へ向けさせる「感化の教育」をさしているといえよう。

「最も真正の意味で内的人間の成長をもひらく，その可能性を豊かにしていくこの汝と我の関係は勝義において教育的関係」（正木, 1956）である。汝と我の出会い，教師が子どもたちを対象としてではなく，真正の人として対峙するとき，その出会いは起こり，互いの自己創造が始まる。実に「忘れえぬ教師」との出会いは人生の宝である。そして，これこそが児童生徒と教師がともに自己実現していく教育的関係なのではないであろうか。

おわりに

「各自のなやみを共になやみ，なやみの底に徹し，自己開眼と自覚によって異質的な存在の領域へ飛躍，超越せしめる，汝に対する我の構造はいかなるものであろうか。我がいかなる構造をとることによって真正の教育的人間関係を（感化）を創っていくことができるのであろうか」（正木, 1956）。わたくしたち教師一人ひとりに実存的課題の追求が求められているのである。

註
1 具体的には，①個々人の自由記述を熟読し，主題に基づく内容を抽出し，１ラベルに１つの「志」が表現されるように元となるラベルを作成した（元ラベル数:432）。②元ラベルの「志」の相似性に着目して，ユニット編成を行った。③ユニットにした元ラベルの全体からそのユニットの内容を表す記述を行い，ユニットの表札とした。以降，同様の段階を踏み，ユニット編成が最終的に数個の表札になるまで何回か繰り返し集約した後に空間配置を行った。④最終表札決定後，学生の記述した内容の全体像を理解しやすいようにするために，輪取りと図解化を行った。その過程で，分類，構造化を慎重に行い，さらに客観性を担保するために他大学の教育学部の大学教員と共同で行った。ただし，調査対象者に偏りがあるので，より広い範囲からデータを収集し，一般性を高める必要がある。
2 知能検査。その特徴は，知能を多種の知的能力の総体ととらえ，それぞれの能力の個人内差や特性をとらえることができることにある。個人内差の著しい，発達障がい・幼児・児童・生徒の検査として有効とされている。

文献

川喜田二郎　1967　『発想法──創造性開発のために』中央公論社　pp.66-94

岸田元美　1987　『教師と子どもの人間関係──教育実践の基盤』教育開発研究所　p.85

正木　正　1954　「感化の心理──教育的人間関係の基底」『青年心理』5（4）　金子書房
　　p.468

正木　正　1956　「感化の教育心理学的構造──教育的人間関係の論究」『京都大学教育学部
　　紀要』2　p.131, pp.146-147, p.154

謝辞

　大切な思い出をつづって下さった学生諸氏と，後進のために教師としての成長過程を公表
してくださいましたおふたりの先生方に心より感謝申し上げます。

初出一覧

（以下をもとに大幅に加筆・修正を行った。）

第1章
井上信子　2000　「第3講　自尊心を育む子育て—幼児期・児童期の重要性」春日井市安全なまちづくり協議会 編『市民がつくる次世代の子育ち—春日井が安全・安心・発信地』

第3章
井上信子・岩楯祐子　2017　「『自己実現』に誘う授業・教育相談・生徒指導　—いじめから『自己発見』した中学生と『絆』で守った教師の『手記』の分析—」『日本女子大学人間社会学部紀要』27号

第5章
井上信子　2016　「教育相談——事例研究と理論的背景：脳科学・対話精神療法・自己実現・発達理論」梶田叡一 責任編集・日本人間教育学会 編『教育フォーラム58号　主体的能動的な学習——アクティブ・ラーニングの精神を生かす』金子書房

第6章
井上信子　2016　「教育相談——乳児・幼児・児童の『脳育て』の勘所，相談への応用」梶田叡一 責任編集・日本人間教育学会 編『教育フォーラム57号　ＰＩＳＡ型学力を考える』金子書房

第7章
井上信子　2015　「教育相談——相談したい先生・相談したくない先生」梶田叡一 責任編集・人間教育研究協議会 編『教育フォーラム56号　アクティブ・ラーニングとは何か』金子書房

第8章
井上信子　2015　「忘れえぬ教師——教育的人間関係の底にあるもの」梶田叡一 責任編集・人間教育研究協議会 編『教育フォーラム55号　実践的思考力・課題解決力を鍛える——PISA型学力をどう育てるか」金子書房

あ と が き

2017年8月30日
「薄紙一枚向こうからの『光』が青龍[註1]を照らし，自己実現の深淵を知り，臨床も教育も内なる『光源』に届けるものと了解しました」
「サナギが蝶になりました」

　師，神田橋との対話である。この10日ほど前，わたくしは内的世界に「新たな扉」が開かれる予感がして，師に「旅の命綱」をお願いした。「脱皮への旅」は，時に命にかかわることがあるゆえである。師は「道なき道を拓いてゆく使命を負わされた人の宿命でしょうか」「新しい世界が開けるとき，それは狂気に似ています。仕事量を減らして，『退行』専一を心がけることが稔ります」（8月22日），「質的というより次元の違い」（24日），「新しい能力が開花したね」（26日）……と，一つひとつの変容に伴走してくださった。

　精神科医，神田橋のもとで臨床の修行をして4半世紀弱になる。やっと自分の世界にたどり着いて『対話の調』（井上，2014）を上梓した。それを「教養療法」と言う人がいた。師の「対話精神療法」の発想を基盤にしながら，瞬間々々に内的世界から湧き上がる言葉とからだの観察によって学生やクライアントと出会ってきた。そこで語りあう内容に詩や音楽や古典，絵画など教養領域のものが散見されることから，その人はそう名付けたと言う。それらの「種」はいずれも父母からの文化的遺産であり，「ほんもの教育」の結実でもある。そしてそれらは，のちに出会った重要な他者たちからの宝物とともに，『対話の調』に静かに流れ込んでいた。

　だが「教養療法」の中核にあるわたくしの資質は「霊的感性」[註2]であり，その源流は「青龍」である。これらはいったい何で，いかに形づくられたので

あろう？問い続けていたわたくしに，霊的感性の「種」は，仏様のような祖父の膝の上でわたくしの中に入ったということが，ふっと意識に上った。祖父は信心深い無私の人だった。その膝の上でわたくしは3歳までを過ごした。よく物語を聞かせてくれて，それらは偉大な信仰者たちの軌跡と奇跡のお話だったという。幼いわたくしは途中でうとうとしてしまう祖父の瞼をこじ開けてお話をせがんだと聞いた。手を引いて，お寺の講話にも，神社のお祭りにも，教会の礼拝にも連れて行ってくれた。だから，伽藍や仏像に包まれる雰囲気，禅堂の匂い，「十牛」の墨の運びがなつかしく，道元禅師の御真筆『普勧坐禅儀』の前で落涙し（井上，2014），神楽に心沸き立ち，十字架の前で首を垂れ，成瀬仁蔵の「帰一思想」（桐原，2018）が自然にからだに入ってきたのだと了解した。霊的感性はこうして形づくられ，花開いた。

　さらに，ひどい難産のため「母体か赤ん坊かいずれかしか助からない」事態に遭遇し，胎児のわたくしは生死を彷徨った。「あの世」と「この世」をつなぐのが自然なのは，そのとき半身が棺桶に入ったからであろう。これが「臨床の道」に身を寄せた訳と思われる。

　そして，探して探して探し続けた「青い龍」は，旅の終わりに，あまりにも劇的に鮮やかに現れた。今はまだ言葉にできないが，その出現で，わたくしの棲家は一瞬にして「永遠の宇宙」に広がった。つぎの瞬間，京都で脳裏に焼き付けた良寛和尚直筆の「円」（墨絵）が浮かび上がった。それは無限の宇宙への入り口であると同時に，宇宙そのものでもあった。「青龍との邂逅」は，自己実現とはここまで「深淵なもの」であると，わたくしの胸に杭を打ち込んだ。

　今，臨床と教育と研究がわたくしの仕事である。職業は，自己実現のひとつの軸でもある。だが，自己実現とは，「内なる光」に導かれて生きて来て，折々に来し方を振り返ったとき「ああ，この道がわが道で，わたくしはこの道を来たんだ」と，しみじみ思うものと了解した。それは，与えられた生物としての特徴を基盤に，生まれ落ちた時代や社会状況，決定的ともいえる親との出会い，何世代にも亘り用意される家の精神風土や文化的遺産，さらに一人ひとりの人生における日常的な，あるいは衝撃的な出来事などによって方向づけら

れるものでもあると了解した。そうしてそれは，今生で終わらないかもしれないと，旅は問いを与えてくれた。

　今，わたくしは女子大学で教員養成をしている。言葉のない世界で学生と向き合うとき，互いの中にほのかな「光」が垣間見えることがある。

　「『汝と我が，自分自身である』ために，汝の内なる『光』に感応し，『光』を強める教師そして臨床家になること。」[註3]（井上，2018）

　これがわたくしの，今生での『山のてっぺん』，すなわち夢であり，志であり，自己実現です，と，テオ族の長老に応えた。

　導かれて，やっとここまで来た。
　すべてにただ感謝。
　合掌。

2018年8月
「永遠（とわ）」の夢の中より
井上 信子

註
1　『対話の調』（井上，2014）より
　　2003年　立春　「青龍」が七変化している夢を見た。龍が天空に飛翔する感があり，同時に，師との別離の予感があった。わたくしは，ひとり「青い龍」を探す旅に出た。（p.271）
　　2011年　厳冬　「青龍」はわたくしの中にいた。（p.275）
　　2012年　初夏　しばらく前に海底に潜水していた「青い龍」がわたくしと一体になった。おそらく「青龍」は，わたくしの「大いなる生命」の質であろう。（p.276）
2　『対話の調』（井上，2014）の「終章」は18年間の修行における弟子の成長記録である。

2012年　白露　七年ぶりのスーパーヴィジョンで，師である神田橋先生は言われた。
「あなたの『真の自己』は『霊的感性』」（p.276）

3　「内なる光」を強める教育のかすかな可能性が以下にあることを祈りたい。『対話の調』
「第8章　一つづきのいのち」（井上，2014）pp.221-264

文献

井上信子 編著　2014　『対話の調──ゆきめぐる「かかわり」の響き』新曜社　pp.viii-ix,
　p.70, p.274

井上信子　2018　「吉野の豪傑　土倉庄三郎──貫いた南朝遺臣の矜持と勤王精神」シリー
　ズ日本女子大学の恩人1『成瀬記念館　2018』日本女子大学成瀬記念館　No.33, p.55

桐原健真　2018　「宗教は一に帰すか──帰一協力の挑戦とその意義」見城悌治 編　『帰一協
　会の挑戦と渋沢栄一──グローバル時代の「普遍」をめざして』ミネルヴァ書房　pp.13-
　33

謝辞

　公表をご許可くださいましたケースの皆様，先生方，そして調査にご協力ください
ました児童・生徒の皆様に深い感謝を捧げます。そのお気持ちを，教員養成の教育
と臨床の質を高めるために活かして参ります。

　高野元貴先生からは，後進の育成のために，ケース報告をご寄稿いただきました。
教師に臨床の心を育てること，子どもたちの幸せに貢献することで，先生の想いに
応えていきたく存じます。ありがとうございました。

　教職経験豊かな先生方から，献身的な研究協力と貴重なお知恵をいただきました。
東京都練馬区立南ヶ丘中学校校長 北見朱美先生，校長職を退職されたのち，日本女
子大学特任教授を務められた東原信行先生，神奈川県川崎市立宮前平中学校校長 山
本浩之先生，そして，コラムご執筆の髙橋かほる先生，野田不二夫先生，山本浩之
先生，山口尚史先生，山川高史先生，齋藤果織先生に感謝申し上げます。

　三重県立松阪商業高等学校の校長河北冠先生には研究へのご理解とご協力をいた
だきました。また，磯田保先生には，教育の真髄を見せていただきました。「人類に
共通の高い学習能力」（類似性）を引き出し切るという，教育の本質的な視点をご示
唆いただきました。厚くお礼申し上げます。

　第1章に関して，転載をご快諾いただきました，元春日井市長鵜飼一郎様，ご縁
を結んでくださり，日本女子大学ご退任後も折々励ましてくださいました清永賢二
先生に感謝申し上げます。

　第3章は，岩楯祐子さんとの共著の論稿がもとになっており，掲載を許可してい
ただいたことに感謝いたします。

　日本女子大学の先生方には大変お世話になりました。小山高正先生からは霊長類
心理学，脳科学等に関して，有益なご示唆をいただきました。先生には，日本女子
大学ご在任中より，ひとかたならぬ支えをいただきました。感謝申し上げます。

　いつも適切な文献をご紹介くださる今井康雄先生，KJ法に関して貴重なご示唆を
いただきました田中雅文先生，ありがとうございました。東京家政大学宮地孝宜先
生にはKJ法のお授業とお導きをいただきました。厚くお礼申し上げます。

　また，地域の安全にご尽力くださる神奈川県警多摩警察署のお見守りがあるから，
わたくしたちは安心して伸びやかに学び，教えることができるのだと感じる機会が
ありました。署の皆様に心よりお礼申し上げます。

　本書作成にあたり，ゼミ生や卒業生が文字起こし，文献やデータ収集，校正など

に惜しみない協力をしてくれました。芦野恵理さん，岩楯祐子さん，大野真弓さん，岡野春菜さん，尾田文香さん，久保田結衣さん，齋藤果織さん，柴田美香さん，甫坂陽子さん，ヤング歩美さん（イラスト），ありがとうございました。

　幾度生まれ変わっても追いつけない天才的な治療者，神田橋條治先生に，「本書に寄せて」の御文章とSVとを賜りましたこと，有り難きことと痛み入ります。第2章事例ⅡのSV冒頭で神田橋先生は，「ボクの連想とあまりに一致していたので」とコメントされました。わたくしは先生から1対1の徒弟教育で育てられ，学会にも行かず，ひたすら修行を積み「守破離」の階段を登りました。わたくしの事例ⅡのSVは，「守」と「破」の間，すなわち「模倣」から「応用」へ移行する頃のものです。そのため，こういうことが起こったと思われます。ありがとうございました，先生。

　生来虚弱なわたくしは，本書執筆中にひと月，病に伏しました。そのとき，現在桃山学院教育大学学長であられる梶田叡一先生に，ふとお願いしたわたくしへの「弔辞」が，わたくしを立ち上がらせ，前進させてくれました。わたくしの「自由すぎる成長」を面白がってくださる梶田先生から，御文章を賜りました。感謝に堪えません。ありがとうございました。

　金子書房の池内邦子編集者は，本書の柱となった『教育フォーラム』の編集段階から，わたくしの遅筆とこだわりに耐え，刻々と変容する内容に的確なアドヴァイスで舵を取り，船の難破を防いで無事航海を終えさせてくださいました。ありがとうございました。

2018年8月

井上 信子

これからの取組みに一層の期待を持って

　子どもが幼稚園に入り，小学校，中学校，高等学校，大学と成長・発達の道筋をたどっていく中で，さまざまな経験を重ね，時には身動きできないような問題状況にはまりこんでしまうことがある。

　そうした中で，親や教師，そしてカウンセラー等の心理専門職の人達は，どのように当の子どもに関わり，支援し，導いていったらいいのであろうか。子どもにとっての問題状況としてここで取り上げられているのは，母親の過剰期待と過干渉，子どもの慢性的な情緒不安定，さらには学校でのいじめ，進学へと向かう過程での挫折等である。井上信子さんは，その時期々々での発達段階に応じ，子どもの直面する各種の問題状況に即して，周囲の大人の側からの支援と指導の具体を詳細に跡づけ，検討している。親にとっても教師にとっても心理専門職の人達にとっても，多くの点で大事なヒントが得られるであろう。

　本書に述べられているところを踏まえた上で，井上信子さんと共に，読者の一人一人が考えていかなければないのは，本書のタイトルにも掲げられている「自己実現」という，それぞれの子どもにとっての根本的な課題である。その時期時期の問題状況から抜け出し，他の同年齢の子ども達と同じように元気よく活動できるようになっているだけでは必ずしも十分でない，という大前提がそこには潜んでいる。さらに言えば，子どもそれぞれが自分自身の「自己実現」の次のステップへと内面的に成長・成熟していくために，周囲の大人達がどのように関わり，支援し，導いていったらいいのか，ということである。

　もちろん，何よりもまず，「自己実現」ということで人間としてのどのような在り方を想定するか，という根本問題がある。これまでマズロウやユングやオルポート等が論じたところも参照する必要があるであろうし，そもそも論か

ら言えば，釈迦やキリストが教えたところ，我が国で言えば聖徳太子や道元や親鸞等が説いたところも大きな示唆を与えてくれるであろう。

　日々を元気に愉快に過ごせばいい，という状態を超えた人間としての高次の在り方をどう想定するか，である。そして，その方向に向かって子どもにどの段階でどのような自覚を持たせたらよいのか，ということである。本書において報告されているところからさらに進んで，人間としての本質的で高次な在り方の追求にまで研究が進められていくことにならざるをえないであろう。井上信子さんの更なる研究努力に深く期待するところである。

2018年8月

梶田 叡一

著者紹介

井上　信子（いのうえ・のぶこ）
お茶の水女子大学大学院博士課程単位取得満期退学。現在，日本女子大学教授。著書，『対話の技』『対話の世界』『対話の調』（以上，新曜社），訳書，『自己概念研究ハンドブック』（金子書房）など。

自己実現に誘う教育と相談
――信じて　引き出して　生かす
2018年10月23日　　初版第1刷発行　　　　　　　　　　　　検印省略

著　者　井　上　信　子
発行者　金　子　紀　子
発行所　株式会社金子書房

〒112-0012　　東京都文京区大塚3－3－7
電話03-3941-0111㈹／ＦＡＸ03-3941-0163
振替00180-9-103376
URL　　http://www.kanekoshobo.co.jp

©Nobuko Inoue 2018
印刷 藤原印刷株式会社／製本 株式会社宮製本所
ISBN 978-4-7608-2662-9　C3011　Printed in Japan